Mi refugio y mi tormenta

Arundhati Roy

Mi refugio y mi tormenta

Traducción de Catalina Martínez Muñoz

El papel utilizado para la impresión de este libro ha sido fabricado a partir de madera procedente de bosques y plantaciones gestionadas con los más altos estándares ambientales, garantizando una explotación de los recursos sostenible con el medio ambiente y beneficiosa para las personas.

Mi refugio y mi tormenta

Título original: *Mother Mary Comes to Me*

Primera edición en España: octubre de 2025
Primera edición en México: octubre de 2025

ISBN: 978-607-386-489-3

Impreso en México – *Printed in Mexico*

Para LKC
Juntos hemos llegado a la orilla

Para Mary Roy,
que nunca dijo «Déjalo estar»

Las visitas, al irse,
la besaron en la coronilla
y ella supo reconocerlos
por sus voces

JOHN BERGER

Índice

Gánster

Eligió septiembre, ese mes perfecto, para irse. El monzón se había alejado y Kerala refulgía como una franja esmeralda entre las montañas y el mar. Mientras el avión se inclinaba para aterrizar y la tierra se elevaba para recibirnos, me costaba creer que la topografía pudiera causar un dolor físico tan palpable. Nunca había visto ese paisaje querido, nunca lo había imaginado, nunca lo había evocado sin que ella formara parte de él. No podía pensar en aquellas lomas y aquellos árboles, en los verdes ríos, en los arrozales encogidos y cubiertos ahora de cemento, salpicados de gigantescas vallas publicitarias que anunciaban horrorosos saris de boda y joyería aún más horrorosa, sin pensar en ella. Estaba entretejida en todas estas cosas; era en mis pensamientos más alta que cualquier valla publicitaria, más peligrosa que cualquier río en crecida, más implacable que la lluvia, más real que el propio mar. ¿Cómo ha podido ocurrir? *¿Cómo?* Murió sin previo aviso. Impredecible como era.

La iglesia no la quería. Ella no quería a la iglesia. (Había una historia brutal ahí, nada que ver con Dios). Y así, por su posición en nuestra ciudad, y por cómo era nuestra ciudad, tuvimos que organizarle un buen funeral. Los periódicos locales se hicieron eco de su fallecimiento en las portadas, y también se mencionaba en la mayoría de los periódicos de tirada nacional. Internet se iluminó con las muestras de cariño de varias generaciones de alumnos del colegio que ella había fundado, cuyas vidas había transformado, y otras personas que conocían la legendaria batalla judicial que libró y ganó por la igualdad de derechos de sucesión para las mujeres cristianas. La avalancha de obituarios nos obligaba aún más a actuar en consecuencia y despedirla como se merecía. Pero ¿qué era lo mejor? Por fortuna, el día de su muerte el colegio estaba cerrado y los niños se habían ido a casa. El campus era nuestro. Fue un alivio inmenso. Tal vez esto también lo hubiera planeado.

Las conversaciones en torno a su muerte y a las consecuencias que tendría para nosotros, para mí en especial, empezaron cuando yo tenía tres años. Por entonces ella tenía treinta, estaba debilitada por el asma, sin un céntimo (su único activo era una licenciatura en Pedagogía) y acababa de dejar a su marido, mi padre, debería decir, aunque por alguna razón eso suena algo extraño. Cuando murió estaba a punto de cumplir los ochenta y nueve, de modo que tuvimos seis décadas para hablar de su muerte inminente y de su última voluntad y testamento, que, dada su preocupación por las herencias y los testamentos, reescribía casi cada dos semanas. La cantidad de falsas alarmas, escapadas por los pelos y fugas espectaculares que llegó a vivir habría dado que pensar a Houdini. Nos adormecieron en una especie de complacencia ante la catástrofe. Yo creía sinceramente que viviría más que yo. Al no ser así me quedé destrozada, hecha trizas. Estoy atónita y algo más que avergonzada por la intensidad de mi reacción.

Mi hermano puso el dedo en esa llaga. «No entiendo tu reacción. A ti te trató peor que a nadie». Quizá estuviera en lo cierto, aunque a mi juicio él se había llevado el premio gordo. Puedo entender que a sus ojos me humillaba al no reconocer lo que nos ocurrió cuando éramos pequeños. Pero yo había dejado atrás todo eso hacía mucho tiempo. He visto —y he escrito sobre— tanto dolor, tanta miseria sistémica, tanta maldad sin paliativos, tan diversas repeticiones del infierno, que solo puedo incluirme entre los más afortunados. He pensado en mi vida como una simple nota a pie de página de las cosas que de verdad importan. Nunca trágica, a menudo muy divertida. O tal vez sea esta la mentira que me cuento. Quizá he montado mi tienda donde el viento sopla más fuerte, con la esperanza de que me arranque el corazón del cuerpo. Quizá lo que estoy a punto de escribir sea la traición a mi yo juvenil por la persona en la que me he convertido. En tal caso, el pecado no es leve. Pero no estoy en posición de juzgarlo.

Me fui de casa —dejé de ir a casa, o a lo que se suponía que era mi casa— al cumplir los dieciocho. Acababa de empezar el tercer curso en la Escuela de Arquitectura de Delhi.

Por aquel entonces terminábamos el bachillerato a los dieciséis años. Esa era la edad que tenía en el verano de 1976, cuando llegué por primera vez a la estación de Nizamuddin, sola, sin siquiera un conocimiento elemental del hindi, para hacer el examen de ingreso en la Escuela de Arquitectura. Estaba muerta de miedo y llevaba un cuchillo en el bolso. Delhi se encontraba a tres días y dos noches en tren de Cochín, que a su vez está a tres horas en coche de nuestra ciudad, Kottayam, que a su vez está a pocos kilómetros de nuestro pueblo, Ayemenem, donde pasé mi primera infancia. Dicho de otro modo, Delhi era para mí un país totalmente distinto. Distinto idioma, distinta comida, distinto clima, distinto todo. La escala de la ciudad me resultaba incomprensible. Yo venía de un pueblo donde todo el mundo sabía dónde vivía todo el mundo. Hice el ridículo preguntándole al conductor de un autorickshaw si podía llevarme a casa de la hermana mayor de mi madre, la señora Joseph. Supuse que sabría dónde vivía. Dio una calada al *beedi* que estaba fumando y apartó la cabeza con aire hastiado. Dos años después era yo quien fumaba *beedis* y cultivaba ese aire inigualable de hastío cargado de desdén. Con el tiempo cambié mi cuchillo por unas buenas provisiones de hachís y pinta de urbanita. Había emigrado.

Dejé a mi madre no porque no la quisiera, sino para poder seguir queriéndola. Si me hubiera quedado, eso habría sido imposible. Cuando por fin me fui, pasé varios años sin verla ni hablar con ella. Nunca me buscó. Nunca preguntó por qué me había marchado. No era necesario. Las dos lo sabíamos. Optamos por contarnos una mentira. Una muy buena. La inventé yo: «Me quiso tanto como para dejarme marchar». Esto lo escribí en la portadilla de mi primera novela, *El dios de las pequeñas cosas*, que está dedicada a ella. Mi madre citaba esta frase a menudo, como si fuera una verdad divina.

Mi hermano dice en broma que es el único pasaje de ficción de todo el libro. Hasta el final de sus días, nunca me preguntó cómo salí adelante esos siete años que estuve fugada. Nunca me preguntó dónde vivía, cómo terminé la carrera y conseguí el título. Yo nunca se lo conté. Me las arreglé bastante bien.

Después de un reencuentro tenso y tentativo, volví a acercarme a ella, a visitarla con regularidad a lo largo de los años siendo ya adulta e independiente, arquitecta titulada, diseñadora de producción, escritora, pero sobre todo siendo una mujer que observa a otra con amor y admiración —y una buena dosis de inquietud— no solo por sus grandes cualidades, sino también por lo contrario. En aquel pueblo del sur de la India, sofocante y conservador, donde, en aquella época, a las mujeres solamente les estaba permitido cultivar una virtud empalagosa —o fingirla—, mi madre actuaba con la chulería de un gánster. Yo la veía dar rienda suelta a todo lo que era —su talento, su excentricidad, su bondad radical, su valentía militante, su intolerancia, su generosidad, su crueldad, su agresividad, su cabeza para los negocios y su temperamento impredecible y salvaje— con total abandono, en nuestra diminuta y aislada sociedad cristiana siria que, debido a su educación y su relativa prosperidad, vivía al margen de la espiral de violencia y la pobreza lacerante que asolaban el resto del país. La veía hacer espacio para la totalidad de su ser, de todos sus seres, en ese pequeño mundo. Esto fue nada menos que un milagro: un terror y un prodigio para quien lo contemplaba.

Cuando aprendí a protegerme (más o menos) de la mezquindad de este entorno que aplastaba el espíritu, llegó a fascinarme la ira de mi madre contra la propia maternidad. El descaro con que lo demostraba a veces me hacía reír. No con la risa que se manifiesta a carcajadas sino con la que te asalta en soledad: cuando extirpamos quirúrgicamente un incidente de sus circunstancias y lo observamos con objetividad, fuera de contexto. Como si ella fuera la madre de otra persona y yo no fuera yo sino otra persona que era el blanco de su ira.

De pequeña yo la quería irracional, desesperada, aterradora, totalmente, como quieren los niños. De adulta intenté quererla fría, racionalmente y desde una distancia segura. Fallaba a menudo. A veces de un modo miserable. Escribía distintas versiones de ella en mis libros, pero nunca eran *ella*. Aun así, a ella le gustaban estas versiones, y recibió con los brazos abiertos el personaje de Ammu en *El dios de las pequeñas cosas*, al que se refería con «yo» y «mí». Quería ser Ammu porque sabía de sobra que no lo era. Cuando un periodista retorcido le preguntó si de verdad había tenido una historia de amor trágica, como la de Ammu en la novela, ella lo miró a los ojos y dijo: «¿Por qué? ¿No soy lo bastante sexy?». Entonces tenía más de sesenta años y era una diva hecha a sí misma. Podía decir lo que le apeteciera.

Cuando se publicó el libro, le preocupó qué secretos podría revelar. Para evitar riesgos, ingresó en un hospital. Allí lo leyó a todo correr y se quedó muy tranquila al ver que no se aireaba nada íntimo. Al principio dijo que no entendía a qué venía tanto revuelo. Luego lo estudió a fondo. A la tercera o la cuarta lectura —para entonces ya había vuelto a casa—, me convocó al lado de su cama. Era una tarde radiante y la luz que se filtraba a través de las cortinas tenía un color rojo burdel. Mi madre estaba con los ojos cerrados. Dijo que le parecía un buen libro. Bien escrito. Sentía curiosidad por un pasaje en concreto, en el que los gemelos de Ammu, Esthappen y Rahel, de siete años, recordaban a sus padres peleando. Los padres se hacían enormes, como gigantes, y empujaban a los niños hacia el otro a la vez que decían: «Quédatelos tú, yo no los quiero».

—¿Quién te ha contado eso? Eras demasiado pequeña para acordarte.

—Es ficción.

—No, no lo es.

Y se volvió hacia la pared.

Nunca he sentido el peso o la tristeza de este recuerdo. Sinceramente creía que era ficción. Ese día aprendí que la mayoría de nosotros somos un caldo que vive y respira imaginación y memoria, y quizá no seamos los mejores árbitros para determinar qué es qué. Por tanto, lean este libro como si fuera una novela. No tiene mayores pretensiones. Porque no puede haberlas. La ficción es esa cosa extraña, brumosa, que los escritores no poseen del todo, aunque crean que sí. ¿De dónde viene? De nuestro pasado, nuestro presente, nuestras lecturas, nuestra imaginación: sí. Pero ¿quizá también de premoniciones del futuro? De lo contrario, ¿cómo es posible que, al igual que los personajes de mi segunda novela, *El ministerio de la felicidad suprema*, también yo sea ahora quien cuida de una especie de sepultura en el recinto de una especie de casa de huéspedes? Es rocambolesco. Me hace pasar las noches en vela. Y entonces me pregunto: ¿por qué deberíamos saberlo todo?

En el intento de descifrar a mi madre, de ver las cosas desde su punto de vista, de situarla, de comprender qué le hizo daño, qué la llevó a hacer las cosas que hizo y a predecir lo que podría hacer o no acto seguido, me metí en un dédalo, en un laberinto subterráneo de senderos en zigzag que afloraban a la superficie en lugares extraños, con la esperanza de encontrar un punto de vista que ofreciese una perspectiva distinta de la mía. Mirarla a través de prismas que no estaban teñidos del todo por mi propia experiencia con ella me permitió valorarla como mujer. Me transformó en escritora. En novelista. Porque eso somos los novelistas: laberintos. Y ahora este laberinto tiene que dar sentido a su ser laberíntico sin ella.

Salvar el abismo que separa el legado de amor que dejó en aquellos cuyas vidas rozó de algún modo, y las espinas que clavó en mí, como pequeños flotadores en mi torrente sanguíneo —anzuelos enganchados todavía en el tejido blando, mientras la sangre hace su recorrido hacia y desde mi corazón—, es el motivo por el que escribo estas memorias. Escribirlas me resulta tan difícil como no escribirlas.

Quizá incluso más que como hija que llora el fallecimiento de su madre, lloro como escritora que ha perdido su tema más fascinante. En estas páginas, mi madre, mi gánster, vivirá. Ella fue mi refugio y mi tormenta.

Fugitivos

Maestra era lo que ella siempre quiso ser, para lo que se había preparado. A lo largo de los años que estuvo casada y vivió con nuestro padre, que trabajaba como subdirector de una remota plantación de té en Assam, el sueño de desarrollar una carrera se atrofió y acabó por desvanecerse. Se reavivó (como pesadilla más que como sueño) al ver que su marido, igual que tantos hombres jóvenes empleados en plantaciones de té solitarias, se había vuelto totalmente adicto al alcohol.

Cuando estalló la guerra entre la India y China, en octubre de 1962, evacuaron a las mujeres y los niños de los estados fronterizos. Nos mudamos a Calcuta. Una vez allí, mi madre decidió que no volvería a Assam. De Calcuta fuimos a Ootacamund —Ooty—, una pequeña estación de montaña de Tamil Nadu, un estado del sur de la India. Mi hermano, LKC —Lalith Kumar Christopher Roy—, tenía cuatro años y medio, y a mí me quedaba un mes para cumplir los tres. No volvimos a ver a nuestro padre ni a saber nada de él hasta los veintitantos años.

En Ooty vivíamos en la mitad de una casita de «vacaciones» que había sido de nuestro abuelo materno, que en el momento de su jubilación era un alto funcionario —entomólogo imperial— del gobierno británico en Delhi. Mi abuela y él estaban separados. Él había cortado los lazos con ella y sus hijos hacía años. Murió el año en que yo nací.

No sé cómo acabamos en aquella casa. Quizá la inquilina que vivía en la otra mitad tuviera una llave. Quizá la ocupamos. Mi madre conocía bien esa vivienda. Y la ciudad. Es posible que hubiera estado allí de pequeña, con sus padres. Era una casita húmeda, oscura y fría, con los suelos de cemento resquebrajados y el techo de amianto. Un tabique de madera contrachapada separaba nuestra mitad de la parte ocupada por la inquilina, una anciana inglesa: la señora Patmore. Llevaba unos peinados altos y con mucho volumen que nos hacían preguntarnos si escondería algo dentro. Avispas, pensábamos mi hermano y yo. De noche tenía pesadillas, y la oíamos gritar y gemir. No estoy segura de que pagase un alquiler. No habría sabido a quién pagarlo. Nosotros, desde luego, no pagábamos alquiler. Éramos okupas, intrusos, no inquilinos. Vivíamos como fugitivos entre los enormes baúles de madera llenos hasta los topes de la lujosa ropa del difunto entomólogo imperial: corbatas de seda, camisas de vestir, trajes de tres piezas. Encontramos una lata de galletas vieja repleta de gemelos. (Evidentemente nuestro abuelo era un entusiasta aliado del gobierno colonial que se tomaba muy en serio la parte «imperial» de su puesto). Más adelante, cuando mi hermano y yo tuvimos edad suficiente para entender, nos contaron las leyendas familiares del abuelo: sobre su vanidad (tenía un retrato que le hicieron en un estudio de fotografía de Hollywood) y su violencia (pegaba a sus hijos con un látigo, los echaba de casa con frecuencia y le abrió la cabeza a mi abuela con un jarrón de bronce). Librarse de él, nos contó nuestra madre, fue el motivo que la llevó a casarse con el primer hombre que se lo pidió.

Muy poco después de llegar a Ooty, mi madre consiguió trabajo de maestra en Breeks, un colegio local. Por aquel entonces abundaban en la ciudad los colegios, algunos dirigidos por misioneros británicos que quisieron quedarse en la India después de la Independencia. Mi madre trabó amistad con un grupo de ellos que eran profesores en Lushington, un colegio solo para blancos, donde estudiaban los hijos de los misioneros británicos que trabajaban en la India. Se las ingenió para convencerlos de que le permitiesen asistir a sus clases en los ratos libres que le dejaba su trabajo. Asimiló ávidamente sus innovadores métodos de enseñanza para los niños de primaria (tarjetas para la lectura y la fonética; regletas de madera de colores para las matemáticas) a la vez que se indignaba por su racismo hacia los indios y la India, cargado de amabilidad y buenas intenciones. Mientras se iba a trabajar nos dejaba unas horas con una mujer huraña y a veces con vecinos amables.

A los pocos meses de comenzar esta vida fugitiva, mi abuela (la viuda del entomólogo) y su hijo mayor —G. Isaac, el hermano mayor de mi madre— vinieron de Kerala para desahuciarnos. Yo no los había visto hasta entonces. Le dijeron a mi madre que, según la Ley de Sucesión Cristiana de Travancore, las hijas no tenían ningún derecho sobre las propiedades de sus padres y por tanto debíamos abandonar la casa de inmediato. No pareció importarles que no tuviéramos adónde ir. Mi abuela no habló mucho, pero a mí me asustó. Tenía las córneas cónicas y llevaba unas gafas de sol negras. Recuerdo a mi madre, a mi hermano y a mí cogidos de la mano, muertos de miedo, corriendo por la ciudad en busca de un abogado. En mi memoria era de noche y las calles estaban a oscuras. Pero no podía ser. Porque encontramos a un abogado que nos dijo que la Ley de Travancore se aplicaba únicamente en el estado de Kerala, no en Tamil Nadu, y que hasta los okupas tenían derechos. Dijo que avisáramos a la policía si alguien intentaba desahuciarnos. Volvimos a casa temblando pero triunfantes. Aunque mi hermano y yo éramos demasiado pequeños para entender lo que decían los adultos, entendíamos de sobra las emociones en juego: intimidación, miedo, rabia, pánico, confianza, alivio, triunfo.

Nuestro tío G. Isaac no podía saber que ese intento de desahuciar a su hermana menor de la casa de campo de su padre allanaría el terreno para su propia caída. Pasaron años hasta que mi madre tuvo la posición y los medios necesarios para enfrentarse a la Ley de Sucesión Cristiana de Travancore y reclamar su parte proporcional de las propiedades de su padre en Kerala. Hasta entonces protegió y salvaguardó este recuerdo de su humillación como si se tratara de una valiosa herencia familiar, pues en cierto modo lo era.

Tras esta victoria legal nos pusimos cómodos en la casa, nos dimos un poco de espacio. Mi madre regaló los trajes y los gemelos del Entomólogo Imperial a los taxistas que tenían la parada cerca del mercado, y durante algún tiempo los taxistas de Ooty fueron los mejor vestidos del mundo.

Aunque nos la habíamos ganado a pulso, nuestra sensación de seguridad seguía siendo muy frágil y las cosas no nos iban bien. El clima húmedo y frío de Ooty agravó el asma de mi madre. Se pasaba días enteros postrada debajo de una gruesa colcha de color rosa metalizado, en una cama alta de hierro, jadeando, con enorme dificultad para respirar. Creíamos que iba a morir. No le gustaba que remoloneásemos a su alrededor sin quitarle ojo y nos mandaba a nuestra habitación. Así que mi hermano y yo nos íbamos a buscar otra cosa que mirar. Principalmente nos columpiábamos sobre la verja baja y desvencijada de la esquina del patio triangular, mientras veíamos a las parejas de recién casados en su luna de miel que pasaban por delante de nuestra casa cogidos de la mano para dar un paseo romántico por el famoso jardín botánico de Ooty. A veces se paraban a hablar con nosotros. Nos daban caramelos y cacahuetes. Un hombre nos dio un tirachinas. Pasamos muchos días perfeccionando la puntería. Trabábamos amistad con los desconocidos. Una vez uno de ellos me agarró de la mano y me llevó a casa. Le dijo a mi madre, muy severo, que su hija tenía la varicela. Me pidió que le enseñara a mi madre la ampolla que tenía en la tripa, la que le había enseñado a todo el que quisiera verla. Mi madre montó en cólera. Cuando él se marchó, me dio una bofetada y me ordenó que no volviera a levantarme el vestido ni a enseñar la tripa a los desconocidos. Sobre todo a los hombres.

Quizá fuera por el asma, o por la medicación, pero lo cierto es que acabó teniendo un carácter terrible y nos pegaba muy a menudo. Cuando lo hacía, mi hermano se escapaba y no volvía hasta que caía la noche. Era un niño muy callado. Nunca lloraba. Cuando estaba triste, apoyaba la cabeza en la mesa del comedor y fingía dormir. Cuando estaba contento, cosa no muy frecuente, se ponía a bailar a mi alrededor, lanzando puñetazos al aire, y decía que era Cassius Clay. No sé cómo sabía quién era Cassius Clay. Yo no lo sabía. A lo mejor se lo dijo nuestro padre.

Creo que esos años en Ooty fueron más duros para él que para mí porque él tenía recuerdos. Recordaba una vida mejor. Se acordaba de nuestro padre y de la casa grande en la que vivíamos en la plantación de té. Recordaba ser querido. Afortunadamente, yo no.

Mi hermano empezó a ir al colegio antes que yo. Fue unos meses a Lushington, el colegio para blancos. (Debió de ser un favor que le hicieron los misioneros a mi madre). Pero al ver que empezaba a llamar a los niños de la ciudad como nosotros «esos niños indios», mi madre lo sacó de allí y lo matriculó en Breeks, el colegio en el que trabajaba ella. Cuando cumplí los cinco años me llevó a una guardería (para niños indios) dirigida por una misionera australiana con una pinta aterradora, la señorita Mitten. Nuestra aula era un cobertizo construido en la esquina de un prado donde pastaban unas pocas vacas escuálidas con los huesos de la cadera muy prominentes.

Los días en que se encontraba peor del asma, mi madre hacía una lista de la compra, de verduras y otras provisiones, la ponía en una cesta y nos mandaba a la ciudad. Ooty era entonces una ciudad pequeña y segura, con muy poco tráfico. Los policías nos conocían. Los tenderos siempre eran amables y a veces nos fiaban. La más buena de todos era Kurussammal, una mujer que trabajaba en la tienda de lanas. Nos tejió dos jerséis con el cuello de pico. Verde botella para mi hermano. Cereza para mí.

Cuando mi madre estuvo varias semanas totalmente postrada, Kurussammal se mudó a nuestra casa. Nuestro estilo de vida marginal terminó entonces. Fue ella quien nos enseñó lo que era el amor. Lo que era la confianza. Lo que era un abrazo. Nos preparaba la comida y nos bañaba al aire libre, a pesar de que hacía un frío brutal, hirviendo agua en un caldero enorme con un fuego de leña. Hasta hoy, para bañarnos en condiciones, mi hermano y yo necesitamos que el agua esté casi hirviendo. Antes de bañarnos nos quitaba los piojos con un peine y nos enseñaba a matarlos. A mí me encantaba matarlos. Me gustaba el ruido que hacían cuando los aplastaba con la uña del pulgar. Aparte de tejer a la velocidad del rayo, Kurussammal era una cocinera espléndida. Su especialidad consistía en cocinar casi sin ingredientes. Hasta el arroz hervido con sal y un chile verde sabía mejor cuando nos los servía ella.

El nombre de Kurussammal significaba en tamil «madre de la cruz». Su marido, que venía de visita muy a menudo, se llamaba Yesuratnam («Jesús joya», «joya de joyas»). Tenía bocio y lo escondía con una bufanda de lana. Él, como nosotros, siempre olía a humo de leña.

A la larga, mi madre acabó estando demasiado enferma para conservar su empleo. Ni siquiera las dosis descomunales de cortisona que tomaba surtían efecto. Nos quedamos sin dinero. Mi hermano y yo estábamos desnutridos y contrajimos un principio de tuberculosis.

Al cabo de unos meses durísimos de lucha en todos los frentes, mi madre se dio por vencida. Decidió tragarse el orgullo y volver a Kerala, a Ayemenem, el pueblo de nuestra abuela. Para entonces la llama del enfrentamiento con su madre y su hermano se había apagado. Y aunque no fuera así, no tenía otra elección.

Me dio muchísima pena separarnos de Kurussammal. Pero volví a verla unos años más tarde, cuando se mudó a Kerala para vivir con nosotros.

Los cosmopolitas

Cuando el tren cruzó la frontera de Tamil Nadu y entró en Kerala, la tierra marrón se volvió verde. Todo, hasta los postes del tendido eléctrico, estaba plagado de plantas y lianas. Todo resplandecía. Casi toda la gente que veíamos deslizarse al otro lado de la ventanilla, tanto los hombres como las mujeres, vestían de blanco y llevaban sombrillas negras.

Mi corazón se ensanchó.

Y luego se encogió.

Llegamos a Ayemenem sin ser invitados y quedó claro que no éramos bienvenidos. La puerta de la casa en la que aparecimos con nuestra invisible escudilla de mendigos era la de la hermana mayor de mi abuela, la señorita Kurien. Por aquel entonces ya había cumplido los sesenta años. Tenía el pelo canoso, ondulado y fino, con un corte que por entonces se llamaba «estilo paje». Llevaba unos saris tan almidonados que parecían de papel, con blusas grandes y holgadas. La señorita Kurien era mucho más moderna que la mayoría de las mujeres de su tiempo. Estaba soltera, era licenciada en Literatura Inglesa y había sido profesora en una universidad de Sri Lanka (entonces Ceilán). Tenía casa propia. Tenía ahorros, una pensión, y la perspicacia y la tenacidad de una mujer trabajadora y soltera consciente de la necesidad de hacerse cargo de su vida.

Es poco probable que hubiera previsto de cuántas personas tendría que hacerse cargo también.

Mi madre le aseguró que nos quedaríamos con ella solo hasta que pudiera encontrar trabajo. La señorita Kurien, que se preciaba de ser una buena cristiana, dejó que nos quedáramos, pero no hizo el más mínimo esfuerzo para esconder que no le gustábamos ni nosotros ni nuestra situación. Nos lo demostraba ignorándonos y volcando su delicado afecto en los niños de otros parientes que venían de visita. Les hacía regalos, tocaba el piano y les cantaba con voz temblorosa. Aun cuando dejaba muy claro que no sentía ninguna simpatía por nosotros (de ahí que nosotros no sintiéramos ninguna simpatía por ella), fue la persona que nos ayudó y nos ofreció un techo cuando más falta nos hacía.

Mi abuela también vivía con ella. Para entonces sus córneas cónicas se habían deteriorado y estaba casi ciega. Seguía llevando las gafas oscuras. Incluso de noche. Tenía una protuberancia visible en el cuero cabelludo: su famosa cicatriz del jarrón de bronce. A veces me dejaba acariciarla con los dedos. Y a veces me dejaba recogerle el pelo fino en una coleta antes de irse a la cama.

Por las tardes se sentaba en el porche y tocaba el violín.

Era una violinista excelente y había recibido clases de música mientras su marido, el Entomólogo Imperial, estuvo destinado en Viena. El día que el profesor le dijo al entomólogo que su mujer tenía dotes para ser concertista, este le prohibió seguir estudiando y, en un arrebato de celos, destrozó el primer violín que ella había tenido.

Yo era demasiado joven para apreciar lo bien que tocaba, pero cuando caía la oscuridad sobre Ayemenem y el canto de los grillos inundaba el aire, la música de mi abuela daba a las tardes y a las noches oscuras una melancolía aún más profunda que la que ya tenían de por sí.

Mi tío G. Isaac vivía en un anexo adosado a la casa principal. A mí, al principio, me daba pánico. Lo conocía únicamente como el hombre alto, gordo y enfadado que intentó echarnos de nuestra casa en Ooty. Pero en Ayemenem empecé a verlo con otros ojos. Me parecía más interesante y menos intimidante. Llegué a tomarle cariño cuando empezó a llevarnos al río y me enseñó a nadar, haciéndome chapotear en círculos alrededor de su panza.

G. Isaac fue uno de los primeros hombres de la India que obtuvieron la beca Rhodes. Su especialidad era la mitología griega y romana. En la mesa, sin que viniera a cuento, hacía comentarios como: «¿No es maravilloso tener un dios del vino y el éxtasis?». Todo el mundo lo miraba sin decir nada. Y nos hablaba de Dionisos, o del que fuera su Dios del Día.

Estuvo varios años dando clase en una universidad de Madrás antes de abandonar la carrera académica para volver a sus raíces y montar con su madre una fábrica de conservas, mermelada y curri en polvo. Se llamaba The Malabar Coast Products. La instalaron en la casa familiar del Entomólogo Imperial, en Kottayam, que se encontraba a unos minutos en autobús. (Esta casa fue el núcleo de la disputa cuando mi madre reclamó su herencia enfrentándose a la Ley de Sucesión Cristiana de Travancore). A pesar de su hondo interés por el patrimonio y la propiedad privada, G. Isaac era marxista. Aseguraba que había renunciado a su carrera y montado una fábrica para promocionar la pequeña industria y generar empleo local. Harta de sus patrañas, su mujer sueca, Cecilia, a la que había conocido en Oxford, lo dejó y volvió a Suecia con sus tres hijos pequeños.

Fue así, de estos modos tan variopintos y extraños, como esta constelación de personas singulares, excéntricas, cosmopolitas y derrotadas por la vida convergió en el diminuto pueblo de Ayemenem.

El clima húmedo y caluroso le sentaba mejor a mi madre. Su asma, aunque seguía siendo severa y crónica, mejoró un poco. Mientras intentaba decidir qué hacer con su vida, nos daba clases en casa. Todos los demás nos ignoraban, menos G. Isaac cuando estaba de buen humor.

Vivir en Ayemenem era como vivir en una cornisa de la que podías caerte en cualquier momento si alguien te daba un codazo. Hasta Kochu Maria, la cocinera, me decía que no teníamos derecho a vivir allí. Murmuraba y refunfuñaba, decía que era una vergüenza que unos niños sin padre vivieran con personas decentes bajo el mismo techo. Cada equis días los cosmopolitas discutían. Cuando se peleaban hacían temblar la casa entera. Rompían platos; echaban puertas abajo. Era difícil seguir la pauta de la relación entre G. Isaac y mi madre. A veces parecían tan amigos y de pronto, sin previo aviso, se volvían enemigos a muerte. La causa de la mayor parte de las peleas era, cosa nada extraña, el dinero. Porque mi madre no contribuía a los gastos domésticos, no se ganaba el sustento. G. Isaac se cuidaba de no incluirnos a mi hermano y a mí en las peleas.

En cuanto empezaban los gritos, yo me escapaba. El río era mi refugio. Compensaba todo lo malo que había en mi vida. Me pasaba las horas en sus orillas y llegué a tener una profunda intimidad con los peces, las lombrices, los pájaros y las plantas: a todos los llamaba por su nombre. Trabé amistad con otros niños (y algunos adultos) del pueblo. Enseguida pillé el malayalam y no tardé en poder comunicarme con ellos fácilmente. Vivían en un universo distinto del mío. La mayoría de los padres trabajaban en los arrozales y en las plantaciones de caucho de los alrededores, o en las grandes explotaciones de los terratenientes, recolectando cocos o en el servicio doméstico. Vivían en casas de barro y paja. Pasaba muchas horas en su compañía. Muchos pertenecían a castas consideradas «intocables». Yo entonces no sabía mucho de este horror, porque en la casa de Ayemenem todo el mundo estaba demasiado ocupado peleándose y nadie se molestaba en adoctrinarme.

Una de estas personas, un joven que vivía en Ayemenem pero trabajaba en The Malabar Coast Products en Kottayam, llegó a ser mi amigo más querido. Pasamos mucho tiempo juntos. Me hizo una caña de pescar con una vara de bambú y me indicó dónde encontrar las mejores lombrices para usarlas de cebo. Me enseñó a pescar, me enseñó a quedarme quieta y callada. Freía los pececillos que yo pescaba y nos los comíamos juntos, como si celebráramos un banquete. Él fue la inspiración para el personaje de Velutha, el novio de Ammu, en *El dios de las pequeñas cosas*. Si hubiera tenido yo dieciséis años en vez de seis, quién sabe, con un poco de suerte habría podido ser mi novio. Era el hombre más amable y guapo que había visto en la vida.

A los pocos meses de vivir en Ayemenem me convertí en parte del paisaje: en una niña salvaje, con los pies encallecidos, que conocía hasta el último atajo y camino secreto para ir del pueblo al río. Vivía al aire libre y pasaba en casa el menor tiempo posible. En la categoría no humana, mi mejor compañera era una ardilla de la palma de tres rayas que vivía en mi hombro y me hablaba al oído. Compartíamos secretos. No era mi mascota. Ella tenía su vida, pero decidía compartirla conmigo. Desaparecía a menudo, porque tenía cosas que hacer. Aparecía a las horas de comer, se encaramaba en mi plato y picoteaba mi comida. Le encantaban sobre todo las piñas. Estaba siempre en guardia, eternamente alerta a la más mínima posibilidad de peligro. Me enseñó muchas cosas.

Las estrategias de supervivencia de las ardillas eran muy valiosas para cualquiera que intentase vivir en Ayemenem al filo de la cornisa.

«Te quiero el doble»

Mi madre descargaba en mi hermano y en mí la rabia de sus peleas y la dosis de humillación diaria que se veía obligada a soportar. Éramos su único refugio. Su carácter, que ya era malo antes, se volvió irracional e incontrolable. Me resultaba imposible predecir o calcular qué podía enfadarle y qué gustarle. Tenía que abrirme camino sin mapa a través de ese campo de minas. A veces la explosión me volaba los pies y los dedos, incluso la cabeza, pero después de flotar un rato por ahí sueltos volvían a su sitio por arte de magia.

Cuando se enfadaba conmigo, imitaba mi forma de hablar. Era una buena imitadora y conseguía dejarme en ridículo. Recuerdo claramente los detalles de todas estas ocasiones. Hasta la ropa que llevaba yo puesta. Me sentía como si ella me recortara: como si recortara mi silueta del dibujo de un libro con unas tijeras afiladas para romperme a continuación.

La primera vez que me imitó estábamos volviendo a casa desde Madrás, donde habíamos pasado dos semanas. Su hermana mayor, la señora Joseph, le preguntó si podía quedarse al cuidado de sus tres hijos mientras su marido y ella se iban de vacaciones. (La misma señora Joseph a cuya casa le pedí que me llevara al conductor del autorickshaw de Delhi años más tarde). Mi madre dijo que sí. Debió de pensar que mientras estuviera allí se ganaría el sustento, nominalmente al menos.

A diferencia de los cosmopolitas pendencieros de Ayemenem, la señora Joseph tenía un buen marido, piloto de Indian Airlines, unos buenos hijos y una buena casa con criados. Era muy consciente de haber triunfado en este aspecto, mientras que sus hermanos habían fracasado. Era una mujer guapa, con una voz alta y engreída, a juego con sus saris almidonados y bien planchados y su peinado impecable. Tenía una sonrisa petulante y dura, y siempre daba la sensación de estar haciéndole una confidencia a la persona con la que hablaba. No había ningún parecido, ni físico ni de carácter, entre mi madre y ella.

Cuando la señora Joseph volvió de sus vacaciones, las hermanas tuvieron una bronca monumental por algo. Al día siguiente regresamos a Kerala en avión. El marido piloto de mi tía tenía un cupo de billetes gratis.

Era la primera vez que viajábamos en avión. Una vez sentados, intenté tener una conversación razonable, una conversación adulta, como corresponde a los pasajeros de un avión, y le pregunté a mi madre cómo era posible que, si de verdad era su hermana, la señora Joseph estuviera tan delgada. Me miró llena de rabia y se puso a imitarme. Sentí que encogía por debajo de la piel y me vaciaba, como un remolino de agua por un sumidero, hasta desaparecer. Luego dijo: «Cuando tengas mi edad, estarás tres veces más gorda que yo». Comprendí que había dicho algo terrible, aunque no estaba segura de qué podía ser. (Era demasiado pequeña para entender que «gordo» y «delgado» implicaban juicios de valor). Tardé unos años en darme cuenta, al revivir mentalmente la escena como hago a menudo y ser capaz de analizarla con claridad sin detenerme en mis sentimientos, de lo hiriente que debieron de resultarle mis palabras.

Los corticoides la hicieron engordar de repente. Tenía la típica cara de luna de la cortisona. Los delicados rasgos que antes llamaban la atención por su belleza habían desaparecido detrás de la papada y las mejillas hinchadas. Debió de sentirse muy sola y desesperada después de esta visita al hogar perfecto de su esbelta hermana. Aún tenía por delante una carrera de éxito, pero de momento no había señal alguna de esto. (Con el tiempo aprendió a aceptar su tamaño y su forma, y enseñó a sus alumnas a hacer lo mismo. Con más de cincuenta años diseñó un traje de baño para una exposición de moda en el colegio y enseñó a las niñas a contonearse). Aquella pregunta mía sobre su hermana delgada debió de sentarle como un puñado de sal en una herida abierta. Palabras inconscientes de una niña inconsciente. Por eso se volvió hacia mí y se puso a imitar mi manera de hablar a los seis años. Y yo me replegué. Recuerdo el ambiente dentro del avión: no había aire. Recuerdo el color de mi vestido. Azul cielo con lunares. Una prenda perfecta de segunda mano, heredada de mi prima perfecta, con el pelo liso y ojazos de corza. Vi que el vestido desentonaba con mis rodillas, llenas de cicatrices y arañazos, un registro exhaustivo de mi vida imperfecta y salvaje, sin padre y sin rumbo, en las orillas del río Meenachil, en Ayemenem. Escenifiqué una competición imaginaria con mi prima perfecta y la gané con las manos atadas. Ella tenía un padre piloto. Y un pelo precioso. Pero yo tenía un río verde. (Con peces en el agua, con el cielo y los árboles en el agua, y de noche la luna amarilla y rota). Y una ardilla. Me miré los pies y vi que no pegaban nada con las sandalias que llevaba puestas.

Era un avión horrible lleno de gente horrible en un cielo horrible. Quise que se estrellara para que muriésemos todos. Odiaba más que a nadie a los niños mimados con padres cariñosos. Era totalmente partidaria del castigo colectivo. Pero al cabo de un rato ella dijo: «Yo soy tu madre y tu padre y por eso te quiero el doble».

Y entonces el avión estaba bien. El cielo estaba bien. Pero mis pies seguían siendo extraños para las sandalias que llevaba. Y aún quedaban algunos asuntos por aclarar:

Si yo iba a ser tres veces más gorda que ella, necesitaría tres asientos. O sea, tres billetes gratis.

Doble. Triple. Una clase de matemáticas. Una suma que resolver.

¿Cuánto es el doble de amor dividido por el triple de gorda multiplicado por billetes gratis dividido por palabras inconscientes? Un polilla peluda y fría en un corazón asustado. Esa polilla me acompañaba a todas horas.

Aprendí muy pronto que el lugar más seguro puede ser el más peligroso. Y que, cuando no lo es, yo hago que lo sea.

Muchos años después, ya en la treintena, convertida en una mujer adulta con una novela publicada, fui a visitar a una amiga que acababa de casarse. La feliz pareja se pasaba el día entero arrullándose, se hablaban como si fueran bebés, estaban juntos a todas horas. Al tercer día casi salgo corriendo de su casa y me lanzo al tráfico. No sabía qué me molestaba tanto. Por fin ahora, mientras escribo estas líneas, creo que lo entiendo. Ellos no hacían nada malo: era yo. Mi vieja amiga la polilla fría había venido a hacerme una visita sin anunciarse.

(De todos modos, sería bueno para la gente como yo que los adultos que hablan como bebés llevaran una etiqueta de advertencia legal).

La escuela plegable y portátil

Tras este triste viaje a casa de la señora Joseph en Madrás, volvimos a nuestra vida precaria en la cornisa de Ayemenem.

Pero entonces llegó la Redención.

Se presentó con la severa apariencia de una señora británica de labios finos y mediana edad que llevaba zapatos y vestidos de flores. La señora Mathews era una de las misioneras que habían trabado amistad con mi madre en Ooty. Habían seguido en contacto y urdido un plan.

Juntas, en 1967, crearon una escuela en Kottayam. Yo tenía siete años; mi hermano, ocho y medio.

Alquilaron en el Rotary Club de Kottayam dos salas pequeñas que los miembros del club solo usaban por las tardes. El colegio empezó con siete alumnos, incluidos mi hermano y yo. Parece muy sencillo, pero mi madre no habría podido hacerlo sola. Fue la señora Mathews —la misionera cristiana blanca y virginal— quien se ganó la confianza del puñado de padres que matricularon a sus hijos los primeros en el nuevo colegio. Sin ella, dudo mucho que nadie en la ciudad hubiera confiado la educación de sus hijos a una india tan díscola, que se había casado con un extranjero y luego se había divorciado de él.

Ahora que lo pienso, es probable que fuera G. Isaac quien convenciese al Rotary Club para que le alquilaran las instalaciones a su hermana. Porque él era socio. Este es un ejemplo típico de su relación hermano-hermana: se ayudaban y se hacían daño en la misma medida.

Todas las mañanas, la señora Mathews, mi madre, mi hermano y yo íbamos en bus a la ciudad para llegar al colegio a tiempo. Algunos días, mi hermano y yo íbamos andando con G. Isaac: atajábamos por los arrozales y los bosques de árboles de caucho, con los troncos inclinados hacia el sol. Cuando las lluvias del monzón inundaban las carreteras, íbamos remando en barca. Hacíamos varias paradas para coquetear en las casas de algunas jóvenes trabajadoras de la fábrica, a las que G. Isaac cortejaba o hacía proposiciones. Nosotros éramos su carabina. Nuestra presencia supuestamente garantizaba a las familias de las chicas que las intenciones de G. Isaac eran honradas.

Una vez en la ciudad, nos dejaba en el colegio recién fundado y seguía su camino hasta la fábrica de conservas. En vacaciones, a mí hermano y a mí nos dejaban trabajar en la cadena de montaje de la fábrica, empaquetando curri en polvo y pegando etiquetas en los tarros de conservas. Llevábamos delantales azul marino y pañuelos blancos en la cabeza. Y olíamos a salmuera.

Todas las mañanas ayudábamos a la señora Mathews y a mi madre a barrer las colillas y lavar las tazas y los vasos sucios que dejaban los socios del Rotary Club. (Todos hombres, naturalmente. A quienes nunca se les ocurriría limpiar o recoger nada). Sacábamos una silla, unas banquetas y una pizarra apoyada en un caballete. A eso de las tres teníamos que plegar la escuela, apilarla contra las paredes y desaparecer, para no entorpecer la actividad del club.

Yo pensaba que nuestra nueva escuela era plegable y portátil.

Las salas del Rotary Club se encontraban encima de un garaje y taller mecánico que daba a la carretera principal. Para entrar había que cruzar el taller y subir un tramo de escaleras al aire libre. No era tanto una primera planta como un edificio de dos niveles, construido en la ladera de un monte. El jefe de los mecánicos tenía una casita con jardín en el mismo nivel que las salas del club. Se llamaba Anand. Era de Tamil Nadu. A mí me gustaba muchísimo. La grasa y la mugre del taller llegaban en parte hasta las escaleras y se incrustaban en la superficie granulada, áspera y polvorienta del suelo de cemento sin pulir de las salas del club. Cuando barríamos, levantábamos la suciedad y nos poníamos la ropa negra. Yo estornudaba tanto que tenía que tomar antihistamínicos constantemente, una cápsula muy bonita, roja como la sangre.

El colegio enseguida fue un éxito. El número de alumnos empezó a crecer exponencialmente. Los padres de los niños de preescolar pidieron a mi madre y a la señora Mathews que abrieran nuevos grupos para que sus hijos pudieran seguir estudiando allí. Mi hermano y yo éramos la avanzadilla, las ratas de laboratorio con las que poner a prueba a las nuevas maestras. «¿Te ha caído bien?» «¿Has entendido lo que te ha enseñado?»

Mi madre prosperó en este ambiente nuevo. Pronto se vio en condiciones de contribuir a los gastos domésticos en Ayemenem. Las peleas de los cosmopolitas se volvieron menos violentas. A medida que ganaba confianza, empezó a cultivar su personal visión pedagógica. El colegio se distanció poco a poco de sus orígenes cristianos misioneros para desarrollar un carácter y un credo propios. Las desavenencias entre mi madre y la señora Mathews propiciaban frecuentes tensiones. El punto de ruptura se produjo cuando dos jóvenes bailarines clásicos, Bhavani y su marido, Chellappen, vinieron a enseñarnos *bharatanatyam*. A través del *bharatanatyam* aprendíamos las historias principales y secundarias del *Ramayana* y el *Mahabharata*. Llegamos a conocerlas tan bien (o tan mal) como la Biblia. La señora Mathews estaba indignada. Dijo que ChellappenBhavani (siempre los considerábamos una unidad) eran la encarnación del Diablo. Se oponía rotundamente al Vandana, la invocación al dios Shiva con que comienza toda función de *bharatanatyam*. Dijo que era un acto pagano, anticristiano, a su juicio inaceptable, y que había que elegir entre ChellappenBhavani y ella.

Por desgracia, la señora Mathews no tenía la más mínima oportunidad frente a estos dos exquisitos seres humanos que irradiaban coquetería con cada mirada y arte puro con cada gesto. Y así, se marchó tan por sorpresa como había llegado. Fue triste, pero en cierto modo inevitable. Su partida no estropeó para nada el entusiasmo ni rebajó el éxito del colegio.

En cuestión de dos años, funcionaba tan bien que mi madre pudo alquilar la destartalada y vieja vivienda de tres habitaciones situada junto al Rotary

Club y transformarla en un hostal para estudiantes de fuera de la ciudad. Nos mudamos de Ayemenem a esta nueva casa-hostal para emprender la siguiente etapa de nuestra vida. Un hombre a quien mi madre llamaba nuestro «casero» venía el primero de cada mes a cobrar la renta. No me gustaba cómo la miraba, y me aseguraba de estar siempre presente cuando él venía.

Cuando aumentó el número de residentes, Kurussammal vino de Ooty a echar una mano. Yo estaba entusiasmada. Mi madre también contrató a dos mujeres jóvenes como ayudantes. Por si no me bastara con su presencia para ser feliz, ocurrió algo más. Una cachorrita vino a sustituir a mi río perdido. Mi madre la llamó Dido, como la reina de Cartago en la obra de teatro de Christopher Marlowe. La cachorrita ocupó el lugar de mi ardilla (que se marchó a fundar una dinastía de ardillas) como el amor de mi vida.

Dos de las habitaciones de la casa alquilada se convirtieron en dormitorios. En cada uno había una hilera de camas diminutas con colchas de cuadros. Los impermeables de colores se colgaban en perchas de madera. Cada residente tenía una taza, un cepillo de dientes y una jabonera. La casa se parecía a la de Blancanieves y los Siete Enanitos. O mejor dicho, a la de Mary Roy y los quince enanitos. Dos de los quince éramos mi hermano y yo.

Mi madre llegó a ser la dueña, directora y espíritu indomable de un colegio único en una ciudad única. Un colegio que, con el tiempo, libraría sus batallas únicas.

Federico Fellini y el Santa Claus de Kottayam

Hablo de «mi madre», pero desde que fundó el colegio dejó de ser únicamente mi madre. En cuanto los niños entraban en clase, pasaba a ser su madre también. No solo en sentido figurado, sino literal. Cuando el colegio se convirtió en internado, se llevaba a su cama a los más pequeños si estaban pachuchos o nostálgicos. Supervisaba sus baños personalmente. Aquellos renacuajos, apenas más altos que la cuba de hierro llena de agua caliente que tenían al lado, creían que darse un baño consistía en cerrar los ojos con todas sus fuerzas y hacer espuma con movimientos circulares sobre la tripa. Recibían una minuciosa explicación de cómo enjabonarse hasta el último resquicio. Puede que nuestro colegio fuera el único que impartiera lecciones de baño. Más adelante, cuando eran mayores, los niños aprendían a limpiar los váteres del colegio. El resultado es que todos somos sobresalientes limpiadores de váteres.

Con el fin de que los demás niños no nos consideraran especiales en ningún sentido, mi hermano y yo teníamos que llamar a nuestra madre «señora Roy» en público. Como lo público y lo privado eran zonas geográficamente fluidas, el cambio no siempre nos resultaba sencillo. Para nosotros, el colegio era nuestra casa y nuestra casa era el colegio, de ahí que nos confundiéramos y a veces también la llamáramos señora Roy en privado: «Disculpe, señora Roy...». Yo sigo considerándola la señora Roy más que mi madre. Y, para dejar claro que no tenía favoritos, ella se empeñaba en demostrar que era especialmente estricta con nosotros, sus hijos. A menudo nos castigaba por cosas que hacían otros.

La responsabilidad de cuidar de tantos niños, de organizar las comidas, llevar las cuentas y dirigir el creciente número de maestros y empleados, desencadenó de nuevo un pico de asma. Pero ahora cada ataque era un acontecimiento. Una obra de teatro. Producía mucho revuelo en todo el colegio. Todos iban corriendo a ver a la señora Roy, cuchicheaban y se agolpaban alrededor de ella. Se desvivían para cuidarla. Creo que enseguida se dio cuenta de que la mala salud era una buena herramienta para controlar a los demás, para mantenerlos activos.

Solía decirme que podía morirse cualquier día, a cualquier hora, de un momento a otro, y ¿qué haría yo entonces?

A menos que alguien quisiera acogerme, y eso era poco probable, señalaba, acabaría en la calle. Tendría que valerme por mí misma. Tenía que estar preparada, hacer planes.

Pero ¿cómo?

Mientras presenciaba su lucha por respirar durante aquellos ataques de asma que se presentaban sin previo aviso, me aterrorizaba verla jadear. A diferencia de cuando vivíamos en Ooty, yo ahora tenía edad suficiente para entender la idea y la irreversibilidad de la muerte y el hecho de morir. Las sombras que se concentraban en las profundas cavidades de sus clavículas eran como un batallón de cráneos burlones que se entrechocan los unos con los otros, preguntando con sonrisas sin vida: *¿Qué harás ahora, niña?* Los jadeos de mi madre hacían la misma pregunta en un registro más agudo: *¿Qué harás ahora, niña?* Mi respuesta siempre era la misma: *Respiraré por ti, mamá*. Intentaba respirar por ella. Me convertí en sus pulmones. En su cuerpo. Me uní a ella de muchas maneras, sin que ella lo supiera. Me convertí en uno de sus valientes órganos, en un agente secreto: le insuflé mi vida.

Todo resultó mucho peor cuando por fin identificó a una familia que *podría* aceptarme. Una oportunidad mínima, un resquicio de esperanza para mí en un horizonte por lo demás sombrío. La familia no lo sabía, por supuesto: el plan era una simple especulación de mi madre, urdido en secreto entre ella y su valiente hija-órgano. La familia era perfecta en muchos aspectos... para una tarea de la que no tenía noticia de haber sido elegida. Una viuda joven que trabajaba en el colegio. Sus hijos, amigos míos, algo más pequeños que yo, estudiaban conmigo.

Ellos, los elegidos, vivían en una casa grande y espaciosa. El problema era el abuelo. El patriarca de la familia. Un anciano respetado en la ciudad. El sudoroso Santa Claus Moreno en la fiesta de Navidad del Rotary Club, con un traje rojo, una barba de algodón y mucho «¡Jo, jo, jo!». A veces me mandaban a su casa los fines de semana (supongo que para que los niños se acostumbraran a su futura hermana y vice-versa). En esas ocasiones, cuando el abuelo me encontraba sola, cosa nada extraña porque yo era una niña lectora, el «¡Jo, jo, jo!» se convertía en un resuello, y una mano me toqueteaba entre las piernas y me bajaba las bragas. Yo sabía que eso estaba mal y sospechaba que tenía algo que ver con tener hijos. Y que tenía que huir. Él era un hombre torpe y desgarbado, y siempre conseguía librarme. De todos modos, era un cazador, y yo su presa. Mientras que todos los demás veían al amable Santa Claus de Kottayam —el abuelito cariñoso y torpón—, yo veía a un cerdo de tamaño humano y con gafas, a un jabalí que resoplaba en las comidas sentado a la mesa enfrente de mí.

Digo que me libraba, y estoy segura de que era así. Pero entonces no sabía de qué me libraba. ¿Qué tenía que pasar exactamente para tener un hijo? ¿Me habría librado a tiempo? Pensaba en esto en mi aula improvisada —un simple tablero sobre un caballete y unos taburetes de madera, en la sala de nuestro colegio plegable y portátil del Rotary Club— mientras una pobre maestra a la que mi madre tenía a prueba intentaba enseñarme algo. Hindi. Malayalam. Historia. Geografía. ¿Estaría embarazada? ¿Podían las niñas tener hijos? La idea me producía sudores fríos. El sudor me goteaba por detrás de las piernas. Estaba convencida de que el sudor frío que gotea por detrás de las piernas era un síntoma inequívoco de embarazo. Las largas aspas del abanico del techo giraban sin parar a lo largo de aquellas tardes silenciosas. Parecía una condena.

Nunca le hablé a mi madre del jabalí, ni de la caza. Por qué, no lo tengo claro. Supongo que no estaba segura. ¿Y si me equivocaba? ¿Y si solo eran muestras de cariño porcino? ¿No sería una ingrata? ¿Y quién me creería (a una niña mala y no cristiana) y qué iban a pensar mis amigos? De todos modos, estaba segura de poder esquivarlo. Me impuse unas normas rápidas y sencillas. Esconderme entre la multitud. Asegurarme de no quedarme sola, estar alerta, no leer nunca. Mis visitas eran solo cuestión de un par de días. Como mucho.

Pero ¿y si no fuera así? ¿Y si mi madre se moría y yo tenía que irme a vivir con ellos?

Entonces supe que si ella moría, yo también moriría. Tendría que encontrar la manera. La idea no me debilitaba, pero ese zumbido de temor era una melodía constante, escondida bajo mis soleados momentos de rayuela, como la música de fondo de una película de terror interminable. Tenía que hacer lo que fuese para proteger su vida. Respirar por ella.

Miraba con ojo avizor a las madres de los demás niños, con la esperanza de detectar algún rasgo de una madre como la mía. Nunca lo encontraba. No es que quisiera que ella fuese como las madres de mis amigos; no era eso. Porque esas madres siempre parecían un poco asustadas, un poco indecisas, como si estuvieran eternamente a la espera de órdenes.

Una vez me invitaron a una fiesta de cumpleaños en una casa. Esto ocurría muy pocas veces, porque para ellos éramos unos intrusos: no dábamos la talla ni como cristianos ni como malayalis. Tampoco éramos ricos. Por eso esta ocasión resultaba especial. Yo estaba sola. La señora Roy no fue conmigo.

Mis anfitriones eran gente de dinero, dueños de una plantación. Tenían una casa espléndida, con porches grandes, una larga avenida, ciervos moteados en los terrenos y muchos sirvientes.

La madre de la cumpleañera era una mujer rellenita que infundía seguridad. Llevaba unos pendientes de diamantes que brillaban como unos reflectores diminutos. Aquello era una fiesta infantil, pero casi todos los padres también estaban presentes. Había una montaña de comida en la mesa. Los espejos de las paredes creaban el efecto de que había muchas fiestas y muchas mesas con muchas montañas de comida. El padre entró en el salón con un sobre. Parecía muchos padres con muchos sobres. O es posible que mi imaginación lo transformara en una multitud. Tiró el sobre al suelo. *Edi ninakkoru ezhutthu vannu*. La forma más grosera de decir: «Mujer, hay una carta para ti». La madre que infundía seguridad se agachó, con sus diamantes, a recoger la carta del suelo. Delante de todo el mundo. Daba la sensación de estar completamente sola. Me entraron ganas de abrazarla, pero yo no quería una madre como ella. Y, en ese momento, me alegré de no tener padre. Sé que es horrible decirlo, pero en aquella época yo veía a los padres como una idea extremadamente peligrosa.

Por aquel entonces el recuerdo de nuestro padre se nos había borrado por completo. Lo conocíamos únicamente como el misterioso extraño (muy guapo, pensábamos) del álbum de fotos gris que la señora Roy guardaba bajo llave en un aparador y nos dejaba ver solo muy de vez en cuando. Había también una foto de su boda (muy hindú, pensábamos). En el álbum, nuestra madre parecía tan misteriosa y tan extraña como nuestro padre. En una foto estaba en un sillón de mimbre, en el Club de Colonos de Assam, con una blusa sin mangas muy sexy y fumando un cigarrillo. No era la señora Roy, era otra mujer.

La señora Roy nunca hablaba de Assam. Solo decía una cosa de su marido: «Era un Don Nadie».

Cuando el colegio ofreció enseñanza secundaria además de primaria, la señora Roy tuvo que convencer a las familias inquietas de que un colegio mixto no era un antro de vicio y promiscuidad sexual, como lo pintaba la gente de Kottayam. Se ganó su confianza imponiendo una estricta disciplina moral y vigilando sin descanso a los alumnos que no cumplían las normas del ligoteo. Aun así, nunca renunció a la creencia de que los chicos y las chicas tenían que jugar, estudiar y crecer juntos.

Estos primeros años mi madre estaba alerta a todas horas. Cuando llegó a sus oídos que los chicos del hostal se metían con las chicas por los pechos y los sujetadores, convocó una asamblea. Ordenó a dos de los principales abusones que sacaran un sujetador de su cómoda. Era una prenda impresionante, casi a medio camino entre un corpiño y lo que conocemos como sujetador. En aquella época solo había una marca: Maidenform. Parecía el peto de una armadura. Y el suyo tenía un tamaño considerable en las manos de aquellos chicos aterrados. (Por esta y otras muchas escenas, se me debe perdonar que creyera, cuando tuve mi primer contacto con sus películas, que el cine de Federico Fellini era realismo social). «Esto es un sujetador. Todas las mujeres lo llevan. Vuestras madres lo llevan, vuestras hermanas también lo llevarán muy pronto. Si tanto os excita, os invito a quedaros con el mío». Fue una grosería, sí. Pero fue uno de esos momentos que cambiaron para siempre el equilibrio de poder en el colegio entre los chicos y las chicas.

La señora Roy se propuso erradicar la sensación de privilegio de los chicos, entendida como un don divino. Hizo de ellos hombres considerados, respetuosos, como rara vez se habían visto en la ciudad. En cierto modo, también los liberó. Los eximió de la carga de ser tal como la sociedad esperaba que fuesen. Educó a varias generaciones de hombres cariñosos y los lanzó al mundo. Lo que hizo por sus alumnas, el espíritu que les inculcó, no fue sino revolucionario. Les dio fuerza, les dio alas, les dio la libertad. Les ofreció su atención inquebrantable y su amor severo, y ellas la recompensaron convirtiéndose en mujeres sobresalientes.

Esa revolución, como todas las revoluciones, tuvo un coste.

Colateral

La señora Roy dirigió toda su ira contra los hombres, su idea de los hombres (en particular su padre, su marido y su hermano) y su hijo, mi hermano LKC. Desde que tenía solo seis o siete años, por el más mínimo error o desliz lo llamaba cerdo machista. Lo mandó a un internado al cumplir los nueve, y a mí dos años después. Nuestro colegio se nos había quedado pequeño.

Aunque el precio del internado no era desorbitado, como son hoy los precios de los colegios privados, nuestra madre tuvo que esforzarse mucho para pagarlo. Nos pasamos años oyéndola decir a todas horas cuánto le debíamos por nuestra educación: «Te lo digo como banquera tuya...», era una frase muy común en sus conversaciones.

Yo odiaba estar interna. (¡Cuánto necesitamos a quienes nos atormentan!). El internado al que nos envió, donde yo estudié seis años, estaba en el Nilgiris, en las Montañas Azules, muy cerca de Ooty. El viaje duraba toda la noche, en un gran tren de vía ancha, y luego otras tres horas en un tren más pequeño a través de las abruptas montañas. En aquellos viajes de vuelta al colegio, rodeada de estudiantes ruidosos y felices, llegué a entender en lo más hondo el significado de la desolación y aprendí a no mostrar nunca mis sentimientos.

Nuestro nuevo colegio no podía ser más distinto del de la señora Roy. Tenía una fama excelente, una icónica torre con reloj y unos terrenos preciosos por los que pasear. Pero lo primero que me llamó la atención fue la suciedad. Los dormitorios estaban hechos un asco, la cocina estaba hecha un asco y el comedor estaba lleno de moscas. Lo más asqueroso de todo eran los aseos. Para una experta limpiadora de váteres como yo, aquello era un trauma y una ofensa.

El colegio se jactaba de ser una escuela militar. Pasábamos muchas horas aprendiendo a desfilar como soldados con un instructor que había sido soldado y nos rugía en vez de hablar. («Izquierda, izquierda, izquierda-derecha-izquierda. Clavad los talones y girad los dedos de los pies. Izquierda, izquierda, izquierda-derecha-izquierda»). Se agachaba y nos rugía literalmente en los talones. A mí me preocupaba pisarle el mostacho, que era enorme y frondoso. Allí no había asambleas con demostraciones de sujetadores. A los chicos les enseñaban a portarse como chicos. Su uniforme escolar eran pantalones caquis y «chaqueta de combate» caqui. Tenían una banda militar en la que mi hermano tocaba la corneta. Tenían clases de pintura y escultura. Éramos muy pocas chicas. Para nosotras no había chaquetas de combate ni bandas musicales. Tampoco nada de pintura o escultura. En su lugar teníamos jerséis de señora mayor, con cuello de pico, faldas plisadas, «ciencia del hogar» y labores de aguja.

Durante los fines de semana del trimestre lectivo, yo observaba con cierta fascinación las alegres y cariñosas reuniones de mis compañeros de clase con sus padres, que los sacaban a pasar la noche fuera y volvían a dejarlos cargados de comida, ropa y zapatos nuevos. La señora Roy venía a veces de Kerala, sola, a sacarnos de paseo. Era la única madre separada en un mar de parejas casadas. Cuando la veía entre todas ellas, me estallaba el corazón de amor. Pasábamos el fin de semana en la casita fría del Entomólogo Imperial. Pero decir que en aquellos encuentros había alegría o cariño sería faltar a la verdad. Aun así, yo contaba los días, las horas, los minutos que faltaban para ver de nuevo a la señora Roy.

Había otros alumnos, como mi hermano y yo, que no venían de familias ricas y tampoco salían mucho los fines de semana. Los más pobres, mucho más pobres que nosotros, eran los «becados», y sus padres no podían permitirse el viaje y la estancia en un hotel. Estos alumnos eran los más inteligentes de todos, con diferencia.

Yo me imaginaba una categoría independiente de seres humanos a los que llamaba la «gente de papaymamá». Los observaba con un interés tangencial mezclado con una leve capa protectora de desprecio cultivado a conciencia. Creía pertenecer a una especie totalmente distinta.

Lo único que me encantaba del colegio era la pista de atletismo. Todavía hoy, cuando pienso cómo debería ser el cielo, la imagen que me viene a la cabeza no es la que un escritor tiene del cielo. No es una biblioteca o un paraíso de libros. Soy yo, sentada bajo un roble inmenso en la explanada de hierba que delimitaba los campos deportivos, atándome los zapatos. Correr era mi modo de exorcizar la tristeza. Corría en las comidas. Corría en clase. Corría en sueños.

Corría incluso cuando estaba quieta como un palo. Creo que, como Forrest Gump, habría podido correr eternamente.

Íbamos a casa (es decir, al colegio de la señora Roy) dos veces al año en vacaciones. Vivíamos con temor al día en que llegaran por correo las notas del (otro) colegio. Porque nuestra banquera nos dejaba muy claro que esperaba unos beneficios sustanciales a cambio de su inversión. Si no los recibía, las consecuencias eran temibles.

Me hice la dormida la noche que vino a despertar a mi hermano y se lo llevó, sonámbulo, a su dormitorio. Los seguí sin hacer ruido y miré por el ojo de la cerradura cómo le pegaba con una regla de madera gruesa hasta acabar rompiéndola. «Ningún hijo mío viene a casa con un informe de "estudiante medio"». Le echaba la bronca sin levantar la voz por encima del nivel de un susurro, para no despertar a los niños de nuestra casa-hostal. El susurro le daba a todo un aire mucho más espeluznante. Mi hermano no reaccionó. Esto hizo que ella se enfureciera más todavía. Al final se cansó, y él volvió a su cama callado como un muerto. Yo me hice la dormida. Los dos sabíamos que estaba despierta. Por la mañana, mi madre me abrazó y dijo: «Tu informe es excelente». Me moría de vergüenza. Me odié a mí misma. Desde ese día, cualquier éxito personal viene para mí acompañado de malos presagios. Cuando se brinda por mí o se me aplaude, siempre tengo la sensación de que a otra persona, a alguien que no hace ningún ruido, le están dando una paliza en la habitación de al lado. Si uno se para a pensarlo, es cierto: a alguien le está pasando.

Nada de esto impidió que mi hermano y yo tuviéramos nuestras discusiones, nos peleáramos físicamente, casi a muerte, casi a diario, que rompiéramos lámparas y otros objetos frágiles que hubiera por medio. La situación no cambió hasta que él se hizo mucho más fuerte. Entonces se convirtió en mi gran protector. Mi madre no se lo tomó nada bien.

Cuando mi hermano era adolescente, ella le dijo una vez: «Eres idiota y feo. Yo en tu lugar me mataría». Mi hermano no era ninguna de estas cosas. Solo era un chico callado e inseguro, porque se acordaba de su padre y estaba más marcado que yo por el trauma de la pérdida. Lo increíble era que la señora Roy le dijera a su hijo semejantes barbaridades en este país donde se adora a los hijos. El país en el que los hijos tienen que recibir más que las hijas, más de todo: atención, amor, dinero, educación, herencia, incluso alimento. El país del infanticidio y el feticidio femenino, donde millones de hijas son eliminadas incluso antes de nacer, y algunas justo después. A veces mi madre se comportaba como si todo esto fuera culpa de mi hermano. Porque él era el único hombre que tenía a su alcance, el único hombre al que podía castigar por los pecados del mundo. Esta manera suya de tratarlo ha enrarecido y complicado para siempre mi versión del feminismo, la ha llenado de cautelas.

El corolario del culto al hijo es, por supuesto, el culto a la madre. El nuestro también es un país donde se adora a las madres. O, más exactamente, un país que endiosa a las madres que engendran y luego endiosan a sus hijos. Mi hermano y yo nos criamos en un resquicio entre este sueño almibarado y nuestra pesadilla caprichosa, y no siempre sabíamos cuál de las dos cosas era peor. En conjunto, si *tuviéramos* que elegir entre ambas, creo que yo elegiría nuestra pesadilla, y él, el sueño.

Los naxalitas

Comparada con los insultos, las provocaciones y la violencia de la señora Roy contra mi hermano, la rabia que descargaba en mí tenía una cualidad y una textura totalmente distintas. Era más ambigua pero no menos áspera. Sus contornos se fueron aclarando a medida que me hacía mayor, o quizá simplemente llegué a acostumbrarme.

Un año antes de que me fuera al internado con mi hermano, instalaron un teléfono en la sala de nuestra casa-hostal, el primero que tuvimos. Era 1969. Yo tenía nueve años.

No fue un buen día. Aún recuerdo nuestro número: 2793. El teléfono era un aparato negro, de esos de baquelita. La cosmopolita señora Roy entendía de teléfonos. Se había criado en Delhi, estudió en Madrás, se casó en Calcuta y había vivido en Assam.

Pero yo entonces seguía siendo una pueblerina. Sabía mucho de algunas cosas y muy poco de otras. Sabía fabricar una caña de pescar improvisada, pescar y buscar las mejores lombrices para el cebo, y descubrir polluelos y ardillas, pero no sabía nada de teléfonos.

Mudos de asombro —los alumnos que vivían en el hostal y yo— vimos cómo instalaban el teléfono. Cuando el instalador ya se había ido, la señora Roy marcó un número. Me parecía increíble que mi madre, por el mero hecho de acercar a la oreja a un cacharro negro, pudiera hablar con alguien que no estaba presente. Pensé que hablaba sola, que estaba fingiendo o practicando algo. Fascinada por esta nueva adquisición, apreté los dos botones gemelos de cromo donde se apoyaba el auricular y al hacerlo corté la llamada. Me lanzó una mirada fulminante. «Perra», dijo. Delante de todo el mundo. Yo no sabía qué significaba, pero lo dijo en un tono que sonaba fatal.

Una vez más me escurrí como un remolino de agua por el sumidero y desaparecí. He intentado muchas veces olvidar este momento, más por la expresión de sus ojos que por la palabra en sí, pero está claro que no he sido capaz. Unos años antes de morir me preguntó si mis perros de Delhi eran machos o hembras. O sea, que, cuando dijo «perra» hace tanto tiempo, quizá no lo hiciera con mala intención. Por otro lado, era muy cruel con los perros. O sea, que quizá sí lo hiciera con mala intención. Lo que pasó con Dido —mi preciosa alsaciana negra— no es fácil de contar, pero voy a contarlo enseguida.

Quizá ese «perra» se me ha quedado grabada para siempre porque aquel fue un mal día por partida doble. El día que nos instalaron el primer teléfono fue también el día en el que la prensa publicó que los naxalitas habían decapitado a un colono en un distrito situado al norte de Kottayam. Difundieron su fotografía. Borrosa, en blanco y negro. Tal como la recuerdo, tenía el cuerpo atado a un poste y la cabeza tirada en el suelo, a unos metros. La tierra estaba oscura, empapada de sangre.

Los naxalitas eran un grupo insurgente de extrema izquierda radical —maoístas—, una escisión de los principales partidos marxistas de la India. Creían que, al integrarse en la corriente mayoritaria y participar en las elecciones, estos marxistas se habían aburguesado y habían traicionado los principios fundamentales del comunismo. Defendían la revolución armada. Decían que el Parlamento era una «pocilga» y creían en la «aniquilación del enemigo de clase». Con este objetivo cometieron auténticas atrocidades que daban cuenta de su grado de violencia. Los marxistas de la corriente mayoritaria, que en 1957 constituyeron en Kerala el primer gobierno comunista del mundo elegido democráticamente, eran hostiles a los integrantes de esta facción, a quienes tachaban de anarquistas y aventureros. Se odiaban entre sí más de lo que odiaban a los no comunistas.

La insurgencia naxalita, que comenzó en el pueblo de Naxalbari, en Bengala Occidental, prendió en la imaginación de los estudiantes y los jóvenes frustrados y enfadados, y se propagó muy deprisa por todo el país. La decapitación de aquel terrateniente tuvo lugar en Palakkad, al norte del estado de Kerala, donde se encontraban las plantaciones de té, café y especias. La prensa contaba que los naxalitas celebraron un juicio sumario y le leyeron al terrateniente los delitos de los que lo acusaban —asesinato, explotación de los trabajadores y crueldad hacia las mujeres— antes de cortarle la cabeza.

Un velo de temor nos envolvió a lo largo de las semanas siguientes. Casi todos los niños del colegio, sobre todo los del hostal, eran hijos de terratenientes y propietarios de plantaciones, gente a quienes los naxalitas consideraban «enemigos de clase». Me preocupaba que los decapitaran a todos, y también a la señora Roy, a LKC y a mí, por error, aunque no fuésemos terratenientes. Vigilábamos de cerca el teléfono de baquelita por si recibíamos amenazas. Los más valientes de nosotros a veces lo cogían, incluso cuando no sonaba. Creíamos que había alguien al otro lado de la línea continuamente. Alguien que esperaba el momento de amenazarnos. Ensayábamos cuando la señora Roy no nos veía: «¿Hola? ¿Quién llama?».

Los naxalitas anunciaron que la Revolución estaba en marcha. No tardaría en llegar y el mundo dejaría de ser injusto. Las revoluciones se hacían para que el mundo fuera menos injusto, nos explicó la señora Roy. Los pobres heredarían la tierra. A los ricos los matarían.

En la iglesia, los curas decían las mismas cosas de los pobres que los comunistas, pero no daba la impresión de que hablaran en serio. Eran mucho menos extremistas en lo relativo al destino de los ricos, porque su congregación estaba formada por gente más bien adinerada. A los pobres de verdad, procedentes en su mayoría de las castas «intocables» y convertidos al cristianismo hacía relativamente poco tiempo, con la esperanza de liberarse del estigma del sistema de castas hindú, no les permitían entrar en las iglesias cristianas sirias. La casta los atosigaba también en el cristianismo. Sobre esta cuestión de la casta, tanto los cristianos sirios de Kerala (a muchos de ellos les gustaba creer, sin ningún fundamento, que sus antecesores eran brahmanes convertidos al cristianismo por el apóstol santo Tomás, cuando viajó a Oriente tras la Crucifixión) como los hindúes del resto de la India son igual de cerriles. Los curas decían que era tan difícil para los ricos entrar en el reino de los cielos como para un camello pasar por el ojo de una aguja. Yo me imaginaba a los ricos muy ajetreados, fabricando agujas gigantescas, con un ojo del tamaño de un camello. Si uno se para a pensarlo, esa aguja ya se ha fabricado. Existe. Y una caravana de camellos pasa por ella continuamente.

Yo no sabía qué sería de nosotros, ni de los ricos ni de los pobres. Frecuentábamos la iglesia muy poco. Casi nunca. Incluso cuando ya era mayor y estaba muy enferma, si un cura o una monja iban a verla —iban muchos, y siempre, desquiciantemente, hablaban un poco más alto y un poco más despacio de lo necesario—, la señora Roy decía: «Por favor, ¿puedes pedirle que se vaya?».

El caso es que no llegó. La Revolución. El movimiento naxalita fue aplastado de inmediato, aunque de vez en cuando resurgía (resurge) en otra región del país. Es como un termómetro espantoso que nos toma la temperatura periódicamente y nos dice lo enfermos que estamos.

Yo entonces no fui consciente de la impresión tan honda que me causaron los naxalitas. Aunque sus actos me horrorizaban y me angustiaban, entendía su rabia por instinto. En *El dios de las pequeñas cosas*, Velutha era sospechoso de haberse unido a los naxalitas. Lo mataban sin piedad, porque nada amenazaba —y sigue amenazando— tanto a la India (ya sea hindú, cristiana, musulmana, sij, incluso comunista) como la confluencia de la ira de la casta oprimida y la clase trabajadora. Esto ocurre muy pocas veces.

Cuarenta años después del Día del Teléfono, en 2010, pasé algunas de las semanas más intensas de mi vida con las guerrillas naxalitas, en el corazón de la selva de Dandakaranya, en la India Central, y escribí un ensayo titulado *Walking with the Comrades*, «Caminando con los camaradas».

Sigo asociando a los naxalitas, de ese modo inexplicable y desconcertante con que asociamos recuerdos concretos con cosas, olores o canciones concretas, con los teléfonos de baquelita.

La señora Roy no era en modo alguno reacia al comunismo. Cuando iba a celebrarse el debate de mi clase de séptimo (yo tenía entonces once años y estaba en el internado militar), vino a verme y me vistió como a una niña del Vietcong, solo que de civil. Me puse su *sarong* amarillo de flores, doblado por la mitad, para que me llegara justo por debajo de las rodillas, y una blusa de cuello Mao. (En Kerala llevábamos el *sarong* hasta los tobillos). Me señaló Vietnam en un mapa y me habló de la guerra, de los bombardeos, del Agente Naranja con el que incendiaron kilómetros y kilómetros de árboles y plantas y envenenaron la tierra. Me contó que los estadounidenses llamaban *gooks* a los vietnamitas y que Vietnam era igual que Kerala. Lleno de selvas, ríos, arrozales y comunistas. Nosotras también éramos *gooks*, añadió.

Aun así era ecléctica. También me hablaba de Shakespeare, de Kipling y de A. A. Milne. Me leía pasajes de *Auge y caída del Tercer Reich*. Y el arranque de *Lolita*. (A G. Isaac lo llamaba Humbert Humbert, porque le gustaban las mujeres mucho más jóvenes que él). Tenía una voz fuerte y grave que no delataba duda ni vacilación. Cantaba la canción de Paul Robeson «Ol' Man River» y me hablaba de la esclavitud y de los barcos de esclavos que remontaban el Misisipí. A mí me encantaba la palabra *Misisipí*. Y la palabra *Beirut*. Cada tres meses recibíamos de una biblioteca de Madrás un paquete de libros que podíamos leer y devolver. El día que llegaba el paquete, yo me emocionaba tanto que se me soltaba el estómago y tenía que ir al baño corriendo varias veces.

Me obligó a ensayar mi exposición para el debate de clase. Aprendí a llamar a los contrarrevolucionarios y los simpatizantes de la invasión yanqui «esbirros del Imperialismo» y a decirlo en un tono cargado de rabia. Hablé bastante bien, aunque no paraba de pensar en mis piernas, porque empezaba a tener algo de vello. Y en mi pelo rizado y rebelde. Muy poco vietnamita. Otro estilo de *gook*. Como teníamos un gobierno marxista, en Kerala había marchas multitudinarias en apoyo de Ho Chi Minh y de Vietnam del Norte. Pero sabíamos muy poco del gulag soviético, de la hambruna en Ucrania o del Gran Salto Adelante en China, que le costó la vida a millones de personas.

Como la mayoría de la gente en todo el mundo, entonces como ahora, crecimos entre los gritos y el silencio. Algunos construimos nuestra propia manera de pensar, otros dejaron que se la construyeran.

Soy partidaria de no conquistar la luna

Mi hermano ya no es un hombre callado. Somos completamente distintos. Él tiene una empresa de éxito y un BMW. Tiene un micrófono y tres guitarras eléctricas en sus soportes, al lado de la cama. Es solista y canta rock and roll. Toca música estridente. Muy estridente. Muy de los sesenta y los setenta. Credence Clearwater Revival, Pink Floyd, Deep Purple. Ha forjado su vida por sí solo, sin ayuda de nadie. Tiene la mejor risa que conozco. Trabaja en la industria del marisco. Yo en broma lo llamo bróker de gambas. Envidio sus momentos de placer absoluto. Creo que yo ya no soy capaz de vivirlos.

Cuando éramos pequeños nunca hablábamos de la señora Roy. La llamábamos solamente «ella». No soportaba que nos lleváramos bien, porque sospechaba que conspirábamos contra ella. Hizo todo lo posible por separarnos. Solo ahora que ya no está, por fin podemos relacionarnos libremente y reírnos de las cosas. Mi hermano no fingió tristeza cuando ella murió. Ni siquiera cuando la vio tendida en el ataúd. Para mí fue diferente. Me desmoroné. Si fuera capaz de entenderme mejor, probablemente entendería mucho mejor el mundo y por supuesto mi país, donde se diría que tanta gente venera a sus perseguidores y agradece que la sometan y le digan qué hacer, cómo vestirse, qué comer y cómo pensar. Esto es muy complicado: dice algo muy desconcertante acerca de la condición humana. Aunque tal vez sea mejor que algunas cosas no se entiendan, que sean un misterio. Soy partidaria de no escalar ciertas montañas. De no conquistar la luna. Estoy harta de teorías y explicaciones interminables. Creo que he empezado a preferir las descripciones. El caso es que añado todo esto para decir que, mientras la señora Roy yacía en su ataúd con tapa de cristal, yo estaba destrozada, pero mi hermano parecía animado y recibió con mucha cordialidad a quienes vinieron a presentar sus respetos. La gente lo miraba extrañada. A él le traía sin cuidado. Me gusta eso de él. Nunca finge que lo que nos pasó no nos pasara.

Casi parecía que, para que ella pudiera iluminar a sus alumnos y ofrecerles todo lo que tenía, nosotros —mi hermano y yo— debíamos absorber su oscuridad.

Hoy, sin embargo, doy gracias por ese regalo de oscuridad. He aprendido a tenerla cerca, a cartografiarla, a tamizar sus sombras, a contemplarla hasta que me ha revelado sus secretos. Y también ha resultado ser un camino hacia la libertad.

Laurie Baker y el monte pelado

Me faltaban menos de dos años para terminar el bachillerato cuando la señora Roy decidió que su colegio plegable y portátil necesitaba sus propios terrenos.

El colegio iba de maravilla. Pero las salas alquiladas al Rotary Club en horario restringido no permitían su expansión. No tenía un patio de recreo, ni otros espacios independientes, ni un mobiliario en condiciones. Y a veces los residuos que dejaban los rotarios interferían en la actividad escolar.

Una mañana, después del ritual de pasar la escoba, un niño de seis años desapareció. Al final lo encontramos encerrado en el aseo, que estaba algo apartado de las aulas. Había reunido todas las colillas del suelo y estaba intentando fumárselas. Lo pillamos justo a tiempo de apagar la hoguera. Era evidente que lo había planeado bien y se había provisto de una caja de cerillas. (Hoy es un fanático religioso, un soldado de Cristo. No fuma).

Cuando se caían, los niños se hacían rasponazos con el suelo de cemento sin pulir y se les infectaban las heridas. Iban a la pata coja, como los heridos, con sus llamativas manchas de violeta genciana o mercromina roja en las rodillas y los codos descalabrados. A veces los accidentes eran más serios y requerían escayola y puntos de sutura. El peor, por fortuna, me ocurrió a mí y no a otro alumno.

El Rotary Club estaba construido en un ladera abrupta, muy por encima del nivel de nuestra casa-hostal, en la puerta de al lado. Una escalera de hierro con barandilla, atornillada a un muro de contención de laterita cubierto de musgo, de tres metros de altura, comunicaba los dos edificios. Era un atajo que facilitaba el movimiento de empleados y provisiones sin necesidad de salir a la calle. Una verja metálica cerrada con llave impedía el acceso a la escalera. Los niños tenían estrictamente prohibido utilizarla. Yo rompí las reglas, trepé por la verja y sufrí una caída tremenda. Rodé por la escalera y me di con una roca en los dientes. Estuve varias semanas con una especie de escayola en la boca y a dieta líquida. Tardé casi un año en poder comer algo que no fuera puré. El amable dentista del barrio de Kottayam volvió a implantarme los dientes en las encías. Tan orgulloso estaba de su hazaña que, a lo largo de los años siguientes, como un ganadero o un tratante de caballos, me examinaba los dientes en público cuando se celebraba algún acto social para ver qué tal iban. A pesar de sus atenciones, mis dos dientes delanteros no aguantaron. Se cayeron al cabo de unos años. Los que tengo ahora son postizos. Han empezado a desplazarse hacia un lado y me han dejado un hueco extraño. (Me resulta molesto, pero he decidido aceptar el hueco, porque me vincula a mi pasado).

La señora Roy tenía otros motivos para querer un buen terreno escolar. Había desarrollado mayores ambiciones para sus alumnos. Quería que hicieran deporte, teatro y pintura, como los niños de otros colegios. Pero solo contaba con dos aulas pequeñas en las que organizaba distintos espacios para distintas actividades. El caos crecía en consonancia con el alumnado. Las voces animadas y entusiastas resonaban en los pasillos y rebotaban contra las paredes. No era fácil para nadie concentrarse en nada.

Cada día había una novedad emocionante, alumnos nuevos, ideas nuevas. Chicas de la ciudad que, de no haber sido por el colegio, habrían vivido como obedientes amas de casa, dedicadas a recoger las cosas que sus maridos tiraban al suelo, tuvieron de pronto la oportunidad de ser profesoras en este colegio nuevo y experimental, de desarrollar una carrera ilusionante y propia. Las salas del Rotary Club eran demasiado pequeñas para la exuberancia que generaba el colegio.

La señora Roy localizó un terreno a unos kilómetros de la ciudad. Con el fin de comprarlo, pidió a las familias de sus alumnos «una suma en depósito», una especie de préstamo sin interés que se devolvería cuando el alumno dejara el colegio. Los padres accedieron de buen grado. Era 1974. El colegio tenía siete años. Yo, catorce para quince.

Compró un terreno de algo más de una hectárea en una zona sin urbanizar conocida como *motta kunnu*: el monte pelado. En realidad no estaba pelado, porque en Kerala nada lo está. Tenía unos panapenes gigantescos, unas matas de bambú frondosas y altas como torres que crujían y gemían igual que los asistentes a un funeral. De la densa cubierta de maleza llegaba un rumor constante de mofetas, mangostas y lagartijas. Había un pozo poco profundo que se había secado. La gente que vivía en las casitas construidas a los pies del monte, cerca de la carretera, tuvo la amabilidad de decirnos que el pozo estaba lleno de esqueletos de pájaros, serpientes y sapos que quedaron atrapados en él y fueron devorados por la pareja de fantasmas que lo habitaban. Nadie se atrevía a acercarse por allí de noche. Ni siquiera los vagabundos y los borrachos. El canto de los grillos y el croar de las ranas cubría el monte como una cúpula sonora y lo aislaba de la ciudad. El terreno era relativamente barato porque se lo consideraba demasiado embrujado, demasiado empinado, y porque era muy difícil construir allí. La siguiente misión de la señora Roy fue buscar un arquitecto que aceptara el reto.

Un nombre ascendió a toda velocidad al primer puesto de su lista. Lawrence Wilfred Baker, más conocido para la mayoría como Laurie Baker y para su equipo de maestros albañiles simplemente como Papi. Baker era inglés y objetor de conciencia en la Segunda Guerra Mundial. Profundamente influido por un encuentro fortuito con Gandhi, se mudó a la India en 1945 y empezó a trabajar como arquitecto para la Misión Internacional contra la Lepra en el norte de la India. Allí conoció a Elizabeth Jacob, una médico malaya que también trabajaba en la Misión y con la que se casó. La joven pareja decidió a continuación expandirse por cuenta propia. Se mudó de Faizabad, en lo que por aquel entonces eran las Provincias Unidas, a Pithoragarh, un pueblo remoto al pie del Himalaya, donde montó un pequeño hospital para los lugareños en una zona sin servicios sanitarios. Tras dieciséis años en Pithoragarh se desplazaron poco a poco hacia el sur y por fin se asentaron en la punta de la península india: en Trivandrum, la capital de Kerala, a unos mil seiscientos kilómetros al sur de Kottayam.

Medio siglo antes de que a nadie se le ocurriera, antes de que palabras como «sostenible» y «ecológico» se incorporaran a la conversación cotidiana, Laurie Baker ya estaba en esa etapa. Desarrolló técnicas de construcción basadas en el uso de los materiales disponibles en el entorno y adaptados a su clima. Trabajaba con ladrillos baratos cocidos al horno y mortero de cal en lugar de cemento. En la medida de lo posible, sustituía las ventanas, que eran caras, por *jalis* de ladrillo, una especie de celosía que trazaba exquisitos dibujos de luz y dejaba entrar el aire, además de algún que otro reptil curioso. Su mayor innovación era su técnica para las cubiertas. Él lo llamaba losa rellena: un híbrido entre un tejado de hormigón y uno de teja. El relleno era una baldosa de terracota de la zona, muy económica, que se incrustaba en el bloque de cemento con una mínima estructura de acero de refuerzo. La cubierta podía ser plana, cónica o en gablete, podía ser una bóveda, adoptar cualquier forma. En un clima que requería cubiertas con mucha inclinación, para soportar la violencia de las lluvias monzónicas, la losa rellena de Baker permitió liberar el proyecto de la tiranía geométrica del tejado de vigas y tejas.

Baker era un genio no solo porque hacía construcciones baratas, sino porque sus edificios no tenían ese aire triste, soso y deprimente de la construcción modular propio de la arquitectura de bajo coste. Cada uno de sus edificios era único y tenía alma, alegría y una especie de irreverencia radical característica de su personalidad. (Dejó instrucciones de que lo incineraran nada más morir, para que nadie fuese a llorar su cadáver, y pidió que guardaran las cenizas en un relojito de arena). Y, a pesar de que eran únicos, sus edificios no tenían ego. Apenas se notaban, de tan bien como se fundían —haciendo un guiño y una señal— con el entorno. Decía en broma que aspiraba a ser, no un «arquitecto de bajo coste», sino un «arquitecto de cero coste». Era muy consciente de que las personas para quienes construía tenían muy poco dinero y unos sueños enternecedores. Comprendía su situación e hizo suyos los sueños de esa gente. Por eso era prodigioso. Que la señora Roy lo encontrara y le confiara su vida, literalmente, sin el consejo, el ánimo o la ayuda de nadie, sin ninguna formación en arquitectura y sin acceso a las reuniones de los clubes masculinos en las que se hablaba de asuntos como los negocios, el dinero, la banca y la construcción, también la hacía a ella prodigiosa.

Las técnicas de construcción de Papi molestaban a sus colegas. Arquitectos, ingenieros y promotores, con salarios y comisiones proporcionales al coste de los edificios en los que trabajaban, se sentían amenazados por este intruso. A ellos les convenía la arquitectura cara. No ocultaban su hostilidad y advertían de que los edificios de Baker eran precarios e inseguros. Él se reía de estas críticas. La mayor parte de sus colegas no eran capaces de leer o entender el lenguaje de su arquitectura. Baker trabajaba en la obra con sus albañiles, codo con codo, y todos aprendían sobre la marcha.

Como la señora Roy, también Baker era un pez que nadaba a contracorriente. Cuando se vieron por primera vez, reconocieron al instante esta singularidad el uno en el otro. Ninguno de los dos era de trato fácil para el otro. Baker era esquivo y poco manejable. Nunca acudía a las citas. Y ella, claro, era Ella. Los dos refunfuñaban y acusaban al otro de ser intratable y excéntrico, pero en el fondo se querían y se respetaban.

Baker fue a *motta kunnu* y se enamoró de los desafíos que planteaba el proyecto. Las obras empezaron de inmediato. No se cortaría un solo árbol. No se nivelaría el terreno. No se derrocharía una sola paisa. La descendencia de esta unión entre Mami y Papi fue una especie de arquitectura espiritual, un centro escolar que, por su propia idiosincrasia y su belleza, contribuía a la educación de los niños tanto como la enseñanza formal, si no más. La construcción avanzó muy despacio y tardó años en convertirse en lo que hoy es. Algunos edificios se levantaron mucho después de la muerte de Baker. Dejó hechos los planos, pero no había dinero suficiente para afrontar las obras. La señora Roy los guardó a buen recaudo y esperó su momento.

Los trabajos de construcción del nuevo centro escolar empezaron tranquilamente. Nos fuimos de la casa-hostal alquilada y del Rotary Club en cuanto estuvo terminada la primera fase.

En el bloque de administración había una recepción y una sala de espera para las familias, además del despacho de dirección, que de noche era el dormitorio de mi madre y, a veces, peligrosamente, también mío. Clases abiertas de tres paredes y sin puertas, todas ellas con una forma diferente, todas ellas en un nivel diferente, rodeaban un espacio que funcionaba como escenario hundido. Lo único que tenían que hacer los niños era girar las sillas y dar la espalda a la pizarra para encontrarse en un pequeño auditorio. Las amplias escaleras que llevaban del escenario a las aulas servían también de asientos. Más arriba, y al final de un tramo de toscos peldaños de piedra tallados en la ladera, se encontraban la espaciosa cocina, el comedor de profesores y alumnos, varios dormitorios y la enfermería. Mi hermano dormía en la enfermería o en alguna de las aulas. Los ingresos no alcanzaban para cubrir los gastos de un tejado, ni siquiera de una cubierta de losas rellenas, de ahí que los primeros años las aulas tuvieran tejados de paja.

En la base de *motta kunnu*, por una sinuosa carrera con una curva en herradura, se encontraban el garaje del autobús escolar y un cobertizo abierto que hacía de parvulario hasta mediodía y que por las tardes se usaba para las clases de música, danza y teatro. Enfrente había un pequeño campo de deportes rodeado de enredaderas de pimienta y una arboleda de plátanos de sombra. El cobertizo del parvulario servía también de pabellón para que las familias asistieran a la actuación de sus hijos el Día de Deportes. A veces la posición se invertía y el cobertizo funcionaba como escenario. El público se sentaba en las sillas colocadas en el campo de deportes, debajo de un toldo.

Ver brotar de la tierra las construcciones de Baker, casi como árboles y plantas, me fascinaba. Aprendí que el dibujo podía inspirarme la misma alegría que la música, el baile y la literatura. Conocer a Laurie Baker, oírlo hablar, verlo sacar una libreta y dibujar exactamente lo que tenía en la cabeza —como otro anotaría un verso de un poema—, resultaba emocionantísimo para mí a los quince años. Quería dibujar como él, pensar como él, recorrer los solares en construcción como él: quería ser él.

El deseo de estudiar arquitectura no era entonces una ambición sencilla para una chica de Kottayam. Pero si esta chica era hija de la señora Roy y la señora Roy la apoyaba, entonces no habría nada imposible. Entre sus arrebatos de ira y de violencia física cada vez más frecuente, la señora Roy le decía a su hija que, si se lo proponía de verdad, podía ser cualquier cosa que quisiera. Para su hija estas palabras eran como una balsa salvavidas en la que navegar por la oscuridad más profunda, las aguas más revueltas y las corrientes letales. Conocer a Laurie Baker me hizo alejarme de golpe de lo que siempre había sido no solo una idea, sino una convicción: de mayor sería escritora. Baker me hizo pensar que no había nada más emocionante que estudiar arquitectura. Pero, sinceramente, el combustible del motor que me impulsó a lo largo de todo el camino, de Kottayam a Delhi, estaba hecho de sustancias menos nobles y más mezquinas. Las habituales, en realidad: dinero y sexo. Dinero, porque me di cuenta de que para sobrevivir tenía que irme de casa lo antes posible, y había oído decir que una vez entrabas en la Escuela de Arquitectura podías empezar a trabajar y ganar un sueldo antes de titularte. Y sexo —deseo sexual—, porque el día que conocí a Laurie Baker también conocí a otra persona.

Resultó que el día que Mami conoció a Papi fue el mismo día que la Niña decidió que tenía que volar. De todos modos, tardó algún tiempo en hacer los preparativos.

Joe, Jimi, Janice y Jesucristo

Nuestro viaje a Trivandrum para conocer a Baker fue incómodo desde el principio. Cinco horas o más en el microbús escolar desde Kottayam hacia el sur. Éramos cuatro: el conductor del colegio, la señora Roy, yo y Kunjamma, una de las empleadas de servicios de la casa-hostal. Su trabajo consistía en hacerse cargo de la enorme bolsa donde llevábamos el agua, un termo de café caliente, sándwiches de huevo, medicamentos de emergencia, el inhalador para el asma y otro inhalador de repuesto. Y en abanicar continuamente a mi madre acalorada (en toda la extensión del término) con un suntuoso abanico redondo de plumas de pavo real. El microbús era grande y yo me senté al fondo, pero me agobiaba tener que pasar más de cinco horas seguidas con la señora Roy en un espacio cerrado y estaba en esa edad en que la ropa cursi y ostentosa que me obligaba a ponerme cuando íbamos de visita me daba mucha vergüenza y me hacía sentir ridícula. Mi ropa —la de todo el mundo— era un proyecto de la señora Roy. Decía exactamente qué debía ponerse todo el mundo, todos los que la rodeábamos. Elegía la tela con mucho cuidado, dibujaba la idea que tenía y le encargaba la confección al sastre local. En lo relacionado con la ropa no sufrí por falta de atención. Sufrí por lo contrario.

Estábamos a mediados de la década de 1970. Un fin de semana, en una salida del internado, me colé en el Assembly Rooms, el cine de Ooty, que era la ciudad más próxima al colegio, para ver el documental sobre Woodstock. Vivíamos en un pliegue del tiempo. Todo —la música, la moda, el cine— nos llegaba con años de retraso. Escuché a Joe Cocker y a Jimi Hendrix. Y a Janice Joplin. Desde ese día todo cambió. Soñaba con pantalones de campana, cintas en el pelo, collares y rock and roll. En vez de eso me obligaban a ponerme absurdas blusas con volantes y mangas de farol y a olvidarme de mis sueños. Todo lo que yo dijera en aquella época terminaba con un ataque de ira e insultos. Y de asma. Y con acusaciones de ser la causa de su muerte inminente. Por eso, yo más o menos había dejado de hablar.

Nuestro circo con plumas de pavo real llegó a Trivandrum a última hora de la tarde. Lo único que recuerdo de los familiares con quienes nos alojamos es que a la hija le había caído un coco en la cabeza, sin consecuencias graves.

Por suerte.

Conocimos a Baker en su casa preciosa y caótica a la mañana siguiente. Él la llamaba «Hamlet», y yo no sabía si era por la obra de teatro o como «aldea» en inglés. Fue nuestro primer encuentro con la Belleza de Baker, y ese edificio bastó para convencer a la señora Roy de que había dado con el hombre que buscaba. Baker debía de rondar los sesenta por aquel entonces. Alto, algo encorvado, con barba, casi calvo, y vestido con ropa cómoda: pantalones y camisa de campaña. Tenía los brazos pecosos, la piel flácida y sudorosa por la humedad. Los gruesos cristales de las gafas le agrandaban de un modo muy curioso los ojos risueños. Parecía amable y relajado, rebosante de energía. Yo no entendía su acento. No se parecía nada al de la señora Mathews, la misionera.

Mami y Papi tuvieron una larga y animada charla. Parecían encantados el uno con el otro. Yo, la torpe adolescente, me empeñaba en aislarme y en no ceder al encanto. Tardé algún tiempo en ser consciente de la importancia de la persona a la que acababa de conocer. Y aún mucho más en entregarme a un miserable culto al héroe. Baker propuso que pasáramos el día en Trivandrum, viendo algunos de sus edificios, y le dijéramos lo que nos gustaba y lo que no. Me incluyó en la conversación, como si mi opinión también contara, y eso me asustó. Me preocupaba que la señora Roy pudiera enfadarse, pero no fue así. Baker dijo que nos acompañaría su ayudante, un alumno de tercer curso de la Escuela de Arquitectura de Delhi que se había tomado un año sabático para ser su aprendiz. Podíamos recogerlo en la obra donde estaba trabajando en ese momento con los albañiles de Papi.

Así lo hicimos.

El ayudante de Baker se abrió camino entre los montones de material de construcción del solar. No podía creer lo que veían mis ojos. Era Jesucristo. Era rock and roll. Y había venido a Kerala desde Woodstock, caminando sobre las aguas, solo para conocerme. Yo tenía casi quince años, él diecinueve, y por primera vez en la vida entendí lo que era el deseo sexual. Mi cerebro, mi corazón, mi alma... Las tres cosas se concentraron entre mis piernas. El chico tenía el pelo largo y lacio como Jesucristo, barba como Jesucristo y un cuerpo delgado de formas suaves y andar grácil como Jesucristo. Un Jesucristo de piel morena, claro está, no ese otro rubio, genéticamente modificado y trasladado de su origen geográfico. Aparte del *sarong* negro, iba desnudo y descalzo. Al llegar al microbús, pisó con desenfado la colilla del *beedi* que estaba fumando para apagarla con el talón calloso. Me morí.

No estaba segura de cuál sería la reacción de la señora Roy. Me sorprendió al saludarlo con cordialidad, como a cualquier otro joven. Y como si fuera vestido. Cuando subió al microbús me lo presentó. Él dijo hola y yo dije hola. A pesar de que venía andando desde Woodstock para conocerme, yo no quería conocerlo. No así, en el microbús escolar, con aquella ropa ridícula y mi madre presente. Desaparecí. Me fundí con el asiento trasero del microbús. Me *transformé* en el asiento trasero del microbús.

Recorrimos la ciudad de edificio de Baker en edificio de Baker. Aunque Jesucristo no era malayali ni hablaba malayalam, conseguía comunicarse con los obreros en las obras. Le explicó a la señora Roy las técnicas para reducir gastos; le hizo una demostración de cómo se ponían los ladrillos según el método que Baker llamaba de «unión ratonera», con un hueco entre medias; le mostró cómo se hacía el molde de una losa rellena, y nos enseñó una hilera de celosía de ladrillo. Hablaba con amabilidad, con inteligencia y con calma. Me morí un poco más, si es que eso era posible. La señora Roy estaba fascinada y muy atenta, asimilando hasta el último detalle, obsequiando al chico con los preciosos hoyuelos de su sonrisa radiante. Él era el orgulloso hijo de Papi que le enseñaba sus logros a Mami. Yo los seguía, cargando con la bolsa del inhalador y demás parafernalia médica. Nunca había visto a la señora Roy tan animada. No había señal alguna de asma. Joe Cocker y Jimi Hendrix me seguían a mí, partiéndose de risa. A su lado mi vida parecía muy pequeña, insignificante. Janis Joplin tocaba los primeros acordes de «Piece of my Heart» y luego se rendía y se largaba. Trivandrum no era lo suyo. Ella necesitaba un entorno distinto. A media tarde dejamos a Jesucristo de nuevo en la obra donde lo habíamos recogido. Yo tenía el cuerpo exhausto con todas estas emociones nuevas. Volvimos a casa.

Cuando llegamos a las afueras de la ciudad, la señora Roy se volvió hacia mí.

—Enhorabuena. Ese chico ha debido de pensar que eres un genio.

No contesté.

—¿No se te ocurría una sola cosa inteligente que decir?

El ambiente del microbús empezó a cargarse de esa sensación familiar de miedo creciente. Mi polilla fría revoloteaba entre los asientos. La señora Roy estaba a punto de lanzar un ataque. Empezaba en un tono razonable y tranquilo que siempre indicaba un peligro grave.

—¿Tú crees que me gusta que la gente piense que mi hija es tonta de remate?

Sinceramente quería responder, pero no podía. Acababa de cruzar un portal y de vislumbrar otro mundo. Había aprendido un lenguaje nuevo y ya no me era posible usar las palabras viejas.

—¡¡¡Contéstame!!!

El conductor volvió la cabeza como una lechuza asustada.

A mí no se me ocurría nada que decir, inteligente o no. La señora Roy ordenó al conductor que parase en la cuneta.

—Fuera.

Obedecí. Estaba acostumbrada a que me echase. *Fuera de mi casa. Fuera de mi coche. Fuera de mi vida*. Cada dos por tres. Y se largó. Seguían abanicándola con un abanico de plumas de pavo real.

Imagínense a la valiente hija-órgano, en el momento de su despertar sexual, completamente deslumbrada, vestida como un hada etérea, tristemente apoyada en un mojón de la cuneta de la autopista Kottayam-Trivandrum. No tenía otros planes que quedarme sentada en ese mojón para toda la vida. Años más tarde, cuando conocí a mi padre, supe que lo de echarme del coche era un pasatiempo para ellos. Me contó, riéndose, que la primera vez que ocurrió íbamos camino de Shillong, cruzando la selva desde la plantación de té donde vivíamos en Nowgong. Yo tenía menos de tres años. Sacar de quicio en los viajes largos es claramente un don de nacimiento.

Era casi de noche cuando la señora Roy volvió a buscarme con el microbús.

—Sube.

Hicimos el viaje de cinco horas hasta Kottayam en silencio absoluto. No sabría decir quién de las dos había ganado, si ella o yo. Yo, probablemente.

«¿Cómo está la chalada de tu madre?»

Dieciocho meses después de aquel viaje, a los dieciséis años, terminé el bachillerato y presenté mi solicitud de admisión en la Escuela de Arquitectura y Diseño de Delhi. La señora Roy me respaldó e hizo todo lo posible para ayudarme a entrar. Tuve que ir a Delhi y presentarme a un examen de ingreso. Tenía su riesgo. Treinta plazas y miles de aspirantes. No había forma de saber si aprobaría. Por precaución, solicité también una plaza, y la obtuve, en una universidad femenina de Delhi. Eso no era nada extraño. Por aquel entonces la formación universitaria estaba bien subvencionada por el gobierno. Si uno tenía la suerte de entrar, estudiar no era tan caro como hoy. Lo mismo valía para mi hermano, que estaba en Madrás, estudiando Química. La señora Roy (nuestra banquera) lo pasó peor para escolarizarnos que a la hora de pagar la matrícula universitaria.

Subí a un tren con destino a Delhi; tres días y dos noches (con un cuchillo en el bolso). El examen no fue difícil. Creía no haberlo hecho demasiado mal, pero mi nombre no estaba en la primera lista de admitidos. Destrozada, me matriculé en la facultad femenina: mi segunda opción precavida. Por algún motivo que no alcancé a entender, la directora me llamó a su despacho. Estaba hinchada como un ave de rapiña gigantesca, incapaz de volar, sentada en su nido fastuoso, repleto de trofeos y recuerdos que había coleccionado en la época en que sí volaba. Toqueteó con las garras el escritorio de cristal y su reflejo hizo lo mismo. Me explicó que llevaba en el puesto más de diez años y sabía reconocer un problema nada más verlo. Me amonestó por adelantado por las faltas que estaba segura de que iba a cometer y me advirtió que me estaría vigilando muy de cerca y que no tendría piedad conmigo, porque mi moral y mi reputación —la moral y la reputación de *todas* las chicas— estaba a su cuidado por deseo de nuestras familias.

Me quedé de piedra. ¿Quién era esa persona escondida dentro de mí a la que ella al parecer conocía y yo todavía no? Fuera quien fuese, tuve la sensación de que era alguien a quien debería conocer. Todavía recuerdo el mal olor de la moqueta mohosa y húmeda de aquel despacho. Por fortuna, dos días más tarde, cuando algunos solicitantes renunciaron, se publicó una segunda lista de notas en la Escuela de Arquitectura, y esta vez mi nombre sí figuraba entre los admitidos. Hice la maleta y salí pitando.

En cuanto crucé las destartaladas verjas de la Escuela de Arquitectura y Diseño de Delhi y eché un vistazo a los desaliñados estudiantes que estaban tumbados en el césped calvo, con ojos de zombi, porque se habían quedado estudiando toda la noche, y vi la sala común, envuelta en una nube de humo de tabaco, con los muebles rotos, y al conserje con un diente de oro reluciente (que no tardó en ser un buen amigo mío y proveedor de hierba), supe que no tenía por qué morir si la señora Roy se moría. Mis pulmones volvieron a mi cuerpo y empecé a respirar para mí sola. La valiente hija-órgano se independizó, pasé a ser un país extranjero dentro de mi propia piel. Me entraron ganas de arrodillarme y de besar el suelo asqueroso de la avenida como si fuera tierra santa. No lo hice, claro está, pero aquel no fue un rito de paso cualquiera.

Renuncié a mi primer nombre, Susanna. A partir de entonces, me convertí gradual y deliberadamente en otra persona.

La residencia de estudiantes era un edificio de hormigón muy feo, cercano a las orillas del Yamuna. No había muchas chicas en la Facultad de Arquitectura por aquel entonces, puede que cuatro o cinco en cada clase de treinta alumnos. Y apenas ninguna en la residencia. La zona femenina consistía solo en varias habitaciones separadas de la zona masculina por un cordón. Una medida escandalosa para cualquiera que pudiera preocuparse o prestar atención a nuestra valiosa virginidad. A nadie le importaba.

Por suerte.

En los aseos no habían borrado las pintadas de la época en que la zona femenina de la residencia era exclusivamente masculina. En las escuelas de arquitectura hay pintadas interesantes. La que recuerdo es un buen dibujo a la cera de un pene sonriente y con sombrero para el sol. Debajo decía: QUE PASES UN BUEN DÍA.

Mi primera compañera de cuarto fue Hisila Yami, de Nepal, que se fue con su marido, Baburam Bhattarai, estudiante de posgrado de nuestra facultad, a liderar una insurrección maoísta en su país. Pasaron años en la clandestinidad, capitaneando la guerrilla, antes de que Baburam fuese el primer ministro comunista de Nepal y Hisila ministra de su gabinete. (Y luego, claro, su partido se dividió en facciones, como hacen siempre los partidos comunistas, y todo se fue al garete). Pero en la época en que fuimos compañeras de facultad, Hisila era como yo, una chica de dieciséis años, sin la menor idea de nada, que intentaba orientarse en una gran ciudad totalmente desconocida.

El miedo constante con el que había crecido —la polilla fría en mi corazón— llegó a aturdirme en cierto modo, a limitarme. Toda mi energía se concentraba en desencriptar y sobrevivir en mi entorno casi de hora en hora. Vivía en el presente inmediato. No podía levantar la mirada. No tenía la menor idea de los fuertes vientos que soplaban. No tenía la menor idea de que ese año (1976) India estaba viviendo su mayor crisis política desde la Independencia.

En 1975, con el fin de acallar el malestar y el descontento generalizado contra el gobierno, la primera ministra, Indira Gandhi, decretó el estado de emergencia. Se suspendieron los derechos civiles; miles de personas fueron encarceladas. El poder judicial estaba corrompido, la prensa de rodillas. El hijo menor de Indira Gandhi, Sanjay Gandhi, y su camarilla de rufianes privilegiados abogaban por el control de la población en campos de internamiento para la esterilización forzosa de miles de hombres, en su mayoría musulmanes. La otra obsesión de esta camarilla era el embellecimiento urbano. Las excavadoras arrasaron los arrabales de todo el país y expulsaron a los pobres de sus hogares. No lejos de nuestra residencia, en Turkman Gate, justo al otro lado de la muralla de la Vieja Delhi, masacraron a cientos de personas que protestaban por la demolición de sus hogares. Yo, aislada en mi propio trauma personal de adolescente, vivía ajena a todo esto. Me costó un año educarme, orientarme, y para entonces la emergencia había pasado. En 1977, Indira Gandhi convocó elecciones y las perdió. Yo lo celebré como si hubiera encabezado la resistencia.

El primer amigo auténtico que hice en la Facultad de Arquitectura fue Golak. Era de Odisha y su familia vivía en Rourkela, donde su padre trabajaba en la fábrica de acero. Nos fijamos el uno en el otro mientras dibujábamos naturalezas muertas para el examen de ingreso. Él se quedó muy cerca del primer puesto. Yo llegué por los pelos a los últimos. Unos alumnos mayores que querían fastidiarlo lo acercaron a mí con la esperanza de que me burlara de él porque no hablaba inglés. «Dile en inglés lo que te gusta de ella». Golak titubeó. «Me gusta su pelo». Mi pelo era ridículo, pero (para desgracia de los veteranos) Golak y yo nos hicimos amigos en el acto y aún lo seguimos siendo. Veníamos de extremos contrarios del espectro emocional. Él era el hijo mayor y querido de una familia numerosa y cariñosa, y yo era... sabe Dios. Golak no hablaba ni inglés ni hindi. Yo no hablaba su lengua, el odia, así que al principio nos comunicábamos con dibujos.

Los suyos extraordinarios, los míos mediocres. Aprendimos hindi juntos, empezando por desarrollar un vocabulario abundante en insultos y luego algunos de nuestra propia creación. Los favoritos de Golak eran: *Chhipkali ki bund ka pasina* («Eres una gota de sudor en el culo de un lagarto») y *Tera teen din ke liye tatti bandh* («No vas a cagar en tres días»). Este último, si se soltaba como la maldición de un sabio, por lo visto molestaba muchísimo a la gente.

Aunque yo había estudiado hindi en el bachillerato, el hindi era mi tercer idioma optativo, después del malayalam. En clase hacía el tonto y no me esforzaba por entender nada. La única frase en hindi que recordaba era de una lección de mi libro de séptimo, *Swamibhakt Kutiya*: «El perro devoto», o, más exactamente, «La perra devota». Era un cuentecillo malo y tonto, de una perra leal que se dejaba morder para salvar al bebé de su dueño del ataque de una serpiente. La última frase era: *Subah uthke dekha to kutiya mari padi thi* («Cuando se despertó por la mañana, vio que la perra estaba muerta»). Era mi respuesta invariable a cualquier pregunta que me hicieran en hindi. ¿Adónde vas? ¿Qué clase tenemos hoy? ¿Puedo darte la mano? *Subah uthke dekha to kutiya mari padi thi.*

El primer acto de amistad entre Golak y yo fue comprar una manta barata, partirla por la mitad y hacernos unos ponchos idénticos para el invierno en Delhi. El segundo fue perforarnos las orejas juntos. Llevábamos los mismos pendientes de plata.

A los pocos días de incorporarme a la Facultad de Arquitectura, ¿con quién me topé? Con Jesucristo en persona. Permítanme llamarlo JC. Había terminado su etapa de aprendiz con Baker y había vuelto a la Escuela. Estaba en cuarto curso. Esta vez llevaba una camisa, estampada y horrenda, y unos pantalones. Eso daba lo mismo, claro. Yo tenía visión de rayos X y sabía que debajo de aquella camisa horrenda había un cuerpo precioso. No esperaba que me reconociera —la silueta muda del asiento trasero del microbús que cargaba con un inhalador de asma—, pero me reconoció. Esta vez yo estaba dispuesta a conocerlo. Estaba *allí* para conocerlo.

Había transformado mis pantalones en unos de campana cosiendo en los laterales unas piezas de tela en forma de V invertida a partir de las rodillas, y le había robado a mi hermano varias camisas y tres camisetas interiores para teñirlas en secreto. Parecían camisetas viejas. El color de mayor éxito era un malva muy pálido y con manchas. En aquel entonces no era nada fácil comprar camisetas, en realidad ningún tipo de ropa confeccionada. Además, yo no tenía dinero. Nuestros vestuarios, improvisados y de fabricación casera, eran mucho más divertidos que la ropa confección industrial que se vende hoy. Llevaba en el cuello una gargantilla de abalorios de cristal muy grandes, morados y azules, ensartados en una soga como las que se usaban para atar los cuernos de las vacas. Estos collares eran la última moda en mi internado militar. Los ganaderos de las aldeas cercanas llevaban a las vacas a pastar tranquilamente a los prados de los alrededores de la residencia femenina y esperaban a que las colegialas les compraran los abalorios con el dinero de sus gastos personales. Eran chulísimos, maravillosos. El resultado de este intercambio eran chicas adornadas en los dormitorios y vacas con los cuernos desnudos en los prados.

JC se me acercó sonriendo, sin la menor pinta de estudiante veterano que se dirige a una novata. Me quedé petrificada por lo fea que era su camisa —la fealdad era una especie de declaración, de eso estoy segura— y decidí que algún día sería mía.

—Hola, me alegro de verte por aquí. ¿Cómo está la chalada de tu madre?

No recuerdo si contesté a esta pregunta o la pasé por alto. Él no podía saber el impacto que tenía para mí. Le di mil vueltas a la frase mentalmente. *La chalada de tu madre*. ¿Era esa la impresión que causaba en los desconocidos imparciales? ¿Daríamos la misma impresión todos sus vasallos o era solo ella? ¿Cómo podía una persona tan brillante, tan eficiente, tan querida por sus alumnos, estar chalada? ¿Lo había dicho JC en un sentido clínico? ¿O quería decir simplemente excéntrica?

Después de pensarlo muchos años, he llegado a la conclusión de que me crie en una secta. Una secta buena, incluso fantástica, pero una secta en cualquier caso, para la que el mundo exterior era una entidad confusa, y el requisito principal de sus miembros una obediencia inquebrantable acompañada de frecuentes muestras de adoración a la Madre-Gurú. Los únicos miembros involuntarios de la secta, reclutados por la fuerza, éramos mi hermano y yo.

Es posible que Mary Roy no tuviera muchas alternativas. Uno de los conductores del colegio me lo dijo insuperablemente: *Mrs. Royude vattu-style maathramey nammude ee Kottayathu nadakkathollu.*

«En un sitio como nuestro Kottayam lo único que funciona es ese chalado estilo femenino de la señora Roy». Lo que quería decir era que, de no haber sido por su ira y su carácter impredecible, mi madre, al ser mujer, nunca habría podido dirigir un colegio como el suyo en una ciudad como la nuestra.

Quizá tuviera razón. Ella no podía ser de otra manera. Yo era solo un daño colateral de una tarea más importante. Vamos, que el problema era mío, no suyo. Muy bien.

JC y yo nos hicimos amigos. Cuando empecé a sentirme cómoda, le pregunté, como de pasada: «¿Qué querías decir con eso de "La chalada de tu madre"?».

Y contestó: «Hoy en día ¿quién va por ahí en un microbús escolar con una empleada para que la abanique con plumas de pavo real?».

Tuve que admitir que, dicho así, sonaba muy raro. Pero no era ni la mitad de raro que la vida en mi colegio-casa-hostal de Kottayam.

Veinte años más tarde, poco después de la publicación de *El dios de las pequeñas cosas*, fui a Durban, en Sudáfrica, para participar en un congreso de escritores. Ashwin, el más entretenido de los asistentes, se ofreció a dejarme en mi hotel después de mi intervención, pero dijo que primero tenía que pasar un momento por casa de sus padres. Paramos en la puerta y me pidió que me quedara en el coche, una idea peligrosa en Durban, sobre todo en la oscuridad. Era evidente que la casa de sus padres le parecía incluso más peligrosa.

—Mi madre es un tanto impredecible. Nunca sé por dónde va a salir.

—¿Le da, por ejemplo, por sumergirse desnuda en una tina de zinc llena de agua templada, mientras una secretaria le corta las uñas de los pies y otra copia al dictado una carta para el Ayuntamiento?

Me miró un segundo, para ver si lo decía en broma, y vio que no.

—Ven conmigo.

Le pregunté a JC si, cuando me conoció en el microbús escolar, pensó que era mema porque no dije nada.

—Pensé que eras muy guapa.

Me encantó. Yo nunca, ni por la mitad de una fracción de segundo, me había considerado guapa. No era un asunto que me preocupara o me quitara el sueño. Mi prima, la hija de la señora Joseph, era guapa. Yo no. Yo era lo contrario de lo que supuestamente tenían que ser las chicas cristianas sirias: delgada, morena y peligrosa. (Peligrosa porque mi madre estaba divorciada y mi padre era desconocido. Peligrosa también porque al parecer no entendía estas desventajas sociales ni era del todo consciente de ellas). Para la señora Joseph, esto me convertía no solo en un peligro sino en una carga. Su hija era algo mayor que yo y ya estaba en el mercado matrimonial. Ahora que yo vivía en la misma ciudad que ella, a la señora Joseph —cuyo marido había llegado a director regional de Indian Airlines— le preocupaba que mi presencia en su casa, si coincidía con la visita de un posible pretendiente o su familia, pudiera tener un efecto adverso para sus planes. Me pidió con delicadeza, en un tono conspirador, como quien revela un secreto familiar, que no fuera a su casa. Al principio obedecí, pero luego empecé a pasar por allí adrede, con la única intención de fastidiarla, con un chico distinto cada vez. Y un día a medianoche salté la verja y me colé en su casa para esconderme, porque se me había caído uno de los dientes delanteros postizos y no quería que mis compañeros me vieran desdentada.

El caso es que era agradable saber que alguien me consideraba guapa, aunque fuera una opinión minoritaria.

La vida en la residencia de estudiantes era anárquica, una locura. Vivíamos bajo un cielo de humo, inmersos en la nube de hollín que escupían las chimeneas de la estación eléctrica de Indraprastha, a menos de un kilómetro de distancia. En la temporada de lluvias, cuando el Yamuna se desbordaba, el agua cargada de basura anegaba el campus. Una vez subió hasta el primer piso y nos destrozó los dibujos y los rollos de papel vegetal —el que usan los arquitectos para los calcos—, que eran muy caros, muy difíciles de costear para algunos de nosotros. Fuimos contrayendo la malaria en serie. Yo estaba fascinada por lo que aprendía en clase, a pesar de que nada me inspiraba ni remotamente tanto como Laurie Baker. Nos enseñaban una modalidad de arquitectura y de filosofía del diseño que era casi lo contrario de lo que creía Baker. A mí me despertaba una reacción agresiva y polémica. Me enfadaba. Aun así, ponía todo mi empeño y soñaba despierta con dormir al menos unas horas. Empecé a fumar, y no solo tabaco. Presencié mi primera tormenta de arena en Delhi mientras estaba contemplando el tráfico de la carretera principal, refugiada en el arco invertido de una horrible escultura modernista de ladrillo y mortero —la «tesis» de un estudiante—, como tantas otras distribuidas por los terrenos de la residencia. Iba colocadísima cuando el cielo se oscureció de golpe y el viento empezó a arrastrar polvo, bicicletas, sillas, tapones de botellas y basura por la calle y a levantarlo todo por el aire. Me convertí en uno de aquellos tapones. Una corriente veloz me llevaba cada vez más lejos de Kottayam y de mi vida de órgano valiente.

Llevaba unos meses estudiando en la escuela de arquitectura cuando un tío abuelo de Kerala, ingeniero jubilado y gran detractor de Baker, vino a verme. Yo no entendía a cuento de qué, porque en realidad ni yo lo conocía a él ni él a mí. Lo entendí por fin cuando me acarició la espalda, con mucha confianza, y dijo: «¿No llevas sujetador?». Los hombres como él y como el Jabalí de Kottayam al parecer tenían un radar infalible para detectar a las mujeres y las jóvenes desprotegidas. Como yo no tenía nada que decirle, me ofrecí a acompañarlo hasta la puerta.

Miró con un gesto de reproche a las parejas en actitud íntima, tumbadas tranquilamente en el césped calvo.

—¿No os estáis pasando de los límites? —preguntó.

—No tenemos límites.

—¿Quién os vigila?

—No nos vigila nadie.

—¿A qué hora tenéis que volver de noche?

—No tenemos que volver.

Estaba claramente horrorizado.

—Esto no es un buen ambiente. Tendrías que haber elegido el servicio público.

—¿Por qué?

—Allí habrías encontrado un mejor partido.

Quería decir un mejor marido. Mejor del que él suponía que iba a encontrar.

Con esto se fue corriendo a difundir la noticia por Kottayam. *La chica se ha echado a perder*. Lo único que me inspiró fue desprecio. Tal vez fuera la primera vez que tomaba conciencia de esta emoción. Me produjo cierto cansancio. Acababa de cumplir diecisiete años.

«Eres una rueda de molino que llevo colgada al cuello»

Terminado el primer curso fui a casa a pasar las vacaciones de verano. En lugar del viaje de tres días y dos noches hasta Kottayam, hice un trayecto en tren algo más corto, a Bangalore, y desde allí en autobús a un centro de retiro de naturopatía donde la señora Roy había accedido a tratarse tanto del asma como de un sobrepeso cada vez más preocupante. Un joven empleado de banca demasiado simpático y parlanchín iba apretujado contra mí en el asiento del autobús. Me hacía cosquillas con el vello de los brazos. En un abrir y cerrar de ojos me contó su vida entera: el momento cumbre era que una famosa estrella de cine había sido su novia antes de ser estrella de cine. Y ahora la actriz hacía como si nunca lo hubiera conocido. Intercambiamos con amargura los tópicos de rigor sobre la conducta de la gente famosa, como si fuéramos grandes expertos en la materia.

De repente cambió de actitud. Empezó a hacerme mil cumplidos. Uno de ellos ha superado la prueba del paso del tiempo: «Eres una monada, como un bonsái». (Ya saben, estos arbolitos en miniatura, atrofiados y retorcidos, que la gente cultiva en macetas sin una buena razón). Me ofrecía todos los tentempiés que compraba cada vez que el bus hacía una parada. Pepino con sal y chili en polvo, guabas a medio madurar, huevos cocidos, patatas fritas… Y luego, con la misma naturalidad con que habría podido pedirme un cigarrillo, me preguntó si quería casarme con él. Le dije que mi padre era un oficial de policía muy veterano y solo me permitía casarme con un policía o un soldado. Los banqueros estaban excluidos. Se puso lloroso y muy insistente. Quizá había tomado algo. Yo apoyé la cabeza contra los barrotes de la ventanilla y fingí que dormía, procurando no reírme de mi broma.

Al cabo de media hora me sacó del asiento bruscamente. Un autobús había chocado con el nuestro, a solo unos metros de mi cabeza. El accidente no era grave: nada más que una curva cerrada y mal tomada; un caso de conducción temeraria a velocidad muy lenta. Nadie resultó herido. De todos modos, él me había salvado de algo malo. Yo estaba aturdida y pensé que lo mínimo que podía hacer era casarme con él. (Dado mi escaso conocimiento de la amabilidad, tendía a reaccionar con un exceso de gratitud). Por fortuna, no tardamos en llegar a mi parada, le di las gracias y bajé del autobús. Me dijo adiós con la mano, con las mejillas llenas de lágrimas. Definitivamente, había tomado algo.

No me había recuperado de esta experiencia cuando me encaminé por los terrenos del centro sanitario hacia la casita que la señora Roy había alquilado, entre grupos de personas con mucho sobrepeso que habían ido a recibir tratamiento, y bien caminaban (sin tregua y despacio), bien hacían yoga. La puerta estaba abierta. Casi no había acabado de dejar la bolsa en el suelo cuando me vi delante de un pelotón de fusilamiento. Sin saber qué delito había cometido. Sus insultos me atravesaron como una descarga de balas. Mi ejecución metafórica concluyó con: «Eres una rueda de molino que llevo colgada al cuello. Tendría que haberte dejado en un orfanato el día que naciste». Esto ya lo había oído muchas veces. Siempre me dejaba como atontada. Sin aire. Con ganas de dormir mucho rato seguido. Soñaba a menudo con ruedas de molino apiladas en la bodega de un barco, y pensaba cómo sabían qué cantidad debían cargar antes de emprender un viaje. ¿Cómo calculaban cuántas personas morirían a bordo y tendrían que darles sepultura en el mar con una rueda de molino atada al cuello, para que los cadáveres no salieran a flote?

Más tarde supe que le habían impuesto una dieta muy estricta, despiadada, a base únicamente de zumo de lima, sin ningún alimento sólido, por un periodo de diez días. Ella —apasionada de la buena comida— estaba desquiciada de hambre. Y en esas llega su hija adolescente. Un bonsái flacucho. Despidiendo olor a sexo y a tabaco, y tarareando «Ruby Tuesday» como si lo llevara escrito en la médula espinal. Es muy probable que se diera cuenta en el acto de que quien estaba en la puerta no era su valiente hija-órgano sino una impostora.

A pesar de su estilo mafioso, la única línea que la señora Roy nunca cruzó, al menos que yo sepa, fue la de la decencia sexual. Esa parte de su ser, pese a que era guapa, siempre estuvo reprimida. Quizá por eso se volvió tan voluble y temperamental. Lo que es evidente es que el más leve tufillo o rumor de atracción o de afecto sexual entre dos seres cualesquiera (ya fueran gallos, perros, pájaros y otras criaturas) en su presencia le despertaba hostilidad. Y, si se trataba de mí, el tufillo ni siquiera era necesario. Cuando me hice mayor, mi mera existencia por lo visto bastaba para encender su ira.

Al enterarme de lo de su dieta, cambié de bando. También yo me habría fusilado en esas circunstancias. Al cabo de unos días ella se tranquilizó y fuimos juntas a Kottayam en tren. Mi cuerpo libraba una batalla por asimilar todo lo que sentía: mi tristeza, mi amor por ella y sobre todo mi rabia contenida, que nunca jamás me permitía expresar por miedo a provocar un ataque de asma de consecuencias fatídicas. Sabía que mis días en casa de mi madre estaban contados. Mi infancia había concluido. Ya no estaba dispuesta a dejarme humillar, mucho menos en presencia de los alumnos y las profesoras de nuestro colegio-casa-hostal. Ya no estaba dispuesta a entender que, cuando me pegaba y me insultaba, muchas veces era porque estaba enfadada con otra persona a la que no podía pegar o insultar, y lo pagaba conmigo. Yo lo sabía. Ella sabía que yo lo sabía. Pero este acuerdo tácito ya no era aceptable para mí.

Como tarea de vacaciones, hice un estudio sobre el plan de vivienda para los pobres diseñado por el gobierno marxista de Kerala, que consistía en ofrecer pequeñas parcelas de terreno a decenas de miles de personas. G. Isaac me llevó a una de las colonias. A esas alturas, para consternación de los cosmopolitas, también de la señora Roy, G. Isaac se había casado con Soosy, una trabajadora de la fábrica. Ella era como mínimo quince años más joven que él. Toda la familia, también la señora Roy, la trataba con antipatía. Una lucha de clases a la inversa. Aunque todo el mundo estaba enfrentado con todo el mundo, todos se aliaron en su bajeza contra alguien de orígenes menos privilegiados que los suyos. G. Isaac, que ahora interpretaba el papel del profesor Higgins en *My Fair Lady*, presumía de su atractiva y joven esposa en las reuniones del Rotary Club y, a pesar de que era marxista, también en la iglesia. La puso al mando de una nueva sección de la fábrica, donde se troceaba y envasaba piña en almíbar. A continuación, G. Isaac organizó a sus empleadas (la mayoría eran mujeres) en un sindicato y las animó a ir a la huelga contra él (la Dirección). Construyó un cobertizo para que pudieran sentarse a la sombra los días que duró la protesta. Se ofreció a entregarles la dirección de la fábrica a cambio de un salario mensual para él, en atención a que la había fundado. Las empleadas declinaron su oferta y volvieron al trabajo.

Muchas de las familias a las que visitamos en la colonia subsistían con un trabajo a jornal y algo de contrabando. Dibujé las casas, hice un plano tosco de la colonia y unos diagramas adolescentes cargados de pasión donde lo detallaba todo. Vi que todos eran plenamente capaces de construir sus viviendas con lo poco que tenían. Solo necesitaban algo de tierra, algo de esperanza, unos ingresos y sensación de seguridad, no arquitectos. Los marxistas lo habían hecho muy bien.

Aparte de esta tarea de vacaciones, vi que necesitaba cultivar algunas habilidades de emergencia para encontrar trabajo, cualquier habilidad. Aprendí a mecanografiar con ayuda de un manual, «El raudo zorro pardo salta por encima del perezoso erizo», sincronizando más o menos las pulsaciones de las teclas con rock and roll de fondo, mientras crecían mi hambre y mis ganas de huir de todo lo que la vida en Kerala al parecer me tenía reservado. No se divisaba en el horizonte «un buen partido» (como en los matrimonios acordados), pero la sola idea, la mera posibilidad, me daba sudores fríos.

Nada me inspiraba mayor temor que quedarme atrapada en Kottayam con la señora Roy. La vida real era una trampa. Pero esas fábulas sobre la gente de las pequeñas ciudades que iba al cine para huir de la vida real y prender sus sueños tampoco funcionaban para mí. Las películas eran aún peores que la vida real.

De mis compañeros de aquella época, la aficionada al cine era Kurussammal, que estaba interna en el colegio e iba una vez al año a Ooty a ver a su familia. Solíamos ir al Star Theatre, que en sus primeros tiempos tenía el techo de lona, las sillas de madera plegables y un suelo de tierra que le daban un aire de feria a cielo abierto. Los niños a veces hacían pis en los pasillos. Solo los muy pequeños. Los hombres hacían pis en la maloliente cuesta del callejón que bordeaba el cine. Para las mujeres, las pocas que iban a ver las películas, no había aseos ni callejones en los que hacer pis. Tenían que aguantarse hasta volver a casa. El volumen del sonido en el Star Theatre aumentaba, sin querer, por la superficie desigual que formaban los miles de cohetes de papel alojados en el techo de lona. («Deflexión», según aprendí más tarde en la Escuela de Arquitectura, era su nombre técnico). Los cohetes se hacían con los cucuruchos de papel de periódico, donde cabían unos veinte cacahuetes, que vendían a diez paisas durante la proyección de la película. Fabricar un buen cohete de papel y conseguir que subiera en línea recta y aparcara con la punta del morro en la capa de grasa que cubría el techo de lienzo era una habilidad que nunca llegué a dominar. Los dueños del cine también fabricaban y reparaban baterías de coche en el recinto, lo que probablemente explicaba la cantidad de grasa.

A medida que Kottayam se modernizaba, el Star Theatre fue desbancado por dos teatros nuevos, Anand y Anupama.

A Kurussammal solo le gustaban las películas que la hacían llorar, así que eran esas las que íbamos a ver. *Rombo sangadam*, «muy triste», era su mayor elogio a una película. Adoraba a la pareja de actores favorita del cine tamil, MGR y Jayalalitha, quienes con el tiempo llegaron a ser extraños pero muy queridos primeros ministros de Tamil Nadu. Primero él, y luego, cuando él murió, ella, su amor, heredera política y acólita. En Kerala nos resultaba inconcebible que un actor o una actriz pudiera ser primer ministro de un estado. No teníamos esa clase de relación con el cine. En tanto que géneros, las películas tamiles y malayalis eran polos opuestos. Las películas malayalis, profundamente influidas por la izquierda, trataban de pobreza, hambre, desempleo, terratenientes y rabia política. Las películas tamiles de aquella época (que también se veían en Kerala) trataban de reyes y esclavos, de los dioses y las diosas hindúes que retozaban con sus consortes entre las nubes, provistos de gigantescos instrumentos musicales. Ninguno de los dos géneros me ofrecía consuelo o salida de ninguna clase. Y es que para las mujeres, tanto las mortales como las divinas, únicamente ponían en valor la sumisión absoluta a los anillos de la pitón de la tradición y de las convenciones sociales. Según estas, me romperían los huesos y, una vez triturada, me devorarían entera y me condenarían a recoger las cartas que mi marido tirase al suelo.

Para la mujer transgresora, el cine entrañaba la perspectiva de un castigo aterrador y una desgracia para toda la vida. En casi todas las películas malayalis que veíamos, a la heroína la violaban. La agresión se reflejaba veladamente en el severo ojo de acero del abanico del techo en movimiento, o con imágenes de flores que caían de sus tallos acompañadas de una ambigua banda sonora de gemidos y jadeos que hacían pensar que la mujer quizá estaba disfrutando.

Como todas las jóvenes que han crecido viendo estas películas, yo creía que a todas las mujeres las violaban, que solo era cuestión de cuándo y dónde. Esto explicaba que llevara un cuchillo en el bolso cuando llegué por primera vez a la estación de tren de Nizamuddin, en Delhi.

Rodeadas de estas historias que utilizaban el miedo como instrumento de control, para las mujeres de Kottayam, sobre todo para las alumnas jóvenes, la señora Roy era la única esperanza de huida. Era la viva llama del desafío y del valor. Iluminaba la trayectoria de estas mujeres, les señalaba el camino. A mí no tanto. Mi ruta de huida siempre acababa volviendo al punto de partida.

A mí, en cambio, la señora Roy me enseñó a pensar y luego despotricaba de mis ideas. Me enseñó a ser libre y luego despotricaba de mi libertad. Me enseñó a escribir y luego no le gustó la escritora en que me convertí.

Volví a Delhi como estudiante de segundo curso. En cuestión de unos meses cumpliría los dieciocho años. La reacción de mis profesores a mi estudio sobre la colonia residencial fue de desprecio y de asombro. «Esto, señorita, no tiene nada que ver con lo que usted ha venido a aprender aquí. Está aquí para estudiar diseño, no servicios sociales». Había hecho un gráfico con columnas que reflejaban los ingresos y las ocupaciones de la gente. Me reprendieron por poner «prostitución» junto al nombre de una persona en la columna correspondiente a la «profesión». Dijeron que era una indecencia y una barbaridad decir eso. Yo contesté que era un trabajo como cualquier otro, que las prostitutas tenían clientes, igual que los arquitectos. No les sentó nada bien.

Las batallas con mis profesores se intensificaron. Dejé de ser la valiente niña-órgano de Mami para serlo de Papi. Levantaba el estandarte de Baker en cualquier debate que tuviéramos en el estudio de diseño. Cuestionaba los materiales de construcción, las técnicas, el coste, la estética y, sobre todo, la política.

Para entonces me había convertido en una urbanita, muy consciente de lo que ocurría a mi alrededor. En todo esto contaba con el apoyo de JC, que estaba en el último año de carrera y haciendo su tesis sobre el realojo de los antiguos vecinos de Turkman Gate, expulsados de sus hogares durante la Emergencia para que entrasen las excavadoras. Estas personas se habían refugiado en las afueras de Delhi, donde vivían en chabolas de hojalata, sin trabajo ni forma de ganarse el pan. JC y yo vivíamos entregados el uno al otro y casi era imposible imaginar una vida en la que esto no fuera así. Estudiábamos mucho, paseábamos por la ciudad, íbamos a distintas embajadas a ver películas gratis. Vimos también *Memorias del subdesarrollo*, en el Centro Cultural Cubano, y *Dersu Uzala*, de Kurosawa, en un cine normal. Elegíamos el último pase de la noche y nos sentábamos en los asientos más baratos, en primera fila. En *La reencarnación de Peter Proud* veíamos el interior de los orificios nasales de los actores.

La experiencia era algo distinta de cuando iba al Star Theatre con Kurussammal. Como guiño a los hombres que iban al cine en Kottayam, cuando volvíamos de la parada del bus del Archana Theatre en Delhi, donde veíamos la mayoría de las películas, yo siempre hacía pis en el césped de los ricos al pasar por delante de sus jardines.

En clase, Golak y yo íbamos a una. Vivíamos los mejores momentos en dibujo, donde nuestros trabajos imitaban y reproducían irónicamente —sin que se notara y con un éxito formidable— la cursilería, la falsedad y el postureo del profesor. Visto desde el presente, el nivel de falsedad resultaba casi enternecedor si se compara con la escala industrial que tiene hoy. Golak era, y es, un pintor brillante. Yo solo seguía su estela. Era feliz y respiraba hondo, quizá por primera vez en mi vida. Me encantaban la ciudad, el hollín, el caos y, sobre todo, el anonimato. Delhi es hoy una pesadilla, llena de guardias y de cámaras de vigilancia. No hay posibilidad de hacer pis en el césped de nadie. Ahora soy una de esas personas (relativamente) ricas, aunque por fortuna no tengo césped ni guardias. Mi única protección son los perros callejeros, a los que adoro y que me adoran. Más de veinte millones de seres humanos vivimos aquí, contaminando el aire, vaciando los acuíferos, y aun así todavía doy gracias a la ciudad a diario, porque me salvó, me libró de la perspectiva de una vida que me produce escalofríos de solo imaginarla. Eso nunca podré olvidarlo. Hacia el final de mi segundo año en la escuela, JC y yo éramos novios. Conseguí al chico. Conseguí su cuerpo. Y conseguí su camisa horrenda.

Escribí a la señora Roy para decirle que JC ni mucho menos me consideraba tonta, que era mi novio. Craso error. No me puedo creer que fuese tan idiota.

«¿No se parece a esa mujer de *El exorcista*?»

Las vacaciones de verano de 1978, al final del segundo curso, serían las últimas que pasara en Kerala. Cuando el tren entró en la estación de Kottayam vi que Ammal, una incorporación más o menos reciente en la plantilla del colegio, había venido a recogerme. Mi cerebro empezó a descodificar de inmediato qué significaba. ¿Estaba «ella» enfadada, ocupada, fuera de la ciudad? Esto es lo que pasa cuando vives en una secta. Hay que leer las señales a todas horas, prestar mucha atención al ambiente, susurrar y preguntarse de qué humor estará la Madre Gurú y cómo posicionarse.

Ammal era la mayor de dos hermanas conflictivas que se habían incorporado a la secta hacía poco. Las dos estaban solteras y tenían más de treinta años. Las dos —cosa extraña en Kottayam— eran totalmente analfabetas. La menor, Mariamma, era una cocinera extraordinaria. Trabajaba en la cocina del colegio, que alimentaba a casi cien personas al día. Ammal trabajaba en el cuartel general: cuidados personales y adoración constante a la señora Roy. Desempeñaba sus funciones con devoción evangélica. Soportaba las rabietas de mi madre flagelándose aún más de lo que la flagelaba ella, dándose golpes en el pecho, abofeteándose, escondiéndose debajo de la mesa o de la cama de mi madre y pidiéndole a Dios que la perdonara porque el café no estaba lo bastante caliente, el zumo de lima no estaba lo bastante frío y el pescado no era lo bastante fresco. Salía del despacho-dormitorio con la comida en la cara o con una bandeja llena de cristales rotos, esquivaba las tazas de té voladoras, recogía los charcos de té caliente y se empeñaba en que todo era una muestra de amor de su «Kochamma», de su Madrecita. Le entraban ataques de celos cuando mi madre se enfadaba con otra persona. Lo quería todo para ella.

Uno de los primeros cuentos que escribí (afortunadamente inédito) trataba de una relación como esta. Se llamaba «Navidad en Ayemenem». La señorita E. John Eapen era el ama parecida a la señora Roy (con un poco de la señorita Kurien), y Ammal su devota criada. Todas las Navidades, la señorita E. John Eapen reunía a los niños del pueblo en su jardín para escenificar la Natividad. La niña de piel más clara era la elegida para interpretar a la Virgen María. No había otro criterio de selección para el papel. Los demás niños hacían de ángeles, con unas alas de papel de seda tensado sobre un molde de alambre que se colgaba de los hombros como una mochila; los pastores llevaban servilletas de cuadros en la cabeza, los Reyes Magos vestían túnicas y turbantes, y en el pesebre había todo tipo de animales. El único sueño de Ammal era ser la Virgen María. Naturalmente, esto era imposible. No tenía la piel clara. Cuando la señorita E. John Eapen cae enferma, Ammal cuida de ella con devoción ardiente, la alimenta con caldo de cebolla templado, sirope de ajo y cúrcuma, y toda clase de pócimas repugnantes. Nada sirve de ayuda. La señorita E. John Eapen muere. Cuando la hermana de Ammal viene a buscarla, encuentra la casa hecha un desastre. El baúl de los disfraces está abierto, con todo desparramado por el suelo. Ammal está sentada en un taburete y se ha puesto el velo azul de la Virgen, con la etiqueta de «María» aún grapada en una esquina. Sostiene entre sus brazos el cuerpo rechoncho de la señorita E. John Eapen. Una *pietà* profana.

Realismo mágico, se podría decir. Pero no. Era prácticamente el único realismo que yo conocía. A mí entonces no me parecía mágico. Ahora sí, a veces.

Nada más verme en el andén, Ammal se me acercó corriendo. Tenía los ojos vidriosos y las mejillas llenas de lagrimones. Esto solo sirvió para hacerme sonreír. Levantó los brazos al cielo, como los testigos de Jehová, y puso cara de estar a punto de hablar en lenguas. Se dirigió a mí en una especie de malayalam bíblico y dramático. Le vibraba el cuerpo; le temblaban los lóbulos de las orejas, estirados por el peso de unos pendientes de oro enormes. Le temblaba la voz.

—A Dios pongo por testigo de que esto es solo porque ella te quiere...

Empezó a darse golpes en el pecho. Muy fuertes. Tuve que dejar la bolsa en el suelo y sujetarle las manos para impedírselo.

—Vale. Ya está bien. Dímelo. ¿Qué pasa? ¿Qué órdenes tienes? ¿Tengo que tenderme aquí mismo y morir?

Ammal echó un vistazo alrededor, preocupada porque algún espía de paso hubiera oído mi irreverencia. Sus ojos cobraron un gesto conspiratorio. Redujo la voz a un suspiro para darme las instrucciones.

—Kochamma no quiere verte. Tienes que quedarte en la enfermería. Te llevarán allí la comida. No puedes aparecer en su presencia. No quiere ponerte los ojos encima. —Otra vez se echó a llorar—. Es solo porque te quiere.

En mi cabeza sonaron los Beatles: *She loves you. Yeah! Yeah! Yeah!*

Le pasé un brazo por encima de los hombros. La Sergeant Pepper's Lonely Hearts Club Band, con toda la parafernalia, bajó del tren y nos siguió desde el andén de la estación de Kottayam todo el camino hasta el colegio-casa-hostal de la ladera.

Cada vez que volvía de Delhi habían brotado nuevos edificios en el campus. Dormitorios, aulas, una biblioteca. La escuela de la señora Roy hacía furor. Entre alumnos, profesores y personal de servicios, la secta sumaba alrededor de trescientos miembros. Las familias reservaban plaza para sus hijos incluso antes de que nacieran. La señora Roy se había convertido en una de las personas más influyentes y solicitadas de la ciudad de Kottayam. Pero aún no tenía una casa propia y seguía viviendo en su despacho. Todo lo que había construido, todo lo que había hecho, lo había hecho sola. Sin capital propio, sin casi ayuda (y con una buena dosis de oposición) de su familia.

Había empezado a hablar en público del trauma que había sufrido de niña y de joven, de la violencia con que su padre, el Entomólogo Imperial, las trataba a su madre y a ella. Contaba que la agarraba del pelo y la azotaba con la fusta, que pegaba a su madre hasta que la veía sangrar y que echaba a todo el mundo de casa en pleno invierno en Delhi. Contaba cómo, furioso por el talento musical de su mujer, había destrozado su violín. Decía públicamente que se había casado con el primer hombre que se lo pidió solo para alejarse de este padre. Contaba la historia de la adicción al alcohol de su marido, su decisión de abandonarlo a pesar de que sus hijos eran muy pequeños, su traslado a Ooty y la vida miserable en la casa de campo que había sido de su madre. Conservaba su apellido de casada, decía, porque entre el apellido de un marido y el de un padre una mujer tenía un margen de elección muy escaso. Contaba la historia de cuando mi abuela y G. Isaac se presentaron en Ooty y le ordenaron que dejara la casa inmediatamente porque, según ellos, como hija no tenía ningún derecho a la herencia paterna.

Fue a raíz de aquello, decía la señora Roy, cuando tuvo conocimiento de la Ley de Sucesión Cristiana de Travancore, que concedía a las hijas el derecho a heredar un cuarto de la propiedad paterna o cinco mil rupias (una miseria), lo que menos valiera.

A través de estas historias modelaba con mano diestra la opinión pública, allanaba el terreno para cuando apelara al Tribunal Supremo en Delhi para solicitar la derogación de la Ley de Sucesión Cristiana de Travancore, por inconstitucionalidad. No sería un acto público y desinteresado. Y con toda la razón. Solicitó la parte equitativa de la finca de su padre en Kottayam, que era el cuartel general de la fábrica The Malabar Coast Products, donde mi abuela, G. Isaac, su mujer Soosy y sus dos hijos vivían de manera provisional en un anexo del edificio principal, ocupado por la oficina y la fábrica. Se habían ido de la casa de la señorita Kurien en Ayemenem. No tenían la menor idea del huracán que se avecinaba.

Aún pasaría algún tiempo hasta que la señora Roy presentara el recurso.

Aunque voluble, también podía ser una cazadora paciente.

Mientras el colegio crecía y consolidaba su buena fama, la señora Roy se embarcó en una campaña de bondad radical. Radical porque su bondad era áspera, práctica y no pedía nada a cambio. Era hacer política por otros medios. De la mejor especie. Cuando se enteraba de que alguna mujer estaba en apuros, o leía en los periódicos noticias terribles, iba a los hospitales y a los juzgados para ofrecerles su protección. No se compadecía de estas mujeres ni intentaba consolarlas: les ofrecía una oportunidad. Si no sabían aprovecharla a la primera, se largaba. Si hacían mal uso de su ayuda, lloriqueaban o reclamaban compasión, las echaba a la calle. No era una hermanita de la caridad ni una trabajadora social. Lo que a ella la movía a actuar era la indignación. Becaba a los huérfanos y daba trabajo a mujeres abandonadas o maltratadas por sus maridos o por otros hombres. Tenía un don para consolar a los niños traumatizados por la muerte de un padre o un abuelo, un don para aislarlos del dolor antes de que llegaran a recibir el golpe de lleno. El centro escolar era un hervidero de personitas de ojos vivarachos, siempre atareadas. Era un sitio feliz. Muchas veces me sorprendía queriendo ser una alumna cualquiera en vez de su hija.

Me ha costado años reconciliarme con el hecho de ser la segunda de tres hermanos, no la menor de dos. Mi hermano mayor era un niño y mi hermano pequeño un colegio. Nunca hubo la menor duda de quién era el hijo favorito de nuestra madre. Quería mucho a su hijo menor, luchaba por él y lo protegía con todos los medios a su alcance. Este tipo de amor concentrado y feroz, sea cual sea el objeto elegido, es un amor sagrado. El desafío, para quienes no somos los elegidos sino que vemos al amor pasar de largo, es aprender de él, maravillarnos con él, no amargarnos y volvernos incapaces de amar.

Ese último verano, cuando mi hogar dejó de ser mi hogar, mi hermano también estaba en Kottayam. Acababa de graduarse en la universidad de Madrás y no sabía qué hacer a continuación. Nunca hablábamos entre nosotros de nada real. Menos aún de nuestros sentimientos. No lo necesitábamos. Nos entendíamos a la perfección. Podíamos pasar horas juntos sin hablar. Llevaba alrededor de una semana desterrada en la enfermería cuando me entregaron una notificación. Esto siempre era motivo de temor, porque normalmente no traía nada bueno. Mi notificación decía: *Baker viene a comer mañana. Tienes que poner la mesa en el comedor de profesores y estar presente en la comida.* Las órdenes tácitas eran, por supuesto: *Tienes que entablar una conversación inteligente y no parecer tonta de remate.*

¿Qué habría hecho Janice Joplin si su madre le hubiera pedido que pusiera la mesa? Probablemente acostarse encima y frotarse contra ella. *¡Mira, mamá, sin manos!*

Yo no tenía la menor idea de cómo poner una mesa. Mi madre se había olvidado de enseñarme los modales y el encanto social de los cosmopolitas. Había comido alguna vez en mesas «puestas», en casa de la señorita Kurien, cuando tenía invitados. Pero de eso hacía mucho tiempo y yo no había prestado atención. Me crie principalmente a la orilla del río, y en el comedor del colegio-hostal se imponía la costumbre de las bandejas de metal con varios compartimentos y no se ponía la mesa. Los empleados de la cocina me ayudaron a buscar algunos platos y vasos de cristal, y los sacamos. Pusimos también unas tazas de café, que, según sabía, le gustaba tomar a la señora Roy. Y nada más. Todo el mundo presentía que me encontraba en un grave aprieto. Se palpaba la tensión en el ambiente.

Baker llegó de un humor espléndido, sin la menor idea de dónde se estaba metiendo. No recuerdo ni una sola de las cosas que dijeron. En mi recuerdo de aquella comida, al margen del ruido de los cubiertos y la vajilla, la banda sonora está apagada. Fue la última vez que vi a Baker, pero no gané nada con la ocasión porque me zumbaban los oídos y tenía los músculos del estómago tensos, preparados para el ataque inminente. El ataque empezó cuando se marchó Baker.

Lo primero fue romper las tazas de café, que resultaron ser tazas de té.

—¿En todos estos años no has aprendido la diferencia entre tazas de té y tazas de café?

Me arrolló una avalancha de insultos. A los habituales, esta vez se sumaron los de «furcia» y «prostituta». La avalancha era interminable, y todo el mundo nos miraba. Ese era el caso. Que todo el mundo nos miraba. No teníamos casa. Ninguna intimidad. Ella se calmaba de vez en cuando y poco después volvía a encenderse y a gritar, en oleadas. Por fin salió del comedor y bajó los peldaños de piedra tallados en la ladera del monte, camino de su despacho-dormitorio, sin dejar de gritar en ningún momento, para que la oyesen en todo el colegio. Hasta los peces del estanque parecían asustados. Me imaginé que todo se había quedado quieto: los profesores paralizados con la tiza en la mano, los niños con los libros abiertos, los atletas en mitad de un salto, los juguetes en mitad de un chirrido. Que una mujer en aquel rincón del mundo pudiera ejercer semejante poder, hace tantos años, era increíble. Yo me daba cuenta incluso entonces, en mitad de aquella tempestad. Cuando por fin se tranquilizó, todo el mundo volvió a sus quehaceres. Yo me senté en las escaleras, agotada y con una extraña sensación de alivio. Mi hermano surgió de la nada y se sentó a mi lado. El silencio se instaló entre nosotros como una tercera persona. Un amigo querido.

De buenas a primeras, sin mirarme, preguntó:

—¿No se parece a esa mujer de *El exorcista*?

No me pude aguantar la risa. Era la primera vez que uno de los dos reconocía su suplicio ante sí mismo o ante el otro.

—No sé cuándo volveré a verte, pero no pienso pisar esta casa nunca más.

—¿Qué vas a hacer? ¿Cómo vas a arreglártelas?

—No lo sé. Trabajando. Como sea. Ya veremos. Pero no pienso volver aquí nunca.

Pasé el resto de las vacaciones de verano, como millones de jóvenes con problemas en casa, escuchando en bucle el «She's Leaving Home» de los Beatles. Iba con diez años de retraso y un par de continentes de por medio, y estaba completamente sola. Hasta los más pobres tenían una familia, una comunidad. Yo no tenía a nadie. No tenía parientes amables. No tenía una comuna a la que unirme. Ningún Haight-Ashbury. Y la señora Roy no se parecía en nada a los padres panolis de esa canción de los Beatles.

Al menos tuve mejor suerte que Dido, la última miembro de la secta que, como todos sabían, se había echado un novio. Dido llegó siendo una cachorrita cuando aún vivíamos en la casa-hostal, al lado del Rotary Club. De adulta, cuando se apoyaba en las patas traseras y me ponía las manos encima de los hombros, era tan alta como yo. Bailábamos juntas. Me dejaba morderla. Su panza era el sitio más seguro del mundo donde apoyar mi cara. Dormía en mi cama y ocupaba la mayor parte del espacio. Cuando me mandaron al internado, eché de menos a Dido más que a nadie. Al volver a casa, en vacaciones, Dido no estaba. No se había quitado la vida por amor, como la reina de Cartago. La señora Roy había hecho que la matasen de un tiro. Por aparearse con un perro callejero. Fue una especie de asesinato por honor. La enterraron detrás de la casa. Dido tenía tres años, yo trece.

Que yo reaccionara o pidiera explicaciones estaba fuera de lugar. Porque la única respuesta habría sido un ataque de asma y quizá un viaje al hospital, del que me habrían declarado culpable. Por algún motivo, la caseta vacía de Dido, que tenía el tamaño de una habitación pequeña, se mudó con nosotros al nuevo centro escolar, y ahí estaba, vacía. Esas últimas semanas en casa quise instalarme en la caseta. No lo hice, por supuesto. Habría corrido peligro de que también a mí me pegaran un tiro.

Al final de las vacaciones me preparé mentalmente lo mejor que pude para despojarme de todo resto de la valiente hija-órgano. Cuando volví a Delhi escribí para decirle que la quería, pero que no volvería a casa y que ya no necesitaba su dinero. Sus respuestas fueron tan insultantes que dejé de leerlas.

Donde Cristo se casa con un paquete japonés

Al volver a la Facultad de Arquitectura tuve que dejar la residencia de estudiantes. La matrícula estaba subvencionada por el estado y podía hacer frente al pago sin ayuda de la señora Roy, pero no podía permitirme los gastos de la residencia y del comedor. JC ya se había licenciado y tenía un trabajo mal pagado en la Oficina de Desarrollo de Delhi. Yo encontré otro fuera de horas lectivas como delineante en prácticas, explotada de mala manera en estudios de arquitectura, y también como chica para todo en las ferias comerciales del Pragati Maidan, el inmenso recinto ferial que estaba relativamente cerca de la escuela. Golak y yo, con nuestros ponchos idénticos, nos saltamos las clases y pasamos varios días acampados en la feria, ofreciéndonos como trabajadores cualificados: pintores, calígrafos, maquetistas y muralistas. Recibimos encargos de varios pabellones para hacer todo tipo de arte horroroso. Pavos reales de madera contrachapada, elefantes de papel maché y árboles artificiales. Quienes nos contrataban siempre iban con retraso, y al ver que cundía el pánico según se iba acercando el día de la inauguración para la prensa, actuábamos como burdos chantajistas y pedíamos un aumento de honorarios sustancial.

JC y yo necesitábamos como el aire un sitio donde vivir. Hasta que lo encontramos, vivimos de okupas.

Los estudios de diseño y las aulas de la escuela estaban en un bloque independiente de cinco plantas, a medio kilómetro de la residencia de estudiantes. Por las noches allí no quedaba nadie más que un vigilante. (No era mi amigo del diente de oro, sino otro). JC y yo vivíamos en un almacén del cuarto piso, al lado de uno de los estudios principales, donde se guardaban los tableros de dibujo y las mesas sobrantes. Volví a ser una fugitiva. Una vez terminaban las clases, disponíamos del edificio entero para nosotros hasta la mañana siguiente. Yo usaba los lavabos de hombres de nuestra planta. A un lado de la hilera de urinarios, alguien había garabateado: «POR FAVOR NO TIRÉIS LAS COLILLAS EN LOS URINARIOS, PORQUE SE EMPAPAN Y CUESTA MUCHO ENCENDERLAS».

Sabíamos que ocupar un almacén no era una solución definitiva. El hombre que llevaba la cantina de la Escuela de Arquitectura, amigo nuestro, tenía una chabola a un paso de allí. Nos la ofreció por un precio simbólico. La chabola se encontraba en una colonia diminuta que había crecido orgánicamente en el lado exterior de la muralla de las ruinas de una fortaleza del siglo XIV conocida como Feroz Shah Kotla, una de las antiguas ciudades amuralladas de Delhi. Contaba con lavabos comunitarios y alcantarillas a cielo abierto donde los niños practicaban puntería con su mierda. Nuestra chabola tenía el tejado de hojalata y una puerta baja que obligaba a JC a doblarse literalmente para entrar y salir. Al otro lado de la muralla, pero dentro de los terrenos de la fortaleza, había una rosaleda sin rosas y un restaurante, Rosebud, donde organizaban funciones de cabaret nocturno con bailarinas.

Mudarnos a un barrio de chabolas en Feroz Shah Kotla sin estar casados podía acarrearnos problemas graves. Sobre todo a mí. Por eso JC y yo decidimos casarnos. Yo tenía dieciocho años. Fuimos al juzgado de Tis Hazari y nos pusimos en la cola con otros fugitivos, merodeadores y vagabundos de casta y religión mixtas —los que se habían librado del caldero en el que se cocían las grandes transacciones matrimoniales en la India—, con la esperanza de rellenar un formulario y conseguir el certificado de matrimonio. Al cabo de varias horas de espera, nos hartamos, o nos quedamos sin *beedis*, y nos largamos. Uno de los dos, no recuerdo si fue JC o fui yo, tuvo la idea de simular una ceremonia de boda y hacernos fotos para enseñárselas a quien cuestionara nuestra relación.

Necesitábamos encontrar un templo y un sacerdote profano para la ceremonia. Acordamos que el sacerdote no podía ser nadie más que uno de nuestros queridos amigos melenudos, el romano Carlo Buldrini. Carlo también era arquitecto. Había llegado a Delhi en 1971 para hacer un curso de posgrado en Planificación Urbanística, y decidió quedarse en la ciudad. Había dejado la arquitectura, más o menos. Era mitad periodista mitad monje, además de un fotógrafo extraordinario. Escribía para *Lotta Continua* («La lucha continua»), un periódico italiano de extrema izquierda. En 1968, cuando la revuelta estudiantil se extendió por Europa, Carlo formaba parte de un grupo de anarquistas conocidos como Gli Ucelli, «los pájaros», de quienes se rumoreaban que fueron a visitar a un famoso escritor italiano y se cagaron en sus alfombras persas.

Creo que el escritor era Alberto Moravia. Carlo se las arreglaba para no confirmar ni desmentir los rumores. Cuando yo lo conocí era más budista que comunista. Su irreverencia había calado tan hondo para entonces que parecía un asunto muy serio. Creo que fue él quien dispuso y sentó los cimientos de mi personalidad. Carlo tenía entonces treinta y seis años, y decía: «*Senti*, Arundhatina, tengo treinta y seis años. Soy un hombre mayor. Ahora te toca a ti. Tienes que hacer algo maravilloso». Y ahora que vive en Roma, cuando lo llamo, me habla en un tono muy similar: «*Senti*, Arundhatina, soy un hombre mayor. Tengo ochenta años. Tienes que hacer algo. No quiero morirme viendo nuestra querida India gobernada por los fascistas».

Carlo vivía en una habitación encima de un garaje, en la parte este de Nizamuddin, cerca de la estación de ferrocarril. Ese fue nuestro templo y salón nupcial. No nos conformábamos sino con lo mejor. Carlo ofició la ceremonia y Golak y otro amigo, Eugene, fueron nuestros testigos. Diseñamos la escenografía de un ritual esotérico que podía dar la impresión de encerrar un profundo significado simbólico, aunque no era el caso. Yo llevaba un kaftán de cuello de pico, del color y la textura de la arpillera, con un estampado que parecía caligrafía japonesa. JC llevaba un *kurta* blanco y estaba exquisito. Un observador inocente habría pensado que Cristo se estaba casando con un paquete japonés.

Pertrechados con las fotografías que Carlo hizo de nuestra «boda», nos instalamos en Feroz Shah Kotla, en nuestra chabola con tejado de chapa, que era como un horno. No estábamos solos, JC y yo. Golak, el testigo, vivía prácticamente con nosotros. Pasábamos el día juntos y, de noche, Golak volvía a su habitación de la residencia. JC y yo dormíamos en lo que había sido la tesis de un estudiante de arquitectura: la maqueta desechada de un proyecto residencial que robamos (retirándola de noche tras sobornar al guardia) del mismo almacén en el que habíamos vivido. Era una utópica propuesta de desarrollo urbanístico a lo largo de un río, donde las cenagosas orillas del Yamuna, plagadas de basura y de malaria, parecían un barrio de Ámsterdam o Copenhague. Para poder poner un colchón encima tuvimos que quitar los arbolitos, pelar los contornos de corcho y desmontar la maqueta hasta dejar únicamente la base de madera. En aquel horno con tejado de chapa, fumábamos sin parar, escuchábamos música y echábamos cubos de agua encima del colchón para no derretirnos. Yo vestía de segunda mano, en general con la ropa que enviaban de Occidente en barco, para los refugiados o las víctimas de ciclones, tan inservible que incluso ellos la desechaban, y al final todo acababa en los mercadillos de Jama Masjid, en Vieja Delhi. Con un poco de imaginación era posible darle un aire interesante. Entre las clases, el empleo de JC en el estudio de arquitectura y mis intentos para ganar dinero y resistir a flote, trabajábamos a todas horas y apenas dormíamos. (En el mundo de hoy, de universidades privadas a precios desorbitados, ni siquiera con la ayuda de JC habría podido terminar los estudios). Un año y medio después nos fuimos de Feroz Shah Kotla a un *barsati* de una sola habitación en un segundo piso de Krishna Nagar. Esta vez teníamos un váter propio al otro lado de la pequeña terraza.

En diciembre de 1980, cuando faltaban solo unos meses para que presentara mi tesis, Carlo me hizo un regalo: un lote de negativos en color, de formato cuadrado, de *Yellow Submarine*, la película de animación de los Beatles. Me quedé abrumada. Dijo que aquel era un testigo en la carrera de relevos de la vida y que su participación ya había terminado. (Porque era un hombre mayor, Arundhatina). Los llevé a casa y los guardé con mucho cuidado. Al día siguiente asesinaron a John Lennon. Me sentí personalmente responsable. Se me había caído el testigo. Todo se desmoronó dentro de mí. Estaba tan angustiada que ni siquiera podía expresar mi angustia.

Para terminar la tesis a tiempo, empecé a tomar dexedrina. Anfetas. Me ayudaban a estar despierta y trabajar. Pasaba varios días seguidos sin dormir. Golak, que para entonces se había vuelto loco, suspendió dos veces e iba dos cursos por detrás. Me ayudó con los dibujos; había muy pocos. Mi tesis era principalmente teórica: «Desarrollo urbanístico poscolonial en Delhi: cómo la ciudad llegó a ser lo que es hoy y cómo afecta esto a quienes viven en ella». No había sido fácil persuadir a mis profesores para que me permitieran hacer este trabajo en vez del diseño de proyecto habitual: un hospital, un complejo de oficinas de varias plantas o una sala de cine. Mi tesis trataba de «La ciudad» y «La no-ciudad», de los «no-ciudadanos» que viven en las grietas de la ciudad, amontonados en mínimos espacios, entre instituciones y planes urbanísticos. Los planes de vivienda no eran para ellos, tampoco los mercados de barrio ni las leyes de uso del suelo. Para ellos no había nada. Ni siquiera tenían sistema de alcantarillado: esta gente cagaba al aire libre. Como concesión a lo que supuestamente debía ser una tesis de arquitectura, presenté mi trabajo en veintitrés pliegos del tamaño de los planos de dibujo arquitectónico, aunque en realidad eran como las galeradas gigantescas de un manuscrito (en caligrafía arquitectónica) con dibujos, gráficos, mapas y fotografías. La tarea requería una concentración inmensa, dado que un solo error me obligaba a rehacer el pliego entero.

Teníamos un tocadiscos antiguo, fabricado con piezas de repuesto, con el único fallo de que la aguja volvía por sí sola a reproducir el mismo disco desde el principio si no lo cambiábamos. Estábamos tan atareados y tan colocados que podíamos pasarnos varios días sin cambiarlo. En la recta final de la entrega de mi tesis, el álbum *Gimme Shelter*, de los Rolling Stones, estuvo sonando días y días sin parar. Un fragmento de «Love in Vain» se me incrustó en el cerebro saturado de dexedrina. No había forma de quitármelo de la cabeza. En la simulación previa a la presentación ante el tribunal auténtico, respondí a una pregunta sobre el nuevo plan de uso del suelo en Delhi cantando en voz alta sin darme cuenta:

Whoa, the blue light was my baby
And the red light was my mind

Por suerte, los profesores entendieron que me pasaba algo. No se lo tomaron a mal y me mandaron a dormir, muy amablemente. Unos días más tarde, ahora sí ante el tribunal auténtico, logré conducirme con algo más de dignidad. Un miembro del tribunal detectó, a pesar de todo, el dibujo de un diminuto submarino amarillo en el borde inferior de mi último pliego y me preguntó qué era. Le contesté que era yo, zarpando.

Me licencié en arquitectura a los veintiún años. Esto solo era un número. En realidad era mucho mayor que otras personas de mi edad. Me había convertido en un ser raro, de tendencias un tanto vagabundas. No había tenido los mismos controles parentales que mis compañeros de clase en la adolescencia. Llevaba años sin pisar un hogar o conocer a los padres de nadie, sin usar un teléfono o comer en familia, en una mesa «puesta». La sensación de temor constante y el instinto para sobrevivir día a día, momento a momento, seguían intactos. Tal vez mi vieja amiga, la polilla peluda y fría de mi corazón, me salvara de entregarme a una vida de adicción a las drogas, el alcohol o la delincuencia, que habría sido lo más natural para alguien como yo. Pero la ansiedad y el temor seguían limitándome, condicionándome, impidiéndome tener una visión a largo plazo de las cosas que debería haber hecho en aquella etapa de mi vida. Era una personita llena de pinchos. Y licenciada en Arquitectura. Llevaba tres años sin ver a la señora Roy ni comunicarme con ella. Me acordaba de ella a menudo, pero casi con alivio de haber escapado. Me preocupaba por ella, pero sabía que aún me faltaba la fortaleza necesaria para soportarla, para sobrevivir.

La chica de los bizcochos

Después de licenciarse, la mayoría de mis compañeros, o en todo caso buena parte de ellos, se fueron a Europa o a Estados Unidos a hacer un posgrado. JC, por amor a mí, aguantó dos años enteros en un trabajo que odiaba, apoyándome hasta que consiguiera el título. Es una deuda que nunca podré pagarle. Él estaba deseando mudarse a Goa, de donde era su familia, a pesar de que ya no vivían allí. Por aquel entonces Goa no era el destino de vacaciones y segunda residencia de la élite de Delhi y Bombay, como es hoy. Los pueblos seguían siendo auténticos, pero los hippies llegados de Europa y Estados Unidos habían tomado las playas. La mafia rusa de la droga empezaba a hacerse fuerte. Las playas se conocían según la droga de uso mayoritario: LSD, heroína o datura (una planta venenosa con propiedades psicoactivas). El día de Navidad y Fin de Año, los habitantes de Goa, muchos de ellos cristianos, se vestían a la occidental para celebrar sus fiestas, mientras los hippies se vestían con lo que ellos consideraban ropa «india»: pantalones holgados, chalecos con espejitos, plumas de pavo real y abalorios. Los unos y los otros se cruzaban en la calle camino de dondequiera que fuesen.

JC y yo alquilamos una cabaña de una habitación en la playa de Candolim. Nuestros caseros eran dos hermanos y su hermana, Alice. Los tres tenían los mismos ojos opacos y el mismo pelo estropajoso. (Como acabaremos teniendo todos). Alice tenía setenta y ocho años. Sus hermanos ya habían cumplido los ochenta. Eran pobres de solemnidad: su única fuente de ingresos eran los escasos cientos de rupias que pagábamos por el alquiler. JC y yo nos estábamos fundiendo muy deprisa lo poco que habíamos ahorrado trabajando en Delhi y no disponíamos de otros ingresos. Alice y sus hermanos nos contaron que acababan de volver de Birmania, donde tenían una panadería y repostería. Con lo de que «acababan» en realidad se referían a 1948. Nos enseñaron a hacer bizcochos en un fuego de carbón, con arena en vez de horno. Nos asociamos en el negocio de los bizcochos a partes iguales. Ganábamos apenas lo justo para el alquiler y la comida. JC y yo comprábamos los ingredientes, ayudábamos a preparar la masa y la horneábamos. Todas las tardes íbamos andando hasta la punta de la playa, en Calangute, a dos kilómetros y medio de casa, con una mesita plegable, y vendíamos porciones de bizcocho a los hippies y los colgados que se reunían allí.

Cuanto más los conocía, menos me gustaba tratar con ellos. Detrás de su pose idealista y *flower-power*, veía, en demasiados de ellos, mezquindad, cálculo rastrero y un racismo manifiesto. Tenían muy poco o ningún respeto por el sitio en el que vivían o las personas entre las que jugaban a hacer realidad sus pequeñas fantasías provisionales antes de volver a su vida de siempre. Con mi apresuramiento de costumbre a la hora de juzgar, no me paré a pensar si no estaría haciendo lo mismo que ellos. Cuando decían que les encantaban las vacas o fumaban la pipa de la paz recitando *Boom Shankar Bumbolay*, o se saludaban entre sí con un *namasté*, me daban grima. Había en el hecho de convivir con ellos algo que me ofendía, algo de la violencia frívola de los turistas en un paraíso turístico. Estaba desesperada por volver a Delhi. JC se resistía. Para él Goa era su hogar, y yo podía entenderlo.

La situación se complicó algo más para mí cuando su madre vino de visita. Nos alojamos con ella en un piso vacío que era de un familiar de JC. Quizá de su hermano. La madre era una mujer guapa y llena de vida que adoraba a su hijo, lo idolatraba. Una perezosa tarde de domingo se acostó entre los dos y, cuando JC se quedó dormido, me dijo: «¿Verdad que es el chico más guapo del mundo?».

Yo pensaba lo mismo que ella. Claro que sí. Pero dada la clase de madre a la que estaba acostumbrada, la madre de JC me desorientaba y me llenaba de asombro. Sin que él fuera culpable de nada, mientras dormía, ella lo domesticó, le sacó todo el rock and roll que llevaba dentro y lo convirtió en un hombre indio normal con una madre india normal obsesionada por su hijo. Poco a poco perdí al hombre con cuerpo de Jesucristo al que había visto desde la ventanilla del microbús escolar de mi madre y que me hizo perder la cabeza cuando lo vi pisar un *beedi* con el talón agrietado. Era una injusticia por mi parte, pero, gracias a la señora Roy, yo no llegaba a entender del todo este tipo de sentimientos y no sabía qué hacer con ellos. Me desconcertaban las familias convencionales que se querían, su versión de la normalidad. Parecían vivir en una especie de realidad paralela, completamente aislada de la mía. No las envidiaba, no quería ser parte de ellas.

Estaba cada vez más inquieta y más infeliz. De nuevo, el sitio más seguro se convirtió en el más peligroso. De nuevo era obra mía. Al final decidí volver a Delhi sola, al menos unos pocos meses. JC presintió, con toda la razón, que esos pocos meses serían eternos. Estaba destrozado. Yo también. Pero no me veía en Goa para el resto de mi vida. El trauma fue muy duro para los dos, sobre todo porque mi comportamiento resultaba inexplicable incluso para mí misma.

Cuando estábamos separándonos, como un único organismo brutalmente seccionado por la mitad, un conocido de JC, psiquiatra titulado y católico devoto, me dijo que creía que yo tenía algún desequilibrio mental, que necesitaba ayuda profesional y que él podía ayudarme. Yo estaba de acuerdo en la cuestión del desequilibrio mental. La terapia empezó (y terminó) dando un largo paseo por la playa. Lloviznaba y el mar tenía un color gris y hostil. Me dijo que cometería un error si dejaba a JC y que debía replantearme la decisión. Al ver que sus intentos de convencerme mediante el amable chantaje emocional no daban resultado, se puso muy desagradable.

—Yo sé lo que os hace falta a las mujeres como tú. Una buena bofetada de vez en cuando. Lo que tú necesitas es un hombre que se porte como un hombre.

El viento arreció y el mar estaba más revuelto. Sopesé la posibilidad de darle una buena bofetada y salir corriendo. No había nadie en la playa y dudaba mucho que él pudiera alcanzarme. Continuó con su exégesis, basada en lo que a su juicio era un profundo conocimiento de mi carácter.

—Lo que les pasa a las mujeres como tú es que sois capaces de hacer lo que sea para conseguir lo que queréis. Incluso vender el cuerpo.

Le aseguré que estaba en lo cierto, pero que no creía que obtuviera gran cosa por la venta. Di media vuelta y eché a correr lo más deprisa posible y el mayor tiempo posible en dirección contraria por la arena mojada y reluciente al paso de la marea, que empezaba a subir rápidamente. El cielo nublado y cubierto se reflejaba en la arena. No corrí por miedo, sino para poner cierta distancia entre aquel hombre y yo. Cuando creí haberme alejado lo suficiente, me metí en el agua y trepé a una roca alta, mar adentro. Estuve allí sentada varias horas. Vi caer los relámpagos sobre el horizonte. Vi a una vaca roja adentrarse en aguas profundas sin mojarse los cuernos. Me empapé con la lluvia tibia y me maldije por lo que estaba a punto de hacer. Era imperdonable, y probablemente suicida. Tenía un desequilibrio mental. Sí. Estaba a punto de dejar a un hombre al que amaba, un hombre que me amaba, me cuidaba y me apoyaba. ¿A cambio de *qué*? *¿Por qué?* ¿Qué iba a hacer? ¿Qué me pasaba? Y ¿qué sería de mí?

No tenía la menor idea.

Me sentía como aquella vaca roja. ¿Qué la empujaba a actuar de ese modo? ¿Qué me empujaba a mí? ¿Nos crecerían alas? ¿Nos ahogaríamos o sabríamos nadar? Yo estaba segura de que me mojaría los cuernos. Y de estar rompiendo el último eslabón que me ligaba a la señora Roy. JC era el único de mis amigos que la había conocido, aunque fuese muy de pasada, y que tenía cierta idea de quién era ella y de dónde venía yo. Yo los quería a los dos. A ella con una especie de ansiedad profunda, porque sabía que volver a casa en ese momento sería igual que morir. Y a él, con una vaga e inevitable sensación de culpa. Me pregunté cuándo iba a dejar de correr.

Vendí una sortija, mi única joya, a un hombre que atendía un puesto de zumo de fruta. Me dio por ella unos cientos de rupias y un batido de plátano. Lo suficiente para el billete a Delhi.

En la cubierta inferior del vapor, a medio camino entre Goa y Bombay, se me llenó la ropa de una capa de chinches. Me vi rodeada por un enjambre de mis antiguos clientes, los compradores de bizcocho. Vi cómo levantaban las antenas en cuanto se daban cuenta de que estaba sola. En cuanto les quedaba claro que mi plan de futuro inmediato era vago y confuso, me llovían proposiciones de negocio. ¿Quería ir con X a Varanasi, comprar saris de seda, hacer camisas y exportarlas a Canadá? ¿Quería ir con Y a Cachemira y llevar un kilo de hachís para él desde allí hasta Goa? Tenía un aire muy ingenuo, perfecto para hacer de camello, según Y. Les prometí a todos que consideraría sus ofertas y me pondría en contacto con ellos.

En Bombay pasé una noche en un hotel barato y sucio, frecuentado principalmente por hippies europeos y árabes pobres. Cuando fui a registrarme, un huésped del hotel que llevaba una túnica blanca estaba tumbado encima del mostrador de recepción. Suena ridículo pero es verdad. Tuvimos que hacer los trámites encima de su cuerpo generoso. Hubo gente aporreando mi puerta toda la noche. Se me cortó la respiración. Recé para que los cerrojos resistieran. Me maldije por ser tan inmadura y temeraria. Decidí que cogería el primer autobús para volver a Goa y le pediría a JC que me perdonara. Pero al salir el sol recuperé la determinación. Me marché del hotel y pasé la noche siguiente en el andén de la estación. Al final, unos camareros malayalis de la cantina, hombres amables y protectores, me consiguieron un billete en un tren lento con destino a Delhi.

Ya en el tren, mi pánico seguía el ritmo de mis oscilaciones entre la valentía y la capitulación. Sopesé las diferentes propuestas de negocio que me habían hecho en el vapor, incluidas las semidelictivas y las delictivas sin paliativos, y llegué a reunirme por segunda vez con algunos de aquellos tipos al llegar a Delhi. Por fortuna todo quedó en nada. No fue una gran fortaleza de ánimo y tampoco una férrea ambición artística lo que me salvó de acabar en prisión o sufrir algún daño grave. Fue el puro azar, sumado a una serie de pequeñas decisiones impulsivas que tomé sobre la marcha.

Creo que un ángel bueno me vigilaba. En especial cuando llegaba a una encrucijada y había que tomar una decisión. Mi educación, mi clase social de origen y, sobre todo, el hecho de hablar inglés me protegieron y brindaron posibilidades que no estaban al alcance de muchos otros millones de personas. Todos estos dones me los había entregado la señora Roy. En ningún momento, por insostenibles que fueran mis circunstancias, olvidé que esto era así.

A la sombra de Hazrat Nizamuddin Auliya

En Delhi quemé mi ropa infestada de chinches y encontré un empleo temporal en el Instituto Nacional de Urbanismo, que dirigía mi antiguo director de tesis. Él conocía mi trabajo y no me juzgaba por mi aspecto, desastroso por aquel entonces; eso sin contar con que estaba demacrada y muy quemada por el sol. Me destinaron a colaborar en la elaboración del boletín interno: *Urban India*. (En el breve tiempo que estuve allí, me invitaron a incluir en un número un texto de ficción, una especie de relato de surrealismo urbano). Yo alquilaba una habitación en la azotea, en realidad un almacén de dos plantas, muy cerca del *dargah* del querido santo sufí del siglo XIV Hazrat Nizamuddin Auliya. Enterrado cerca de su tumba, descansaba su discípulo espiritual, el poeta y académico Amir Khusro, además de Mirza Ghalib, el poeta en urdu más icónico de Delhi.

Ya en aquel entonces, antes de la época de la Bandera Azafrán y del nacionalismo hindú, antes de la demonización y la guetización de los musulmanes, que pasaron a ser considerados ciudadanos de segunda clase, el *dargah* no era distinto de como es ahora. Miles de fieles lo visitaban a diario. La sordidez del entorno parecía inversamente proporcional a las mentes brillantes y etéreas de los hombres allí sepultados. Los callejones estrechos, con sus acequias rebosantes de basura y desperdicios, estaban abarrotados de modestos restaurantes donde servían kebabs y *biryani*, y de tiendas en las que vendían amuletos, chales de raso y reproducciones diminutas del *dargah*. Ratas del tamaño de gatos, con el pelo tieso y erizado, se llevaban la comida y los zapatos malolientes de los peregrinos. Las calles estaban abarrotadas de mendigos, algunos amputados o con heridas y enfermedades de lo más espectacular, que exponían sus mercancías como los vendedores.

Los jueves, los mejores cantantes de *qawwali* actuaban muy tarde. Si la noche era tranquila y la brisa soplaba en mi dirección, me sentaba a fumar en el parapeto de la azotea, que mi casero usaba como depósito de chatarra, y los oía a lo lejos. Mi antiguo amigo Bahadur, el vigilante del diente de oro de la Facultad de Arquitectura, me suministraba la marihuana. Bahadur vivía en una chabola solitaria, en el desierto cementerio musulmán, detrás de la facultad. Cuando iba a visitarlo, desenterraba una botella de alcohol barato que guardaba escondida en un agujero en la tierra (su despensa) y me ofrecía un trago.

Mi habitación tenía un suelo de cemento rojo que me recordaba a Kerala. Las ventanas estaban tapiadas, porque la mayoría de los cristales se habían roto. Dormía en un *charpai*, un catre de cuerda. Todas mis posesiones, aparte de este catre, eran un *matka* de barro para el agua potable y una caja de cartón para guardar la ropa. Lo único que me faltaba era dinero. Pensaba en el dinero a todas horas, apenas pensaba en otra cosa. Estar completamente sola en el mundo y casi sin dinero me producía una ansiedad paralizante. Pero la idea de volver con la señora Roy ni siquiera se me pasaba por la cabeza. Sabía perfectamente qué sería de mí si decidía volver. Veía escenificarse mi aniquilación ante mis ojos, como en una película.

Por más que recortaba, me era imposible vivir de mi salario. Le pedía prestadas doscientas rupias a mi amigo y sacerdote Carlo todos los meses, la última semana, y se las devolvía el día que cobraba. Carlo vivía cerca, y pasábamos muchas tardes juntos. Temporalmente cruzamos la línea y tuvimos otro tipo de relación muy distinta. Pero pronto los dos nos dimos cuenta de que esa no era la verdadera naturaleza de nuestra amistad. (Porque yo tenía veintidós años y él era «un hombre muy mayor, Arundhatina»).

Dedicaba casi la mitad de mi escasísimo salario a pagar el alquiler, de setecientas rupias. Para ir a trabajar alquilaba una bicicleta, a una rupia la hora. Esto no tendría por qué haber sido un suplicio. Millones de hombres de la ciudad recorrían largas distancias para ir al trabajo pedaleando. Pero en el caso de una mujer era distinto. Significaba que te persiguieran, que te tocaran el claxon y te comieran con los ojos. Mi única alternativa era soportar que me sobaran dos veces al día en un autobús abarrotado. Esto, unido a todo lo demás, me llevó a cerrarme mentalmente. No tenía el aguante necesario para soportar a los viajeros del transporte público, para quienes las mujeres eran aperitivos que degustar cuando les apeteciera. La indignidad me hacía oscilar entre la autocompasión y unas violentas fantasías de venganza. Algunos días me bajaba del bus a mitad de camino y seguía andando, odiándome por no ser capaz de dominar las lágrimas de vergüenza y furia. Millones de mujeres soportaban eso mismo a diario.

En bici tardaba alrededor de media hora en llegar a la oficina. Me asaltaban visiones de la guapa madre de JC, que paraba el coche a mi lado, en un semáforo, y me volaba la cabeza de un disparo por lo que le había hecho a su maravilloso hijo. Algunos días, el registrador del Instituto Nacional de Urbanismo, que no disimulaba su antipatía por mí, me adelantaba en el jeep oficial, me lanzaba una sonrisa triunfal y me ponía falta de asistencia por llegar apenas unos minutos tarde. Esto significaba el descuento de un día de salario. Probablemente él se levantaba mucho más tarde que yo, se tomaba el desayuno caliente que le servía su obediente esposa, subía al coche y llegaba a la oficina listo para escenificar su pequeño plan de venganza.

Fue la acumulación de detalles insignificantes como estos, a pesar de todas las ventajas sociales que la señora Roy me había proporcionado, lo que me enseñó que no existe nada parecido a la igualdad de condiciones. Yo me vengaba del registrador haciendo caricaturas desagradables —en las que le ponía un mostacho de dibujos animados— y dejándolas por toda la oficina para que cualquiera las encontrase.

Como yo no tenía ni cocina ni una esposa obediente que me sirviera el desayuno, tomaba un té en el puesto de la esquina con los mendigos y los vagabundos que trabajaban en los callejones del *dargah*. Cuando estaban fuera de servicio, la mayoría de ellos eran personas totalmente distintas de la patética impresión que daban en su horario laboral. Después de mucho cauto tanteo por su parte y de arteras respuestas veladas por la mía, llegaron a la conclusión de que era la novia del jefe de un cártel de la droga. Como

Carlo en lo de cagarse en la alfombra de Alberto Moravia, yo ni confirmaba ni desmentía sus sospechas, pensando que quizá pudiera brindarme alguna protección que me creyeran relacionada con una banda. Todas las noches, cuando entraba en el *dargah* con mi bici desde la calle principal, mis compañeros de desayuno me saludaban con risas. *Aaj bhi bach gayi?* «¿Has conseguido pasar el día sana y salva?». Como si esperasen que tuviera un accidente fatal y me uniera a sus filas. A la vista de que solo me tenía a mí misma, prestaba atención a mi seguridad y procuraba no hacer tonterías, pero lo cierto es que me sentía más segura con estos hombres que con algunos de mis compañeros de oficina.

Uno de ellos, un antiguo inspector general de policía muy condecorado, que había encontrado tras su jubilación un puesto en el Instituto, venía a mi casa de vez en cuando a altas horas de la noche y aporreaba la puerta al pie de las escaleras que subían a mi habitación desde el callejón trasero (en lo que se conocía como la «entrada de servicio»). Era evidente que su amigo el registrador le había dado mi dirección. Como oficial de policía debía de saber por experiencia que si las cosas se complicaban y resultaba ser su palabra contra la mía, una mujer sola y de mala reputación, malos modales y sin familia, no tendría nada que hacer. Yo lo miraba desde las alturas de mi parapeto en la azotea —uno más de la estirpe del Santa Claus de Kottayam, el tío abuelo ingeniero que acariciaba espaldas—, mientras él, desesperado, silencioso, me imploraba que abriese la puerta. Protegida por el poder de la marihuana, yo ni me asustaba ni me enfadaba, solo sentía una indiferencia suprema. Me parecía un tatuaje feo que hubiera cobrado vida de repente. Al día siguiente, para desconcertarlo, al verlo en la oficina lo saludaba con una sonrisa radiante, como si la noche anterior sencillamente no hubiera existido. Esta temeridad atenuaba mi ansiedad.

A pesar de todo esto, era mucho más feliz en el entorno del *dargah* de Hazrat Nizamuddin Auliya que en el paraíso hippy de Goa.

Para la señora Roy y mi hermano, yo me había esfumado. No tenían forma de ponerse en contacto conmigo ni de saber dónde estaba: a decir verdad, esos días yo misma casi no sabía dónde estaba ni cómo ponerme en contacto conmigo.

Y luego, sin previo aviso, todo cambió.

«¿Qué te hace tanta gracia?»

En el Instituto Nacional de Urbanismo, compartía oficina con mi jefa, una jefa nominal más que efectiva. Me sacaba algunos años (aunque seguía siendo muy joven: treinta y tantos) y siempre iba bien vestida. Era una presencia escandalosa y exuberante, con una risa contagiosa, como un relincho. A diferencia de todos los demás, no era arquitecta, ingeniera ni urbanista. No venía al trabajo a diario y no parecía que tuviera unas funciones concretas en la oficina. Era íntima amiga de mi director de tesis, el director del Instituto, de ahí que el registrador no pudiera ejercer ningún poder sobre ella. (Esto a él le fastidiaba. A mí me gustaba).

Una mañana, su marido vino a traerle algo. Lo vi, aunque solo de pasada. Se parecía a Eric Clapton con gafas de John Lennon. Estuvo allí solo unos minutos.

Al día siguiente mi jefa no vino a trabajar. Por la tarde me envió recado para que le llevara unos expedientes a casa, a cinco minutos en bici de la oficina.

Llegué a las altas verjas verdes de hierro de una imponente casa blanca cubierta de enredaderas, en una zona de la ciudad conocida como el barrio diplomático. Me habían dado instrucciones de dejar los expedientes en la vivienda de la segunda planta. Al subir por una pintoresca escalera en espiral, envuelta en madreselva, vi por los ventanales de la planta baja lo que más tarde supe que era una partida de bridge. Unas señoras mayores, con ondas en el pelo negro como la tinta, saris de chifón y diamantes, y unos hombres con abrigo de tweed que fumaban puros jugaban a las cartas en un amplio salón alfombrado y amueblado con asientos de terciopelo y lámparas de techo muy aparatosas. Un camarero servía una bebida rosa y sándwiches pequeños en una bandeja de plata. Una escena de otro mundo, otra época. Me eché a reír, y debía de seguir riéndome cuando crucé la terraza llena de plantas en macetas y llamé al timbre. El marido de mi jefa abrió la puerta. Tenía una sonrisa grande y bonita, y llevaba en brazos a una niña preciosa hasta decir basta. Dos perros salchichas, uno negro y otro marrón, poco más grandes que la cabeza de mi Dido, salieron ladrando. Parecían una familia de anuncio publicitario.

—Hola, pasa. ¿Qué te hace tanta gracia?

—Nada... Es que tiene usted unos caseros muy peculiares.

Di por hecho que a los inquilinos no les molestaba que se rieran de sus caseros.

Sonrió.

—Ah, son mis padres. Hoy tienen partida de bridge.

No me dio la impresión de estar molesto. Y yo no me arrepentí de lo que había dicho.

Le entregué los expedientes y acepté el té que me ofreció. Era un piso de tres habitaciones, con una decoración exquisita. El primer «hogar» de verdad al que me invitaban desde hacía años. Había muchos muebles bajos de madera y cuerda. Una descripción de la epopeya rajastaní pintada sobre lienzo ocupaba una pared entera. Una alfombra de yute —o quizá de fibra de piña— cubría el suelo de lado a lado. Por todas partes había cojines de colores alegres y estampados étnicos, desperdigados de cualquier manera. Una imagen de perfección doméstica. Era como mirar a través de un visor: veía un mundo lejano que no me era posible sentir ni tocar, aunque estuviera ahí físicamente. Tuve la inconfundible sensación de que también a mí me estaban «mirando», evaluando en cierto modo. No estuve allí más de veinte minutos antes de volver a Nizamuddin y a los amigos que me esperaban con su *Aaj bhi Bach gayi?* en nuestro estilo de salón tan distinto.

Cuando pienso en esa escena en aquel piso decorado con tanto gusto, lo veo primero como el marco de un cuadro en el que yo no estoy. En cuanto cruzo el marco y entro, todo empieza a pixelarse y a esfumarse con el presentimiento de lo que se avecina. Yo no fui la causa de que el cuadro se evaporase, pero tal vez mi presencia hizo imposible que su artificio resistiera. ¿Cómo iba a imaginar entonces que aquella casa acabaría siendo mi casa, aquel hombre mi marido, el amor de mi vida, que los perros (y sus descendientes) serían mis perros y la niña que iba en brazos de su padre, lo mismo que su hermana mayor, serían mías, para quererlas y colaborar en su crianza? Lo único que quizá habría tenido que ser capaz de predecir y no lo fui es que, justo cuando todo se volvió estable y seguro, cuando las niñas ya eran mayores y el amor una forma de vida, las estrellas de nuestro cielo, todas nuestras constelaciones grandes y pequeñas, públicas y privadas, cambiarían de posición, se alinearían de otra manera, y yo —una vez más— huiría. Una vez más el lugar más seguro sería el más peligroso. Por obra mía. Porque soy hija de mi madre. Porque no podía hacer otra cosa.

A la mañana siguiente de cumplir la misión de entregar los expedientes, mi jefa nominal y bien vestida vino a la oficina muy sonriente.

—Mi marido se ha enamorado de ti.

Parecía encantada. Yo no tenía la menor idea de qué quería decir. Añadió que su marido tenía un proyecto del que quería hablar conmigo y me pidió que volviera a pasar por su casa.

Esta vez él estaba solo. Supe que se llamaba Pradip. Había escrito un guion y había ganado el primer premio del concurso de la Asociación Nacional para el Desarrollo Cinematográfico. La ANDC aprobó el presupuesto para rodar la película. Era muy ajustado, de ahí que los actores fuesen a cobrar solamente unos honorarios simbólicos. El reparto ya estaba completo, a falta de la protagonista. Dijo que nada más verme en la oficina de su mujer supo que la había encontrado. Se llamaba Saila. Me reí. Le dije que no tenía la menor idea de interpretación y que mi hindi era espantoso. Contestó que daba igual porque Saila no tenía diálogo. Su respuesta me llenó de asombro. ¿Una protagonista que no hablaba? Ya. Supe comportarme y no reaccionar. Gracias a la señora Roy y su asma, tenía un doble doctorado en No Reaccionar.

Pradip tenía unas manos preciosas y una forma de hablar encantadora. Nunca había conocido a nadie como él. Tenía un aire irreverente y deslumbrante. Me gustaba sobre todo cómo trataba a sus perros.

Me dio el guion y me pidió que me lo llevara y valorara la propuesta. Añadió que la historia era una adaptación muy libre de *Mister Johnson,* una novela de Joyce Carey ambientada en la Nigeria colonial, pero bajo ningún concepto debía leerla, para que no me influyese. La película se titularía *Massey Sahib*. Trataba de un indio cristiano que trabajaba en la oficina de Recaudación Británica de un pequeño asentamiento colonial en la zona central de la India. Massey estaba casado con Saila, una mujer terca, de una tribu local, con la que practicaba sus sueños de ser un respetable hombre blanco casado con una respetable mujer blanca. La historia, tal como la contaba Pradip, era divertida, emocionante y finalmente trágica.

A Frantz Fanon le habría horrorizado. Pero eso no era asunto mío.

Esa noche vi a Carlo y le conté como si tal cosa que había conocido a un hombre y me había pedido que actuara en su película.

—¿Qué le has dicho?

—Nada. Pero voy a decirle que no. Evidentemente.

—¿Por qué «evidentemente»?

—Venga, Carlo, ¿cómo voy a salir en una película? No me apetece.

Carlo me desarmó. Nunca lo había visto ponerse así. Estaba casi furioso. Me acusó de ser aburrida, cerrada, dogmática, de no tener imaginación ni espíritu aventurero.

—A lo mejor no te apetece actuar, pero ¿no te interesa aprender cómo se hace una película? ¿Cómo se escribe el guion? ¿Cómo se diseñan los decorados?

¿Cómo se ilumina y se rueda? ¿Quién tiene una oportunidad como esta?

—Pero tendré que dejar mi trabajo y por la película no me pagan nada.

—Ya encontrarás otro trabajo. Haz la película.

Y dije que sí. Le pedí dinero prestado a Carlo y compré *Mister Johnson*. Era un libro muy vivo y bien escrito, pero no me gustó. Me pareció la visión colonialista de un torpe, idiota y entrañable súbdito negro que quería, más que nada en el mundo, ser blanco. Debió de resultar de lo más reconfortante y enternecedor para los blancos imaginar que en todas partes los querían y deseaban servirlos y ser como ellos.

A Fanon definitivamente le habría horrorizado.

El guion era mejor, pero tampoco me sentía del todo cómoda con él. Tal vez fuera una reacción de mi mentalidad juvenil, sin pulir y algo dada a llevar la contraria. ¿Quién era yo en realidad? Una especie de huérfana advenediza, con un título de arquitecta de una universidad local. Pradip, según supe, había estudiado en el Balliol College, como G. Isaac. Y daba clases de Historia Moderna de la India antes de dejar la enseñanza para dedicarse al cine documental. Así, por deferencia a mi personaje sin diálogos, me reservé mi opinión. Tenía su gracia ser inescrutable. (No hace mucho tiempo se me acercó un desconocido, un hombre, y me dijo: «¿Sabe? De todas las cosas que ha hecho usted, la mejor es *Massey Sahib*, porque no decía una sola palabra»).

Pradip quedó en pasar a recogerme en Nizamuddin para presentarme al resto del reparto y el equipo. En realidad no hacía ninguna falta. Como es natural, quería saber algo más de lo que su mujer le había contado —que no era mucho— sobre una persona a la que pensaba incluir en su película. Solo sabían que era arquitecta, que estaba casada con un compañero arquitecto y que vivía en Nizamuddin Oeste. Pradip me diría más tarde que esperaba encontrarse con una pareja como su mujer y él, algo más joven, en una casa algo menos bonita de un barrio ciertamente menos bonito. Nunca olvidaré la conversación que tuvimos mientras subíamos a mi almacén por la estrecha escalera exterior.

—¿Está tu marido en casa?

—¿Mi marido?

—¿No estás casada?

Me acordé de la ceremonia que celebramos en casa de Carlo, no lejos de donde estábamos, cuando Cristo se casó con un paquete japonés. No era un matrimonio válido legalmente, y por tanto tampoco lo era el divorcio. ¿Qué podía decir?

—Ah... sí... de hecho, no... No estoy segura. No. En realidad no.

Pradip iba detrás de mí, así que no pude ver qué cara ponía.

—¿De dónde eres?

—¿Quién, yo? Pues... Bueno... Ahora estoy aquí.

Cuanto más se fractura nuestro mundo en esquirlas con forma de dagas, más nos atacamos a muerte con nuestros genes, nuestros dioses, nuestras banderas, nuestros idiomas, nuestro color de piel, la pureza de nuestras raíces y nuestras tradiciones históricas, tanto las verdaderas como las falsas... Y con mayor certeza doy la misma respuesta a esa pregunta: «Ahora estoy aquí». No es un eslogan ni soluciona nada. Es simplemente la sensación personal de un ser errante y desarraigado.

—Te pregunto dónde está tu casa. Qué hace tu padre.

—¿Mi padre? No tengo la menor idea. ¿Y los tuyos?

—Mi padre es diplomático retirado. Era embajador.

¡Toma ya! Quería acabar cuanto antes con los preliminares y hablar de cualquier otra cosa. Del gulag de Stalin, de la fea arquitectura de Le Corbusier, del ritual de apareamiento de los periquitos. De todo menos de mi vida hasta ese instante. Cuando llegamos al almacén, lo único que pudimos hacer fue bajar de nuevo. No había una silla en la que sentarse, ninguna librería que curiosear (*Mister Johnson* estaba escondido), ni cuadros que mirar ni té que ofrecer. Unos mosquitos enormes, con el tanque lleno de mi sangre, zumbaban de un lado a otro como si aquello fuera su helipuerto privado. Yo estaba incómoda y no sabía qué hacer. Pero Pradip reaccionó como si mi habitación fuera la cosa más normal del mundo. Me cayó bien por esto. Nos quedamos un momento parados y nos fuimos de allí.

Mi presentación al reparto y el equipo fue como una escena de *El libro de la selva*. Me sentí como una lobezna nueva que se presenta a la manada en la Roca del Consejo. Mi trabajo consistía en quedarme muy callada (y no expresar ninguna opinión) mientras debatían si me aceptaban. Esto fue en casa de Barry John, el famoso actor y director británico, una leyenda entre la gente del cine y el teatro en

Delhi. Él haría el papel de recaudador británico, el jefe de Massey. En la reunión de la manada solamente había hombres: el cámara, el técnico de sonido, el actor principal que interpretaría a Massey (más tarde fue sustituido por Raghubir Yadav, un excepcional actor) y un joven ayudante de dirección. Se palpaba en el ambiente una emoción tranquila y tácita. Vi que todos adoraban a Pradip y por tanto no hubo vetos. Me dieron la bienvenida y me acogieron en la manada. Algunos de los lobos nos hicimos amigos para siempre.

En la primera etapa de mi vida, la mayoría de mis amigos eran hombres. Hombres heterosexuales. Ahora ya no es así. Quizá fuera porque en aquel entonces las chicas de mi edad o bien seguían en casa de sus padres o estaban casadas y no llevaban una vida errante. Y las otras desarraigadas como yo vivían escondidas. Hoy sucede casi lo contrario: los hombres heterosexuales están casados y recluidos en casa. Las mujeres que se han hartado de esa vida se están liberando. Y las desarraigadas van apareciendo poco a poco pero pisando fuerte. Para la gente como yo, de mentalidad errante, estos tiempos de hoy son excelentes para la amistad. La amistad es la balsa en la que navego. La amistad es el estandarte que ondeo.

Uno de los lobeznos de la Roca del Consejo era el primer ayudante de dirección de Pradip, Sanjay K, de la madura edad de veintitrés años. Era un chico muy alto, desgarbado, eficiente y meticuloso, organizado hasta la obsesión. Si Pradip se convirtió en un polo del eje alrededor del que giraba mi vida, Sanjay se convirtió en el otro.

El día que nos conocimos fue tan divertido como el día que conocí a Pradip, aunque de un modo muy distinto. No tengo la menor idea de por qué me sentí con libertad para hacer el gamberro con Sanjay. Quizá porque éramos casi de la misma edad. Pensé que era un niño rico porque tenía una scooter. Un día, después de un ensayo en el que mi cometido era estar parada en mis marcas de tiza, me invitó a cenar a su casa.

—No, gracias.

Estábamos en el callejón trasero, al pie de la escalera de mi almacén. (Donde el salido del tatuaje —el oficial de policía condecorado— aparecía de noche).

—¿Por qué eres tan borde y por qué eres tan segura?

—Porque no quiero ir a tu pulcra casita y conocer a tus pulcros papás y ver la pulcritud con que me rechazan.

Yo no sabía nada sobre su casa o sus padres. Sanjay no había hecho nada para merecer semejante respuesta. Quien hablaba eran los restos de la educación de la señora Roy. Tendrían que haberme enseñado a pedir disculpas y lavarme la lengua con jabón o algo por el estilo. La cosa empeoró.

—¿Por qué crees que vivo con mis padres?

—Bueno, no hay más que verte: la ropa pulcramente planchada por tu pulcra mamá, tu pulcro peinado con la raya al lado y tu pulcra scooter.

—La scooter es prestada. Por lo demás, lamento informarte de que soy así de neurótico por mi cuenta. No vivo con mis padres.

Me senté en el umbral de mi puerta a reírme. Luego volví a su scooter y fuimos a su casa a cenar.

Arroz con algo. Vivía en una única habitación, en la segunda planta de una hilera de adosados de Jangpura B. Mucho más bonita que la mía. Hasta tenía un frigorífico. Y una cocina de gas. Todo estaba pulcro y en su sitio. Sanjay era un ángel pulcro y alto. En mi cabeza lo llamo Pulcro.

Desde entonces han pasado cuarenta años. Ahora es uno de los directores de cine documental más famosos de la India, un marido responsable, adorado padre y abuelo del que yo debería salir corriendo en dirección contraria, pero nuestra cena aún no ha terminado. Sanjay fue la primera persona de mi vida con la que me permití ser sincera y deliberadamente insufrible. Su reacción a mis tonterías sentó las bases de una relación sin artificios. Por fortuna, nunca cometió el error de presentarme a sus padres (que casi con toda seguridad me habrían rechazado) y por mayor fortuna aún yo nunca me coloqué con él en ese lugar seguro que habría resultado ser el más peligroso. Por eso nuestra cena dura ya cuarenta años.

Van a sacarme en una peli

Massey Sahib se rodó en Pachmarhi y sus alrededores, una pequeña estación de montaña de la India Central. El rodaje estaba previsto para el invierno de 1982. Llegué a él sin madre, sin padre, sin hermanos, sin trabajo, sin hogar. Sin miedo.

Mi último día de trabajo en la oficina, el antiguo inspector general de policía vino a verme y me susurró: «¿Así que has decidido tirarme como una compresa usada?». Me entraron ganas de darle una medalla al valor. Por proteger a los vulnerables como corresponde a un buen policía.

Cuando les conté a mis amigos del *dargah* de Nizamuddin que iba a actuar en una película, se quedaron de piedra. *Par tumhare jaise to bazaar mein bhi mil jayega.* «Pero chicas como tú las hay por docenas. ¿Qué tienes de especial?». No pretendían insultarme. En aquel salón nuestro, la etiqueta social era... ligeramente distinta. Lo que más les desconcertaba era mi color de piel. Mi no-blancura. Yo era, en todos los aspectos, lo contrario de la idea que ellos tenían de cómo debía ser una actriz de cine: alta, de piel clara, pelo brillante, ojos de corza. Como las actrices de las películas en hindi. Les dije adiós y estreché la mano de los que tenían manos que estrechar. Y me fui.

Con el fin de ir tirando al quedarme sin trabajo después del rodaje, con ayuda de Carlo solicité y obtuve una modesta beca de seis meses para estudiar restauración de monumentos y centros históricos urbanos en Italia. Tenía que irme en cuanto terminara la película. En aquel entonces no había nada más lejos de mis intereses que la restauración de monumentos y centros históricos. La idea de ahorrar el dinero de la beca si vivía con austeridad era el principal atractivo para mí. Confiaba en que me ofrecería tiempo para buscar otro trabajo a mi regreso.

Carlo tenía razón. El rodaje me cambió la vida. No solo porque me dio una visión global de cómo se hace una película, cómo se escribe un guion, cómo se fragmenta en tomas y se reescribe *in situ* mientras los actores ensayan, sino también porque me había enamorado perdida y peligrosamente. Para Pradip todo empezó como una aventura con su estrellita. Para él era muy fácil. Para ella, un desastre.

Me deslumbró. Para mí era el hombre que lo sabía todo. Era historiador, botánico, zoólogo. Había hecho documentales sobre insectos. Conocía a los Beatles al derecho y al revés. Había rodado una película sobre los manganiares, los músicos del desierto de Rajastán. Era nadador y jugaba al tenis. Había criado a un polluelo de búho. Recitaba «El pensamiento zorro» de Ted Hughes:

Hasta que con un caliente y súbito hedor a zorro
entra en el vacío oscuro de la cabeza.
Aún sigue la ventana sin estrellas; tic-tac, dice el reloj.
La página está impresa.

Y la cosa no acababa ahí. La tecnología no lo desconcertaba. Hacía unas fotos preciosas. En el rodaje sabía pedirles exactamente lo que quería al cámara, a los iluminadores, a los técnicos de sonido. Les daba unas instrucciones muy precisas. Tenía diez años más que yo. A su lado me abrumaba lo que a mí me parecía mi vulgaridad.

Me dijo con franqueza que tanto él como su mujer tenían relaciones con otras personas, pero que no pensaban separarse. Yo hacía como si tuviera relaciones con otros diez hombres como mínimo y él solo fuera otra muesca en mi revólver. Mentira, claro. Un patético mecanismo de defensa de una chica de veintidós años.

Durante el rodaje compartí habitación con una actriz mayor que yo. Me recordaba a la madre de JC. Un día me dijo, para aconsejarme:

—Ahora todos estos hombres van corriendo detrás de ti, pero no dejes que eso te haga perder la cabeza. Ten mucho cuidado: nunca llevarían a su casa a una chica como tú para presentársela a sus padres.

Me lo dijo en voz baja, aunque no había nadie más delante.

Me hice la sorprendida.

—¿Por qué? ¿Qué tengo de malo? —Solamente intentaba provocar. Quería que ella dijese en voz alta lo que estuviera pensando. No quería que esas palabras absurdas se quedaran ondeando en el aire como la ropa fea en un tendedero.

—Ya sabes a qué me refiero. —Bajó la voz aún más y me habló en ese tono de hermana solidaria con el que una mujer le dice a otra que se le ve el tirante del sujetador o la raja del culo.

Trabajábamos de día y de noche, con frío, lluvia y niebla. Mi formación en la Escuela de Arquitectura me ayudó a sobrevivir a lo largo de aquellas semanas intensas e insomnes. Fue maravilloso y fue insoportable. El rodaje era la comidilla de la ciudad en la que estábamos. Siempre había una pequeña multitud esperando ver llegar a actores fabulosos, pero nunca llegaban. La parte menos interesante y más traumática para mí era actuar. Tenía la sensación de no dar la talla y odiaba mi vestuario. Me sentía incómoda y torpe. No aportaba nada al papel.

Entonces ocurrió lo impensable. No me vino la regla. No me lo podía creer. Se supone que esas cosas solo les pasaban a otras chicas, no a mí. Pronto me iría a la Italia católica y romana, donde un aborto sería imposible. Se lo conté a Pradip, aunque sabía que él no podía ayudarme sin poner en peligro el rodaje, una oportunidad única en la vida. Yo no se lo habría permitido. Estaba fuera de mí, desesperada. Ni por un segundo pensé en tener el niño. La idea de la maternidad me asustaba casi más que cualquier otra cosa. Esperé un descanso en el rodaje y volví a Delhi. Fui directamente al barrio de Daryaganj, en las afueras de la ciudad amurallada de la Vieja Delhi, no muy lejos de la Facultad de Arquitectura, donde recordaba haber visto algunas clínicas. La médica de la clínica que elegí aceptó practicarme el aborto, pero me explicó que no podía ponerme anestesia general si no iba acompañada de alguien que firmara un formulario. La clínica parecía limpia y profesional. Gracias a la amplitud de miras del gobierno, al menos en esta cuestión, el aborto era completamente legal. Le pedí que lo hiciera sin anestesia. Me lo desaconsejó y me dijo que viniera con mi compañero o con mi madre. Añadió que parecía una chica de buena familia. Le contesté que no era el caso, que solo lo parecía. (No sé qué le haría pensar eso, porque yo tenía una pinta horrenda. Tal vez fue que hablaba inglés). Yo tenía el ojo puesto en el reloj. Esperaba coger el tren de la tarde. Soporté un severo sermón sobre moral y responsabilidad. Lo archivé en la carpeta de Chica Mala, junto con las predicciones de la directora de la universidad femenina sobre mi moral cuestionable y las observaciones de mis defectos del psiquiatra de Goa. Mi desesperación se impuso finalmente.

Fue horroroso. Pero estaba hecho.

Llegué a tiempo a la estación. Para ir a Pachmarhi tenía que coger un tren nocturno a Hoshangabad, hacer transbordo con destino a Pipariya y continuar desde allí en autobús. Era tarde cuando llegué a la parada en Pipariya. Tuve que esperar varias horas el siguiente autobús a Pachmarhi. Allí sola, a esas horas de la noche, parecía una chica —una chica inmoral— en busca de problemas. Y, en efecto, me metí en un buen lío. Era Nochevieja.

Unos jóvenes me reconocieron en la parada como la «heroína» de la película que se estaba rodando en Pachmarhi. Se corrió la voz y enseguida me vi rodeada por un montón de hombres lascivos. Sabía que no era tanto yo lo que los excitaba como la idea que tenían de mí: una joven relacionada con el cine. Se quedaron allí haciendo comentarios mientras el círculo se iba cerrando poco a poco. Un hombre acercó la cara a la mía y se peinó el pelo grasiento como si se mirara en un espejo. Puse un gesto inexpresivo y me quedé muy quieta. Como si en realidad no estuviera allí. Sabía que la menor reacción por mi parte les daría pie a hacer lo que quisieran. El empleado del mostrador intentó rebajar la tensión invitándome a entrar en la taquilla. Los hombres se agolparon alrededor de la caseta de hojalata, con la cara apretada contra las rejas de hierro. Solo veía bocas y ojos. Y oía sus comentarios repugnantes y sus risas de hiena. Cuando llegó el autobús, tenía los nervios destrozados. El conductor era una buena persona. Me dio asiento a su lado, justo en la primera fila, y emprendimos el viaje por la sinuosa carretera de montaña, entre los bellos bosques de Satpura.

En un tramo especialmente oscuro y solitario, un jeep de la policía nos adelantó y nos detuvo. Cuatro agentes subieron al autobús con aire enérgico y prepotente, como si tuvieran una misión.

—¿Dónde está la chica de Delhi? La actriz...

No era difícil descubrirme. Dijeron que tenían información de que había un plan para secuestrarme. Me pidieron que bajara del autobús y los acompañara. Me negué. Les dije que no había un alma en el mundo que supiera que yo iba en ese autobús, así que era imposible que hubiera ningún plan. Nada más pronunciar estas palabras me di cuenta de que no era lo más sensato. La situación se convirtió en un enfrentamiento entre la policía y yo. La mayoría de los pasajeros y el conductor se pusieron de mi parte. Acabamos firmando un escrito desternillante, en el que yo declaraba que la policía de Pipariya me había advertido de mi posible secuestro y yo actuaba por mi cuenta y riesgo. Al final, flanqueada por dos policías para mi «protección», reanudamos el viaje. Unas horas antes de amanecer, mis escoltas me entregaron en la unidad de rodaje, como si fuera un paquete peligroso, una carta bomba. Saludaron y se marcharon. Mis compañeros estaban perplejos.

Quiero pensar que esos policías no tenían en mente nada horrible. Que solo buscaban un poco de emoción, vivir su propio thriller local, en paralelo a *Massey Sahib*, en el que interpretaban un papel estelar. Pero ¿quién sabe?

Yo no me derrumbaba así como así, pero la suma de todo —el aborto sin anestesia, el acoso en la parada del autobús, el falso secuestro, la escolta policial— fue demasiado incluso para mí. Le conté a Pradip lo que había pasado a grandes rasgos, pero estaba desbordado por una crisis logística. Se lo conté también a Sanjay. Se sentó conmigo en las escaleras del bungalow donde nos alojábamos, las pocas horas que quedaban hasta la salida del sol, mientras yo lloraba sin parar. Me ayudó mucho que no intentara consolarme. Desde entonces Sanjay ha sido la cueva en la que me refugio cuando no tengo otro sitio adonde ir. También yo le doy refugio.

A media mañana estaba de nuevo en el set.

El rodaje duró diez días más, hasta que terminó de golpe y llegó el momento de irme. Mi última escena se rodó en un precioso prado de hierba dorada. Tenía que correr entre la hierba con un bebé en brazos: una ironía suprema considerando mis recientes peripecias. Tuvieron que cubrirme las clavículas con almohadillas para proteger la cabeza del bebé al chocar contra ellas. La hierba estaba afilada y cortante. Me rasgaba el sari y la piel. En general, lo que me pedían era imposible. La escena no llegó al montaje final de la película.

Amanecía cuando Pradip dio por concluida la jornada. Yo estaba sentada debajo de un árbol, muy lejos de todos los demás, cuando oí un ruido extraño, un bramido, algo a medio camino entre un mugido y un rugido. Me acerqué en esa dirección. Y me quedé helada.

Un búfalo se había caído en un foso, no muy profundo. Mientras mis ojos se ajustaban a la luz, vi salir del foso un *dhole* —un perro salvaje— exactamente del mismo color que la hierba. Los lugareños lo llamaban *son kutta*, «perro dorado». Un perro dorado entre la hierba dorada y la luz dorada. Luego vi otro y otro y otro. Mis ojos tardaron un rato en distinguirlos uno a uno. Era una manada. Habían formado un círculo, perfectamente camuflados. Estaban inmóviles y en silencio absoluto, con las orejas tiesas, mirándome de frente. Por alguna razón no me asusté. Me dio pena del búfalo, pero era consciente de estar presenciando una escena de la ley de la selva. Oí en mi cabeza la voz de la señora Roy, leyéndome a Kipling.

Ahora Chil, el milano, trae a casa la noche
que el murciélago Mang ha puesto en libertad.
Se guardan los rebaños en establos y apriscos,
porque hasta que amanezca el mundo es nuestro.
Es la hora del poder y el orgullo.
Garras, colmillos, zarpas,
escuchad la llamada: ¡buena caza a todos
los que guardan la Ley de la Selva!

Retrocedí muy despacio. Con mi incómodo vestido y las clavículas almohadilladas.

Me fui de Pachmarhi. Pero mi corazón se quedó allí, enredado en las luces y los focos, en los cables eléctricos y la hierba cortante.

«¿Has pensado alguna vez en ser escritora?»

Dejé la locura de un rodaje en la selva de la India Central para aterrizar en el aeropuerto de Leonardo da Vinci-Fiumicino en Roma. Sola y sin embarazo.

Afortunada.

El único objeto familiar que vi fue un pequeño cartel publicitario de Saila, una marca de pastillas de menta italianas baratas, en una tienda del aeropuerto. Saila era el nombre de mi personaje en *Massey Sahib*. Robé el cartel. Todavía lo conservo.

De Roma tenía que ir a Nápoles, para hacer un curso de italiano durante un mes, y luego a Florencia, donde haría el curso de Restauración de Monumentos y Centros Urbanos.

Esos meses en el país de Carlo pasaron como envueltos en una nebulosa de tristeza y nostalgia. Hasta la última célula de mi cuerpo quería volver a Pachmarhi, con Pradip, Sanjay y el equipo de rodaje. O a Delhi con Carlo. Y con Golak. Creo que no asistí a más de tres o cuatro clases. Me pasaba el día deambulando por las calles, como una boba inculta, insensible a los encantos y el esplendor de Italia. Teniendo en cuenta que yo estudiaba arquitectura, esto casi podía considerarse conducta criminal. Pero aprendí algo de italiano elemental (siguiendo las mismas técnicas de Golak y de cuando estudiaba hindi) y bebí mucho vino barato. Sola, en un cine totalmente vacío, vi una película de un concierto de Paul McCartney.

Estaba ansiosa por recibir noticias de la India. Era 1983. En mi italiano rudimentario leí las crónicas de la matanza de miles de musulmanes bengalíes en Nellie, Assam, perpetrada por una tribu local, instigada al parecer por los asameses y la corriente mayoritaria de los nacionalistas hindúes. Leí que Phoolan Devi —la legendaria bandolera del valle de Chambal— se había rendido ante una multitud de miles de personas, y que la habían encerrado en prisión. La prensa publicó fabulosas fotografías de ella con su rifle en la mano, pantalones de campaña y un pañuelo rojo en la cabeza. (Casi exactamente diez años más tarde, quedaría en libertad y nuestros caminos se cruzarían de la manera más inesperada). Fui a ver la película de *Gandhi* de Richard Attenborough doblada al italiano y por poco no me muero de risa al ver a mi amigo Barry John, que aún estaba con Pradip en Pachmarhi, interpretando a un policía. Barry detiene a Gandhi en italiano: *Mi dispiace informarla, signor Gandhi, ma lei è in arresto*. Iba al banco puntualmente todos los meses a cobrar y atesorar el dinero de mi beca.

Observé y conocí de primera mano el exquisito arte del cortejo italiano. Desarrollé una tesis sobre por qué a los hombres indios (pese a la poesía en urdu y a las canciones de las películas) se les da tan mal cortejar: sus padres les ponen en bandeja a una mujer de la casta y la clase que les corresponde, con una buena dote. Ellos solo necesitan estirar la mano y cogerla.

De noche, todas las noches, escribía una carta a Pradip. No eran cartas de amor. Eran solo descripciones de mi vida cotidiana. Tenían un único propósito. Que aquel hombre deslumbrante me contestara y dijese: «¿Has pensado alguna vez en ser escritora?». Y eso fue justo lo que hizo.

De pequeña nunca me imaginaba ser otra cosa. Nada me hacía olvidarme del mundo tanto como leer. Nada me hacía pensar en el mundo tanto como leer. Nada me llenaba más. Nada me vaciaba más. Las oraciones y los párrafos flotaban en mi mente como nubes. Kipling, Shakespeare, el pasaje inicial de *Lolita*, las expresiones que G. Isaac robaba al *Ulises* de Joyce —«Belluomo se levanta de la cama de la mujer del amante de su mujer, el ama de casa con pañuelo está en movimiento...»— surcaban como cometas el cielo de mis lecturas. Esperaba «la cruda luz del sol en sus calles limón» (que nunca llegaba) y unas mañanas que pudiera definir como «aurora de rosáceos dedos» (que sí). Me estremecía al pensar en Leopold Bloom echándose al bolsillo un riñón envuelto en papel y llevándolo a casa para que su mujer disfrutara de un desayuno con un leve olor a orina. No todo era literatura de altos vuelos. Por mi lengua se deslizaban frases de prosa recargada en momentos recargados: «La luna era un galeón fantasmagórico arrastrada por nubosos mares...». (Gracias a G. Isaac y a la señora Roy, mi formación literaria temprana estuvo presidida por escritores varones y blancos).

Uno de los fundamentos prácticos del colegio de la señora Roy era lo que ella llamaba «escritura libre». Mucho antes de que fundara el colegio —desde que fui capaz de sostener un lápiz— me animó a escribir lo que se me pasara por la cabeza. Conservaba el cuaderno en el que escribí mi primera oración. Hablaba de la señorita Mitten, la misionera australiana que fue mi profesora en Ooty cuando yo tenía cinco años. Nos enseñaba aritmética y nos ponía sumas que nos obligaban a contar por encima de diez. Cuando no me miraba, me quitaba los calcetines para contarme los dedos de los pies y luego volvía a ponérmelos. Era una niña furtiva, porque vivía en circunstancias en las que nunca sabía qué iba a ser de mí y cuándo. Tenía que estar preparada para cualquier imprevisto en cualquier momento. Como Estha (el gemelo de *El dios de las pequeñas cosas*), yo sabía que:

a) A cualquiera le puede pasar cualquier cosa.
b) Es mejor estar preparado.

Y que es mejor no enseñar nunca las cartas que tienes en la mano, y aun menos las que te guardas en la manga. O la tripa cuando tienes varicela.

La señorita Mitten quiso saber cómo había conseguido hacer bien la suma. Algo en su actitud me dio a entender que había hecho algo horrible, que contar con los dedos iba en contra del cristianismo y era un pecado. Cuanto más insistía yo en que había sumado «con la cabeza», más se enfadaba ella. Me dijo que era mala y que veía a Satanás en mis ojos. Ese día, al volver a casa, mi madre me pidió que escribiera lo que había pasado en el colegio. (Cinco años es algo pronto para escribir, pero yo era precoz, porque estaba presente cuando la señora

Roy enseñaba a escribir a mi hermano). Escribí: «Odio a la señorita Mitten. Siempre que la veo, veo harapos. Creo que lleva las bragas rotas». No sé por qué conservaría esta frase la señora Roy, porque está claro que no tiene sentido alguno ni augura el nacimiento de una escritora.

Siempre se me dieron mal la lengua y la literatura inglesas, desde el principio. Nunca entendí las reglas. La señora Roy me acribillaba las redacciones, me ponía un tres sobre diez y añadía comentarios como: «Horrible. Absurdo». Tenía razón. Eran una estupidez total y absoluta. Incluso entonces me daba cuenta de que la lengua en que escribía no era mía. Con «mía» no me refiero a mi lengua materna y con «lengua» no me refiero al inglés, el hindi, o el malayalam, sino a un lenguaje de *escritora*. Un lenguaje que yo utilizara, no que me utilizara a mí. Un lenguaje en el que pudiera describir para mí misma mi mundo multilingüe. Incluso entonces sabía que ese lenguaje estaba fuera, no dentro de mí. Sabía que no vendría a mí por su propio pie. Tenía que cazarlo, como a una presa. Descuartizarlo y comerlo. Y, cuando lo hiciera, sabía que ese lenguaje, mi lenguaje, facilitaría el flujo de la sangre por mi cuerpo. Estaba ahí fuera, en alguna parte, era un ser vivo, un animal-lenguaje, una cosa con rayas y con manchas que pacía a la espera de la depredadora en mí. Esta era la ley de mi selva. Mi sueño no era vegetariano y no violento.

Pero cuando empecé a correr, cuando solamente podía pensar en mi supervivencia cotidiana, esta persecución del lenguaje se detuvo. Necesitaba tiempo, y práctica. Necesitaba ejercitarme, como una pintora, una bailarina o una nadadora, con la diferencia de que mi ambición era más básica. Consistía en conservar mi temperatura corporal y la circulación de la sangre por mis venas. Consistía en conservar la cordura, la ecuanimidad, en encontrar el modo de hablar conmigo misma.

Para ejercitarme necesitaba un refugio. No físico sino emocional: un sitio en el que sentarme, aunque fuera solo un rato. No lo tenía. Nunca lo había tenido.

Cuando empecé a correr, cuando me matriculé en la Facultad de Arquitectura, creía que escritora era lo último que podría ser. Renuncié.

Hasta que años más tarde recibí esa carta. *¿Has pensado alguna vez en ser escritora?* Era consciente de que aún no había encontrado al animal-lenguaje paciendo. Pero el perro sabueso que había dentro de mí detectó su olor en la brisa, muy lejano, muy débil.

El avión de Alitalia que me llevó de Roma a Delhi iba casi vacío. Yo empezaba a notar que me subía la fiebre. Una vez más no tenía la menor idea de qué hacer o adónde ir cuando aterrizase. Esta vez no había sobre la mesa ninguna oferta de trabajo. Pero había ahorrado la mayor parte del dinero de la beca y no estaba tan desesperada como aquel otro día, en el vapor de Goa a Bombay. Los auxiliares de vuelo, un hombre y una mujer poco ocupados, pues apenas había pasajeros, vinieron a charlar conmigo. Cuando les conté mi apuro, me dijeron que estaban casados, así que tenían una habitación de hotel libre y si me hacía falta podían cedérmela esa noche. Fue un alivio inmenso. Creo que me bajó la fiebre casi al instante.

Afortunadamente no necesité la habitación. Pradip me estaba esperando en el aeropuerto para recibirme con una extraña noticia. Su mujer se había ido de casa. No estaba seguro de si volvería o no. Parecía algo desorientado. Me dijo que las niñas y él se habían mudado por un tiempo a casa de sus padres, en la primera planta, así que podía pasar la noche en su piso. Cuando llegamos comprendí por qué Pradip se había mudado al piso de abajo. Todo estaba vacío. No había alfombras, ni cuadros, ni cojines, ni cortinas, ni un solo mueble. Había un colchón en el suelo y una botella de agua potable. Esto me hizo sentirme como en mi propia casa. Pradip me dejó instalada y se fue a casa de sus padres por una trampilla que antes debía de estar oculta por las alfombras. Esto me gustó. Parecía un artilugio mágico. Uno de los perros, Kuthujee, un salchicha muy cariñoso, decidió pasar la noche conmigo, y lo mismo hizo su compañero de vida, del que jamás se separaba: un frisbi rojo, mordisqueado y carcomido por las polillas. Me sentí muy honrada, como no me había sentido en mucho tiempo. Era la primera vez que dormía con un perro desde que había muerto Dido.

Al día siguiente me fui con mi maleta y mis ahorros de la beca a casa de Sanjay, donde estuve unos días hasta que encontré una habitación. Le había traído a Sanjay un vaso de whisky de Florencia. Solo uno, porque no tenía para más. Sanjay estaba al tanto de que mi relación con Pradip era cada vez más seria. Y le dolía. Pero teníamos el pacto de contarnos la verdad. Aunque éramos de la misma edad, yo le decía que era demasiado mayor para él. Que la diferencia de edad entre nosotros era aproximadamente de cien años. Pulcro y Ordenado no casaba con Sin Padre Sin Madre Sin Hogar Sin Trabajo Sin Miedo. Él, por otro lado, se consideraba cien años mayor que yo. No nos poníamos de acuerdo. Sanjay aún conserva ese vaso de whisky.

Mi casa volvió a ser otra habitación en la azotea, en un segundo piso, esta vez en un barrio pijo, Malcha Marg, muy cerca de casa de Pradip. El alquiler era apenas más caro que en Nizamuddin, porque la habitación, aun sin ser un trastero como la anterior, estaba adaptada solo para un ocupante temporal. Tenía un aseo adosado, una ventana, un tocador pequeño y destartalado y una cama de madera en condiciones. No había cocina. Sanjay me donó una de sus posesiones más preciadas: el parabrisas de un jeep, a prueba de roturas, para que lo apoyara en un soporte de ladrillos. Encima puse un hornillo, un plato, un vaso y un cazo en el que hervir arroz y *dal*. Mi encimera. No había en aquel barrio nadie con quien desayunar, ni un sitio en el que alquilar una bicicleta. Invertí parte de mis valiosos ahorros en una bici grande y negra. Fue un avance, porque era mía. Fue un retroceso, porque era francamente fea. Mis nuevos caseros no me dejaban aparcarla en el portal. Decían que daba un aire cutre al edificio. Así que la ataba con una cadena a la verja de un parquecillo que había en la entrada. Ahí seguí siendo cutre, pero como la cutrez no se relacionaba con ninguna vivienda en particular nadie puso objeciones.

Había monos en el parque. Una pandilla de macacos Rhesus que venían del Ridge, una franja de selva urbana que estaba justo al otro lado de la calle. En el Ridge había nilgós y jabalíes (auténticos, no como el Santa Claus de Kottayam) y chacales que no paraban de aullar en toda la noche. Una mona pequeña se pasó una noche debajo de mi cama, abrazando a un cachorrito muerto —su cría subrogada—, mientras yo me sentaba en la terraza y dejaba todas las puertas abiertas para que no se sintiera amenazada. Se marchó por la mañana temprano.

Con el paso de los meses, mi relación con Pradip se fue intensificando, lo mismo que mis problemas económicos. Hice algunos trabajos de ilustración de escasa relevancia, entre ellos un libro infantil que nunca llegó a publicarse. Ninguno me aportaba muchos ingresos. Mis ahorros de la beca menguaban muy deprisa. No me apetecía volver a trabajar en un estudio de arquitectura. Para mí eso significaba una derrota, una retirada. Pradip pasó varias semanas en Bombay, trabajando en el montaje de *Massey Sahib*. Tuvo varios encontronazos con un productor vengativo del Instituto Nacional para el Desarrollo Cinematográfico que al parecer hacía todo lo posible para impedirle terminar la película.

Por primera vez en mi vida en Delhi no estaba rodeada de gente, de ruido y de bullicio. Me sentía sola y aislada en aquel barrio pijo. Perdí mi brillo, mi chulería, empecé a encogerme y entré en una espiral de desesperación. Me vi atrapada en la clásica trampa de siempre: una chica muy joven que se liaba con un hombre mayor y casado. Pero quería a ese hombre casado con todo mi corazón.

Entonces llegó 1984. Un año de pesadilla para Delhi. La mañana del último día de octubre, Indira Gandhi, que había vuelto a la política a raíz de la Emergencia y volvía a ser primera ministra, fue asesinada en el jardín de su casa por sus guardaespaldas sijs. La asesinaron en venganza por la Operación Estrella Azul, el asalto militar ordenado por la primera ministra contra un grupo de militantes armados que se habían atrincherado en el Templo Dorado, el más sagrado de los santuarios sijs, en Amritsar, en el estado de Punyab. El templo resultó gravemente afectado por la operación, en la que mataron a muchos insurrectos. Entre ellos se encontraba Jarnail Singh Bhindranwale, líder del movimiento separatista sij, con quien en otro tiempo la señora Gandhi había cultivado una alianza política.

Mi habitación en Malcha Marg y la casa de los padres de Pradip se encontraban a cinco minutos en bici de la casa de Indira Gandhi. Teníamos la sensación de que si hubiéramos estado atentos habríamos podido oír los disparos. La trasladaron urgentemente al Instituto General de Ciencias Médicas. La ciudad estaba conmocionada. En cuanto se certificó la muerte de Indira Gandhi se desató una carnicería. Grupos organizados de matones del Partido del Congreso y nacionalistas hindúes de derechas asesinaron a miles de sijs en Delhi —sastres, tenderos o taxistas— según el método surafricano de ponerles al cuello un neumático ardiendo, o con palizas que la policía presenciaba sin intervenir. Desde un cerro del Ridge veíamos ascender por el cielo las columnas de humo mientras nuestra ciudad enseñaba sus colmillos medievales. El hijo mayor de Indira Gandhi, Rajiv Gandhi, restó importancia a la matanza con unas declaraciones muy crueles: «Cuando cae un árbol grande, toda la tierra tiembla». Pronto sería elegido primer ministro por abrumadora mayoría parlamentaria. Esta victoria fue decisiva para convencer a los políticos y los partidos de que asesinar minorías los ayudaba a ganar elecciones. En los años siguientes veríamos que volvía a ocurrir lo mismo una y otra vez.

Yo estaba tan aturdida por mi propia desesperación que me parecía verlo todo desde un planeta solitario y lejano. No era consciente de que —como hacía con frecuencia— había encerrado herméticamente mi rabia y mi repugnancia en un compartimento del cerebro. Lo abriría mucho tiempo después, cuando me convertí en un ser humano funcional.

Si me permitiera alguna intuición con carácter retroactivo, diría que el aturdimiento también era un efecto de la impotencia. De presenciar el horror sin posibilidad de hacer nada. De no tener un lenguaje con el que describirlo, ni siquiera para mí misma.

Conmocionada por la matanza, empecé a pasar cada vez más tiempo con Pradip, incluso me quedaba en su piso algunas noches. Pero seguía conservando mi habitación alquilada en Malcha Marg. Me aterraba depender de alguien, incluso de él. No quería que ningún «banquero» viniera a sustituir a aquella de la que había huido. No es que Pradip tuviera mucho dinero, pero techo y comida no eran cosas por las que hubiera tenido que preocuparse nunca. Para mí, eso significaba riqueza.

Mamá osa, papá oso

Llevaba siete años sin ver a la señora Roy.

Lo más raro de todo es que no consigo recordar cómo volvimos a ponernos en contacto. Es posible que yo escribiera para hablarle de *Massey Sahib* y de mi viaje a Italia. La verdad es que no lo sé. Es como un agujero en mi memoria. Pero poco después de la matanza de 1984 me vi en un andén de la estación de Nizamuddin, esperando el tren que la traería a Delhi.

Bajó del tren con su secretaria y una ayudante que cargaba con la bolsa del inhalador. (Por suerte, sin abanico de plumas de pavo real). No me reconoció al verme en el andén y pasó de largo. Yo no era consciente de lo mucho que había cambiado. Ella seguía igual. La alcancé y le di un abrazo. Noté que se tensaba. No le gustaban las muestras de afecto físico. En todas las fotos en las que estamos juntas, soy yo quien la besa a ella. Si por casualidad ella me pasa el brazo por encima del hombro, tiene los dedos levantados, en una posición incómoda, para limitar el contacto al mínimo.

Vino a Delhi a reunirse con sus abogados, por su recurso al Tribunal Supremo contra la Ley de Sucesión Cristiana de Travancore. Yo en realidad no estaba preparada para verla. No tenía dinero. Vivía literalmente del aire. No tenía la menor idea de qué estaba haciendo con mi vida. Y la complicada situación con Pradip me había debilitado anímicamente. Había perdido la frescura y el atrevimiento de mis tiempos de estudiante. Mis defensas estaban rotas. Tenía la sensación de que, si le hablaba a la señora Roy de mis circunstancias, me aplastaría con su desprecio.

Fuimos en taxi a la Asociación de Jóvenes Cristianas (YWCA), donde ella había alquilado una habitación. Al asomarme a la ventana tuve la sensación de que éramos muy pequeñas, de que no éramos nada en Delhi. No me preocupaba por mí, porque yo no era nada. Pero me preocupaba que nadie supiese lo increíble que era la señora Roy. Nadie sabía nada de su precioso colegio, obra de Laurie Baker. Nadie sabía lo mucho que le había costado construirlo.

Tenía una habitación espaciosa en la YWCA. La ayudé a deshacer el equipaje y a instalarse. La situación entre nosotras era tensa y extraña. Solo hizo falta una hora para que todo se deteriorara hasta volver a algo semejante a los viejos tiempos. Como siempre, no reaccioné, sino que me disculpé y desaparecí lo antes posible. Al día siguiente por la mañana vino a mi habitación de Malcha Marg. Subió dos pisos, y eso no era nada fácil para ella. Inmóvil ante mi puerta dijo: «Creía que no volvería a verte nunca». Me había traído mi antigua máquina de escribir, en la que aprendí a mecanografiar. Eso terminó de romperme un corazón ya de por sí roto. La señora Roy ejercía este efecto sobre mí. Me rompía el corazón y también lo remendaba. Le bastaba con chasquear los dedos. Quise besarla y decirle cuánto la quería. Pero me abstuve. Me limité a decir: «Gracias». Con eso quería decir: «Gracias por saber que tu hija tiene alma de escritora».

El resto de su estancia transcurrió sin más conflictos. No mencionó a mi hermano para nada y el instinto me indicó que no debía preguntar por él. La acompañé a algunas reuniones. La que recuerdo con mayor claridad es la que tuvimos con una cristiana siria mayor, creo que era médica o estaba casada con un médico. Esta señora le dijo a mi madre: «¿Por qué pretende destruir nuestra querida comunidad? ¿Qué hacemos con esos derechos que usted quiere que tengamos?». No creo que ni la señora Roy ni yo tratáramos de ocultar lo que sentimos.

Cuando salimos de aquella casa, tuve que resistir las ganas de volver como un huracán, de barrer todos los bonitos adornos de su mesita de café y de decirle: «Disculpe, señora, ¿tiene usted la menor idea de a quién acaba de conocer? Si cree usted que está luchando por la igualdad de herencia, se equivoca. En realidad está luchando por el derecho a no ser una madre perfecta, por el derecho a no ser una mujer agradable y obediente, y sobre todo por el derecho a no ser un puto coñazo como usted».

Antes de marcharse de Delhi, la señora Roy me compró un frigorífico pequeño. Me planteé venderlo, pero al final cambié de opinión. Lo usaba como armario, para mi ropa y mis libros.

Ahora que tenía mi dirección, la señora Roy empezó a escribirme. Volvieron los insultos. Para no enredarme emocionalmente, nombré a Sanjay lector oficial de mi correspondencia. Le preguntaba si había algo importante que yo debiera saber. Solo los hechos. Sin adjetivos. Sanjay desempeñaba su tarea con placer, sonriendo. Después de leer una carta y resumirme lo esencial, únicamente para fastidiarme, decía: «Oye, tienes que reconocer que escribe muy bien».

Ya casi estaba a la misma altura que Sanjay. Tenía un frigorífico, la scooter todavía no.

También tenía una madre, un padre todavía no. Eso estaba a punto de cambiar.

Unos meses después de reunirme con mi madre, mi hermano me localizó. En una revista antigua. Aunque *Massey Sahib* aún seguía bloqueada en el INDC, la prensa llevaba algún tiempo hablando de la próxima aparición de la película. *India Today*, un importante semanario, publicó en la contraportada una foto mía en blanco y negro (que hizo Carlo), con un texto breve que me presentaba como muy necesitada de un cerebro. Pero mencionaba que la película la había producido el INDC. Mi hermano se puso en contacto con el centro y allí le facilitaron el número de teléfono de Pradip. Llamó a Pradip y le dijo que estaba en Delhi. Dejó un número de teléfono para que yo lo llamase. Llevaba siete años sin verlo ni hablar con él.

Sentí la necesidad de hacer esta llamada desde un lugar seguro y familiar. Fui en la bici a Nizamuddin. Crucé el *dargah*, saludé a algunos de mis antiguos amigos, que aún andaban por allí, y seguí hasta la ruidosa repostería que había detrás de la gasolinera, donde Carlo y yo tomábamos un té de vez en cuando, y desde donde me había acostumbrado a hacer mis llamadas telefónicas. (Carlo ya no vivía en el barrio. Tenía un trabajo nuevo, de profesor de italiano en el centro cultural, y se había mudado a un sitio mejor). Marqué el número. Resultó ser de un hotel. Me veía reflejada en el cristal sucio del mostrador de la repostería. Por cómo hablaba el recepcionista deduje que era un hotel de mala muerte, como en el que yo me había alojado en Bombay, al volver de Goa. Un hotel de hippies. Le di el nombre de mi hermano y en cuestión de unos segundos se puso al teléfono.

—¡LKC! ¿Dónde estás?

—En Delhi. En un hotel, cerca de la estación. Es muy sucio. Me he ido de casa. No aguantaba más.

—Puedes quedarte conmigo. ¿Por qué no?

—Ya te lo diré cuando nos veamos. Oye, te ha cambiado el acento.

—¿Qué quieres decir? ¿En qué ha cambiado?

—No sé. Te ha cambiado. Escucha, aquí hay alguien que quiere hablar contigo. Adivina.

—¿Baba?

Baba. Nuestro padre. El marido de nuestra madre. El Don Nadie. La última vez que lo vi yo tenía tres años.

—¿Cómo lo has sabido?

Es casi increíble. Pero lo supe. Noté la emoción en la voz de mi hermano. Siempre había tenido la sensación de que él creía que si no era mamá, entonces tenía que ser papá. Que seguramente alguien nos quería. Yo no me hacía esas ilusiones.

—No lo sé. Lo he adivinado. ¿LKC? No quiero hablar con él por teléfono.

—¿Por qué?

—No sé... Pero por teléfono no, por favor, por favor, por favor...

Oí otra voz.

—¡Hola! ¿Por qué gritas? ¿Sabes quién soy?

—Sí.

—¿Quién?

—Baba.

—Correcto. ¿Me recuerdas?

—No.

—¿Sigues siendo tan malhablada?

—¿Qué quieres decir?

—¿No te acuerdas? Jurabas por el culo de tu hermana. Te enseñaron los trabajadores de la plantación de té. ¿Lo has olvidado? *Teri behen ka lauda*, decías. ¿Hola? Te paso con tu hermano.

Yo no entendía de qué me hablaba esa persona al otro lado del teléfono, ese completo desconocido. Quedé con mi hermano en que nos veríamos al día siguiente por la mañana. Me dijo que vendría a recogerme, porque quería ver dónde vivía.

El ruido interior de mi cabeza era más fuerte que la conversación en la repostería y que el rugido del tráfico en la avenida principal. Volví a mi habitación pedaleando como atontada. Me pasé toda la noche en vela, sentada delante de mi destartalado tocador, mirándome en el espejo oscuro, como si eso pudiera ayudarme a visualizar cómo era el hombre al que iba a conocer al día siguiente. ¿Se parecería al de la foto del álbum gris en la que salía con nosotros, solo que con más años? En aquella foto es un joven guapo, delgado y con aire de deportista, lleva gafas y una camisa blanca, con el cuello abierto. Mi hermano va sentado a horcajadas sobre sus hombros, con la barbilla apoyada en la cabeza de su padre y un gesto alegre y seguro. (Nunca he vuelto a verle esa expresión). Yo tengo menos de un año y estoy colgando del antebrazo de mi padre como un muñeco enfadado, aferrada a su reloj como si no me fiara de otra cosa. Es la única foto que teníamos mi hermano y yo con él.

Ese álbum gris ahora es mío. No hay ninguna fotografía de los cuatro juntos, y solo una de mi hermano y mía con nuestra madre cuando éramos pequeños: una copia diminuta, un cuadrado de cinco centímetros. Estamos en la entrada de la casa del Entomólogo. Todos vamos muy sucios y tenemos pinta de enfermos. Mi madre casi parece no estar ahí. Mi hermano parece que no quisiera estar ahí. Yo estoy en el extremo derecho. Tengo un brazo extendido sobre los dos, como si los estuviera protegiendo de algo. Me asusta mi expresión. Ningún niño debería tener esa cara.

Siempre había creído que la separación de nuestros padres afectó a mi hermano mucho más que a mí. Solo ahora que los dos tenemos más de sesenta años da la impresión de que hemos intercambiado los papeles. Él es un hombre extrovertido y entusiasta, un magnate del marisco, y yo me he vuelto muy callada por dentro, algo obsesionada por las cosas que nos pasaron hace tanto tiempo. De pequeños, a la hora de rezar todas las noches, mi hermano decía: «Por favor, bendice a mamá y por favor no dejes que tenga asma. Por favor no dejes que Pothachen (el casero de nuestra casa-hostal de Kottayam) la moleste. Por favor, bendice a Baba y no dejes que beba. Amén». Yo rezaba por nuestra madre y por su asma, y en contra de nuestro siniestro casero, pero nunca rezaba por nuestro Baba. A medida que me hacía mayor, mi manera de llamarlo se fue volviendo cada vez más ofensiva y gratuita. A veces «la Fotografía». A veces «el Espermatozoide». Decía que yo era fruto de la partenogénesis. Que había sido inmaculadamente concebida y era la gemela mala (la que llevaba a Satanás en los ojos) del bendito que había nacido sonriente y con un halo. Y, encima, mi madre se llamaba Mary. Con esta armadura de desprecio me protegía de mí misma en nuestro mundo padrecéntrico. Una vez que me pidieron que incluyera el nombre de mi padre en algún formulario oficial, puse el de mi madre. El empleado que atendía el mostrador me dijo que eso no valía, porque «esto es la India, hija mía». Le contesté que era hija bastarda y no sabía quién era mi padre. Al final se hartó y lo rellenó él mismo. Puso *Shri Mary Roy*. Señor Mary Roy. Acepté la solución. Porque esto es la India, hijos míos.

Había bastado solo con esa llamada de teléfono para que toda mi facilidad de palabra se esfumara. Mi primera preocupación era que reunirme con mi padre equivalía a traicionar a mi madre. Cuando me miré en el espejo, intentando convocarlo, afloró toda la información que había ido reuniendo a lo largo de los años a partir de los comentarios esporádicos de la señora Roy sobre su marido. No era gran cosa. Venía de una conocida familia de Calcuta que emigró a lo que hoy es Bangladesh. Su padre (mi abuelo) había estado en la Artillería Real en Gran Bretaña en la Primera Guerra Mundial. Después de la guerra volvió a la India y fue campeón de boxeo amateur. (Esto siempre me pareció curioso. De mis dos abuelos, uno era entomólogo y el otro soldado-boxeador. Y la cosa estaba en que fue el entomólogo quien resultó ser violento). Con el tiempo, el boxeador empezó a beber y llevó a su familia a la miseria. Baba era el penúltimo de tres hermanos y dos hermanas. En la familia lo llamaban Micky, porque tenía las orejas como Mickey Mouse. (Yo también las tengo). Quería mucho a su padre y se presentaba como «Micky Roy, el Hijo del Boxeador». (Ahora que lo pienso, esa debió de ser la influencia temprana, aún presente en su ánimo, que hacía a mi hermano lanzar los puños al aire cuando vivíamos en Ooty y decir que era Cassius Clay).

Lo más exasperante de Micky, según mi madre, era que no tenía ningún respeto por la verdad. Contaba mentiras inofensivas porque le daba la gana. Porque le divertía mentir. A ella no le costaba pillarlo, y entonces, él simplemente se reía. La señora Roy nos hizo buscar en el diccionario la palabra «inane», porque era la descripción perfecta de aquella risa:

> falto de juicio, significado o ideas.
> vacuo; vacío.

Lo segundo más exasperante, según ella, era esa espantosa costumbre de sentarse sin hacer nada. *Nada*. Ni leer, ni hablar, ni pensar. ¿Cómo sabía ella con certeza que él no estaba pensando?, le pregunté una vez tímidamente. Contestó que lo *sabía*. Nunca había tenido noticia de que él pensara. Solo se quedaba sentado. A veces le temblaba tanto la pierna que hacía temblar el sofá. A veces hacía burbujas con la saliva. Y así horas y horas. Estas cosas había que corregirlas antes de los dieciséis años, creía ella. Después ya era demasiado tarde. Achacaba el problema a que sus padres siempre estaban borrachos y no se preocupaban de él. Cuando mi hermano se ponía perezoso, o se sentaba encorvado, o le temblaba una pierna, la señora Roy le decía que sabía muy bien de quién lo había sacado. (De pequeña, para imaginar a mi padre, yo también hacía burbujas con la saliva, pero nunca delante de ella). En su opinión, todo lo malo en nosotros lo habíamos sacado de nuestro padre. Por lo visto no se le ocurría que al culparnos de tener esos genes nos hacía dudar de nosotros mismos hasta extremos espeluznantes. Como si una mitad nuestra fuese un cubo de basura en el que echar cualquier cosa. El principal motivo por el que se separó de él, decía, no fueron la pereza ni las mentiras, fue la bebida.

Estaba vestida y lista cuando llegó mi hermano. Me había pasado la noche en vela. Él parecía el mismo de siempre. Flaco y plano, como un niño. Solo tenía los pelos del bigote más duros. No fue el típico reencuentro lleno de dramatismo. No éramos así. De pequeños, él hacía el pino con la cabeza sobre mis nalgas. Cuando has hecho esas cosas no necesitas hablar, decir hola, hacer demostraciones ni explicar nada. Mi alegría de verlo después de tantos años quedó en segundo plano ante los nervios de conocer a Micky Roy.

Mi hermano se sentó en mi cama y echó un vistazo a la habitación. Le gustó mi cocina de parabrisas de jeep. Le pareció una idea excelente. Cogió mi bolso y examinó todo lo que había dentro. Quiso ver qué más ropa tenía, para presentarme a mi padre con mis mejores galas. Él iba de punta en blanco.

—¿No tienes algo azul para combinar con los vaqueros? ¡Eh, te has perforado las orejas! ¿*Todavía* sigues teniendo esos zapatos?

El autorickshaw nos esperaba en la puerta, así que bajamos corriendo.

Teníamos que gritar para entendernos con el ruido del motor.

—Te va a caer muy bien. Es muy simpático. No para de hacer bromas.

Yo había planeado de antemano no sentir nada.

—Es imposible imaginarlos casados. Son el día y la noche. Él es muy popular.

—Popular, ¿dónde?

—Entre la gente de Calcuta.

Popular entre la gente de Calcuta. Me volví hacia mi hermano para ver si de verdad se creía lo que acababa de decir. Pero iba mirando la ciudad, sonriendo a los autobuses, a los ciclistas, a los parapléjicos en sus carritos improvisados que mendigaban en los semáforos, los humos de los tubos de escape y el polvo caliente de Delhi.

—Y es generoso a rabiar. Es de esos que si tienen cinco rupias te dicen, toma dos, yo me quedo con tres.

—¿Cómo lo has encontrado?

—Fui a Calcuta y lo busqué.

El rickshaw se había adentrado en el caos de Paharganj, cerca de la estación de tren de Nueva Delhi. Mi hermano tuvo que levantar la voz todavía más.

—Confía en conseguir un trabajo. Ha pasado una mala racha.

Más tarde supe que la mala racha había incluido vivir en la calle y pasar una breve temporada en el hogar de la Madre Teresa para indigentes moribundos.

—Ha venido a Delhi para una entrevista. Para un empleo. Yo también, en realidad. A lo mejor podemos vivir todos juntos.

¿Y ella?, me entraron ganas de decir, pero no lo dije.

—¿Tiene buen aspecto? Quiero decir ¿es guapo? ¿Como en la foto?

—Es muy informal.

No sé por qué me preocupaba tanto su aspecto físico. Quizá tuviera una premonición.

Lo que ocurrió después quedó grabado a fuego en mi memoria para siempre, aunque quizá no lo recordaría palabra por palabra, canción por canción, mancha de aceite por mancha de aceite, si no lo hubiera escrito. Lo escribí en la máquina que me regaló la señora Roy. Escritura libre. Como me enseñó ella. Escritura libre sin inmutarme. Es más fácil para mí escribir sobre política, o escribir ficción, que escribir lo que estoy a punto de escribir. No hay ninguna grandeza en ello. Tampoco —hablando con perspectiva— ninguna gran tragedia. No sé por qué necesito hacer público este momento tan íntimo. Creo que es porque encierra una ternura dulce, derrotada, pícara, que es preciosa. Es una oda al gamberrismo inofensivo. Aunque llamarlo inofensivo podría entenderse como un insulto para quienes se esfuerzan tanto en ser padres. Quizá empleo esta palabra porque he sobrevivido a ella sin sufrir daños graves.

Por suerte.

El hotel era exactamente como lo imaginaba. La mayoría de los huéspedes eran hippies que iban a Goa o Manali, o que volvían de allí. Los camellos, con todo el descaro, vendían hachís y heroína en el pasillo impregnado del intenso olor a amoniaco de la orina concentrada. Había bandejas de metal con comida rancia y torres de tazas de té inclinadas y sucias en la puerta de la mayoría de las habitaciones. La número 17 estaba en la planta baja. Una cama doble lo ocupaba todo. Había el espacio justo para pasar al cuarto de baño. Nada podría haberme preparado para lo que me esperaba.

La primera imagen de mi padre.

Estaba tumbado boca abajo, con las rodillas flexionadas y los pies temblorosos apuntando al techo. La ceniza del cenicero se había caído encima de la cama. Al verme, tiró el cigarrillo al suelo y restregó la ceniza en las sábanas. Luego se puso en pie sobre la cama y me tendió la mano para que se la estrechara. Para acercarme a él, también yo tuve que subirme a la cama. Me descalcé de un puntapié y subí. Nos estrechamos la mano. Mi hermano, radiante de alegría, también subió. Nos quedamos un rato ahí, tambaleándonos ligeramente para guardar el equilibrio sobre el colchón esponjoso y blando.

La Conferencia de Yalta. Stalin, Roosevelt y Churchill.

Micky Roy era frágil como un pajarillo, encorvado y tullido. Tenía un ojo lechoso y opaco, con una catarata que no se había tratado. Le faltaba el lóbulo de la oreja derecha. Tenía la piel como si se hubiera quemado. Las piernas flacas como un hueso parecían unidas hasta las rodillas, y ahí se separaban hasta los pies cubiertos por los calcetines y hundidos en las sábanas sucias. Por el hueco entre las pantorrillas se veía un triángulo de la pared del hotel, con el yeso descascarillado y manchas de brillantina. Vi que se encontraba en un estado de desnutrición severa, como la gente que aparece en los folletos de Naciones Unidas. Mi hermano y él me miraban y se reían. Micky llamaba a mi hermano Kapil Dev, el legendario capitán del equipo de críquet indio que ganó por primera vez la Copa del Mundo. Tenía razón. Se daban un aire.

—¡Muy bien, Kapil Dev! —dijo, dando una palmada en la espalda de mi hermano. A mí no sabía bien qué decirme, así que me dio otra palmada en la espalda y sonrió—. Creo que te habían dicho que me había muerto...

—No.

Mi hermano intervino.

—Fui yo quien oí eso. No ella. Ella no sabía nada. Llevo tiempo sin verla. —Se volvió hacia mí—. ¿Sabías que estuvo a punto de morir? Empinaba el codo a base de bien.

Otra simpática palmada en la espalda de Kapil Dev. Y un breve resumen del caso para mí.

Cuando perdió el trabajo en la plantación de té de Assam, se fue a vivir a Calcuta con uno de sus hermanos. Todo iba bien hasta que probó el licor casero. El naranja y el amarillo. Entonces la mujer de su hermano lo echó de casa. Su otro hermano no quiso acogerlo, así que fue quedándose en casa de amigos: una semana con cada uno. Tenía amigos a montones.

—Ves, ya te lo he dicho... Es muy popular.

Todo el mundo decidió que darle dinero le haría más mal que bien. De modo que en vez de dinero le daban comida. Solo sus amigos agricultores de las plantaciones de té comprendían su situación y simpatizaban con él. Cuando venían a Calcuta en viaje de negocios, le regalaban muestras gratuitas de paquetes de té para que las vendiera. Así conseguía el dinero suficiente para comprarse una botella y media de licor al día. Después, cuando se recuperó, en el hospital le dijeron que el licor que había estado bebiendo contenía grandes cantidades de barniz.

Micky se rio.

—Es que era baratísimo. Costaba solo cinco chavos y cincuenta paisas la botella. Por setenta y cinco me cogía una cogorza monumental. Imaginaos.

«Chavos». Se me había olvidado esa palabra.

De la Madre Teresa no dijo nada.

Añadió que se había recuperado por completo del barniz. Iba a pedirle prestada a su hijo su cadena de oro para ir a la entrevista de trabajo. En su cabeza el puesto ya era suyo.

—¿Qué tal aspecto tengo? —me preguntó.

—Muy bueno, la verdad.

—Tendrías que haberme visto hace dos meses. —Se echó a reír. Entendí a qué se refería mi madre con «inane»—. Jamás hubieras imaginado que yo era tu padre. Te pareces mucho más a mí que a tu madre. ¿Verdad que sí, Kapil Dev? La misma nariz. Los mismos ojos. Ojos tristes. —(Risita)—. Dime una cosa, Orundhuti, ¿tú le das a la botella?

Pronunció mi nombre a la manera bengalí.

—¿Yo? No.

—Vamos, anda. Di la verdad. Todos los Roy le dan bien a la botella. ¿Tú qué dices, Kapil Dev?

(Risita. Palmada).

Sentí una leve oleada de inquietud. Comprendí de qué hablaba. Yo era una Roy. El perro de la adicción estaba aletargado dentro de mí, vivo y en buen estado. Podía saltar en cualquier momento. De un cigarrillo al día pasaba a dos y luego a cuarenta en cuestión de una semana. Y sí, yo también conocía el licor naranja y el licor amarillo. (Era lo que bebía con Bahadur, el vigilante, en el cementerio). Pero fui capaz de atar al perro en corto. Había visto los estragos en Goa, entre los hippies que se drogaban, y sabía que mi vida dependía de atar al perro en corto y no olvidarme de él ni por un segundo, aunque fingiera estar dormido.

—De todos modos, un consejo: no compres ese licor casero. El naranja y el amarillo. ¿No te acuerdas de mí para nada? ¿De nuestra casa en Nowgong? Kapil Dev se acuerda un poco. ¿Te acuerdas de esa vez que te quemé la mano con un cigarrillo, sin querer, y me llamaste *chutiya* («gilipollas») y te di una buena tunda? ¿Se te ha olvidado? ¿Y de esa vez que íbamos en el coche por la selva, camino del club? ¿De noche? Te pusiste a berrear por algo, y yo paré el coche y te dije, como vuelvas a abrir la boca te vuelves sola a casa. Y tú abriste la puerta y bajaste del coche. ¡Con lo pequeña que eras!

Tomé nota de esa zona de armonía y compatibilidad entre el señor y la señora Roy: echar a su hija de los coches en selvas y ciudades extrañas.

—Pero lo más divertido era cuando vuestra madre os zurraba. ¿Sabes qué hizo tu hermana, Kapil

Dev? Una vez fue a buscar a tu madre y le dijo: «Mamá, me encanta el olor de los hombres». ¿Te lo imaginas? No tenía ni tres años. ¿Sabes a qué olor se refería? A la priva. Todos los trabajadores de la plantación que venían a casa y jugaban con ella bebían. Así que, Orundhuti, no me digas que no empinas el codo. Con tres años ya apuntabas maneras... ¿Por qué te quedas ahí sentada con esa cara de *muggrah*? Antes eras mucho más interesante. No parabas de hablar cuando yo te conocía. Vamos. Cuéntanos algo nuevo. Entonces, tú no bebes. ¿Aún te gusta el olor de los hombres? ¿Tienes novio? ¿Por qué no lo traes aquí para que pueda romperle los dientes?

Muggrah, por lo visto, significaba «cascarrabias». O algo entre «serio» y «cascarrabias». Una palabra nueva. No sabía cómo llamarlo, porque Baba era «la Fotografía». Este era otro hombre. Micky, tal vez.

—Si salgo a la calle contigo, todo el mundo dirá ¿quién es ese viejo asqueroso que va con esa chica tan guapa? Y yo diré: «Es mi hija, caray. Cuidadito con esa lengua».

De repente me asustó la idea de que me vieran con él en cualquier parte. Luego me avergoncé de avergonzarme. Una vez superado mi asombro inicial por su aspecto, pensé que me habría sentido muchísimo peor si me hubiera encontrado con un CEO rico, adulador y fumador de puros.

—¡Kapil Dev, muévete! Quiero sentarme un rato al lado de tu hermana. Ya me he cansado de ti. —Palmada. Risita. Restregó un poco más la ceniza del cigarrillo en las sábanas y dio unas palmaditas al espacio vacío a su lado—. Bueno, Orundhuti, cuéntanos tus hazañas.

Mientras esperaba el relato de mis hazañas, le empezó a temblar una pierna. La miré con fascinación. Mi hermano estaba encantado. Por fin encontraba una explicación. Acababa de identificar el origen del gen que producía el temblor en la pierna.

Micky nos miró con una sonrisa gamberra.

—¿Me estáis mirando la pierna? Vuestra madre se enfadaba de lo lindo. Sigo sin entender por qué. ¿Qué tiene de malo mover la pierna si te apetece? Muchísima gente lo hace. No es un pecado. Hay muchas cosas de ella que nunca he sido capaz de entender. Como cuando yo...

Mi hermano presintió problemas de lealtad. Por mi parte, no por la suya. Cambió de tema inmediatamente.

—Cuéntale lo de tu oreja, Baba. Lo de cuando murió tu padre. —Se volvió hacia mí—. P. L. Roy, el padre del boxeo indio. El recorte del periódico está en el álbum de fotos. ¿Te acuerdas?

Claro que me acordaba: «Muere el veterano deportista P. L. Roy».

—Cuéntaselo tú. Yo no me acuerdo. —Micky se había vuelto tímido de repente. Como si estuviera a punto de recibir grandes elogios.

Mi hermano empezó a partirse de risa incluso antes de contar nada.

—P. L. Roy, su padre, nuestro abuelo, estaba enfermo y en el hospital. Se supone que Baba tenía que cuidar de él. Pero se cogieron una cogorza y el viejo la palmó. Figúrate.

«La palmó». Esa expresión también la había olvidado.

El padre y el hijo estallaron en carcajadas.

—El caso es que al entierro fueron boxeadores y hombres del ejército y de las fuerzas aéreas de toda la ciudad. Baba se presentó borracho, saludó al cadáver y se puso a cantar una canción absurda.

—¿Qué canción?

Micky cantó:

¿Por qué te has alistado en el ejército?
¿Por qué te has unido al PAC?
Debías de estar loco de atar.

Mi hermano siguió con la historia.

—Se armó un buen lío y uno de los boxeadores le mordió la oreja y le arrancó un trozo.

Un gran misterio resuelto. El misterio del lóbulo de la oreja perdido. *El lóbulo de la oreja perdido y el maravilloso funeral.* Un cuento de Orundhuti Roy.

La cama entera estaba temblando. Sonó el teléfono. Mi hermano contestó.

—Es Pishi. ¿Le digo que suba?

Pishi —«tía» en bengalí— era la hermana mayor de Micky. Vivía en Delhi. Venía a llevarlo a la entrevista de trabajo.

—Aymadremía. Vale. Sacude la colcha. Se supone que no puedo fumar. Vale, dile que suba. No, dile que espere abajo. Tengo que ir al baño primero. Antes de que me vaya... ¿Podéis prestarme algo de dinero? ¿Cuánto lleváis encima? Vale, me lo llevo por ahora. Kapil Dev, ya te he cogido algo de la cartera. No se lo digas a Pishi, ¿vale? Y la próxima vez, Orundhuti, ¿puedes traerme una linterna? Me hace muchísima falta una linterna. Bueno, me voy al baño.

Salió con una mancha húmeda en la entrepierna que empezó a extenderse muy deprisa. Mi hermano se lo dijo sin ninguna sutileza.

—Eh, te estás meando en los pantalones.

Micky se miró la entrepierna y se echó a reír. Luego se tumbó en la cama y levantó las piernas en el aire como si así la mancha fuese a volver al sitio de donde había salido.

—Ya se secará.

Ya se marchaba, frágil y encorvado, con las piernas como palillos, cuando se dio la vuelta para mirarme y formó unos prismáticos con las manos.

—Ta-ta. Adiós entonces. No te portes bien.

Nos quedamos sentados en la cama del hotel con las sábanas manchadas de ceniza, mi hermano y yo, como alelados. Totalmente fascinados y despojados de todo nuestro dinero.

Por increíble que parezca, Micky consiguió el trabajo en esa entrevista y se trasladó a Katni, en Madhya Pradesh, a dirigir un viñedo. Mi primo me contó más adelante que era un agricultor genial, que tenía un don para las plantas. Micky y yo volveríamos a vernos, pero no hasta pasados unos años.

Mi hermano regresó a Kerala. Antes de irse, me contó su vida entera. Poco después de graduarse, encontró trabajo en una remota plantación de té en Wayanad, en la exquisita, brumosa, lluviosa y violenta región del norte de Kerala donde decapitaban a los terratenientes, donde los elefantes salvajes campaban a sus anchas, donde existe todo un diccionario para los distintos tipos de lluvia y dicen que la gente mide la distancia a casa contando los rayos. Lo mismo que su padre, mi hermano llegó a ser subdirector, encargado de supervisar a la plantilla. Me habló de la rivalidad feroz entre los sindicatos afines a los partidos políticos mayoritarios y sus distintas escisiones. La gente se mataba a plena luz del día, dijo. Había visto los cadáveres de trabajadores a los que conocía bien, con treinta y cuarenta puñaladas. Con solo veintidós o veintitrés años ya tenía úlceras, por culpa del estrés. La señora Roy, preocupada, iba a verlo a menudo: hacía un viaje en coche de entre ocho y nueve horas desde Kottayam hasta su finca.

—Era muy cariñosa —dijo con extrañeza—. Me llevaba comida, sábanas y cortinas. Me arreglaba la casa. Como una madre normal. No me lo podía creer.

Mi inocente y confiado hermano, que anhelaba el amor de una madre, se dejó engañar. Y una vez cayó en la trampa materna y bajó la guardia, la señora Roy lo convenció para que dejara el trabajo y volviera a Kottayam a ayudarla con la escuela. No podría haber cometido mayor error. Una vez consiguió tenerlo de nuevo en casa y bajo su control, se volvió contra él.

—Cuanto más me gritaba, más me paralizaba. No me atrevía a hacer nada. Y así todo lo que decía de mí se confirmaba. Me convertí en el bastardo inútil y perezoso que ella me acusaba de ser. Me daba cuenta. Pero no lo podía evitar. Y seguía empeorándolo todo.

Al final ella cogió todas las cosas de mi hermano, las tiró y lo echó de casa. (Tuvo que describirme aquella casa porque yo no la conocía).

—Hiciste bien en irte antes de que te echase a ti también.

LKC cometió a continuación el pecado capital de trabajar en The Malabar Coast Products. En el bando enemigo. Por aquel entonces, mi abuela y G. Isaac estaban al corriente de la demanda contra la Ley de Sucesión Cristiana de Travancore. La épica batalla familiar —G. Isaac contra Mary Roy, fábrica de conservas contra colegio— había empezado. En una ciudad pequeña como Kottayam esto era el divertidísimo espectáculo a cargo de un par de excéntricos que nunca se habían considerado parte de aquella sociedad. Lamentablemente, las cosas no le iban bien a mi hermano en la fábrica. Me contó que Soosy, la mujer de G. Isaac, sintió, comprensiblemente, que mi hermano era una amenaza para las perspectivas de sus hijos. Y también que G. Isaac —como sabíamos desde aquella vez que vino de visita a Ooty, además de por las brutales peleas que presenciamos cuando vivimos juntos en Ayemenem— era capaz de ser tan cruel como su hermana. (Al fin y al cabo, ambos eran hijos del Entomólogo Imperial). A mi hermano lo humillaron y también lo echaron de la fábrica.

Entonces se quedó solo: trabajó en una agencia de viajes en la que ganaba apenas lo suficiente para llegar a fin de mes. En esa situación se encontraba cuando lo vi en Delhi. Los dos, más o menos, habíamos tocado fondo. Emocional y económicamente.

Cuando LKC volvió a Kottayam, después de esta reunión con Micky, las cosas cambiaron drásticamente para él. Sacó de quicio a la señora Roy al casarse con una joven que trabajaba en su colegio. La señora Roy despidió a la chica, se negó a ir a la boda y se negó a conocer a su nieta, que nació el mismo día que ella. Cuando la niña tenía alrededor de un año, mi hermano encontró trabajó en una empresa de marisco de Madrás. Se trasladó allí con su pequeña familia. Valorado y querido por sus empleados, fue ascendiendo a lo largo de los años hasta llegar a ser el hombre que es ahora. El hombre que años más tarde (conmigo y con los hijos de G. Isaac) rescató a G. Isaac y a su mujer y los ayudó económicamente cuando se quedaron en la ruina.

El exquisito arte del fracaso

Micky y Mary Roy. Pensar en ellos como pareja me da risa. No consigo imaginarlos casados siquiera por cinco minutos, y mucho menos cinco años. ¿Qué dios, qué estrellas, en qué cielo hicieron que eso ocurriera? Él, derrotado en todos los aspectos posibles. Ella, triunfadora, admirada y querida —adorada— en todos los aspectos posibles. Él tan descarado y caradura. Ella tan complicada, tan infeliz. Pero a menudo, a su estilo, también sumamente pícara. Sus caminos debieron de cruzarse mientras ella empujaba su roca ladera arriba, llena de rabia, y él bajaba trotando alegremente con la suya. ¿Eran tal como eran por el mero hecho de ser personalidades tan inherentemente distintas? ¿Estaba su carácter tan tallado, tan definido a fuego, que las experiencias de la vida —el fracaso, el éxito, la pérdida, el amor, los hijos, la adicción y la mala salud— ya no podían alterarlo? Si Micky hubiera sido una mujer, ¿le habría permitido el mundo ese descaro, esas fechorías, esa seducción irresponsable? Al final, ¿quién tuvo éxito y quién no? ¿Quién puede decirlo? ¿Qué era el triunfo y qué era la derrota?

Me inicié en la contemplación de los muchos significados del fracaso a una edad temprana. El agente provocador de esta empresa moral no fue otro que el mayor de los fracasados: G. Isaac. El ganador de la beca Rhodes convertido en el barón de las conservas. Debió de ser allá por mi sexto o séptimo cumpleaños. Entonces aún vivíamos en Ayemenem. Puede que hubiera una tarta o puede que no; no lo recuerdo. Recuerdo que todo el mundo me dio montones de los consejos habituales: que estudiara mucho y me abriera camino en la vida. G. Isaac no. En vez de eso, me llevó a su habitación, un anexo de la casa con entrada independiente. De pequeños rara vez nos dejaban entrar en aquel recinto sagrado. El mero hecho de estar allí ya era un regalo. Parecía una base aérea bombardeada de aviones rotos. Estaba obsesionado con el aeromodelismo. Casi todas las semanas recibía uno nuevo por correo postal. El suelo estaba lleno de aviones de madera de balsa que se habían estrellado en el intento de hacerlos volar. (Era evidente que dilapidaba los beneficios de la fábrica de conservas). Balanceó frente a mí una cadenita barata con un medallón brillante.

—¿Quieres esto?

—¡Sí! —Mi codicioso y acaparador corazoncito se elevó a las alturas.

—Te lo doy si fracasas.

Mi yo de seis años se quedó boquiabierta. Recuerdo que tuve la sensación de haber tropezado con algo. De que algo me obligaba a detenerme. Consiguió que el fracaso pareciera fascinante, incluso digno de cultivar con ahínco. Me hizo pensar en serio. Desde entonces empecé a mirar el fracaso con enorme interés. Me di cuenta de que la gente que mejor me caía, incluido el propio G. Isaac, eran unos fracasados a ojos de los demás. La gente que se consideraba próspera y triunfadora me resultó de pronto patética: qué manera de presumir y de robar la luz.

Conocer a Micky me hizo evocar ese incidente. Pero aquel momento en la base aérea de aviones rotos de G. Isaac, el día de mi cumpleaños, no fue más que una lección de parvulario. No mucho después de conocer a Micky, G. Isaac me dio una clase magistral sobre el exquisito arte del fracaso.

Yo había empezado a hacer escapadas cortas a Kottayam, de unos días, y siempre me iba justo antes (con suerte) o justo después de que el cielo se me desplomara sobre la cabeza. Debió de ser en 1986. Tenía veintiséis años. Mi madre había ganado su litigio. El Tribunal Supremo de la India falló en contra de la Ley de Sucesión Cristiana de Travancore y reconoció a las cristianas de Kerala los mismos derechos que los hombres sobre la herencia paterna. Mary Roy se convirtió en un icono feminista nacional y G. Isaac en el blanco de sus ataques. La reacción al juicio en Kerala se silenció. La Iglesia hizo público su descontento. Aún quedaban años de batalla judicial antes de que G. Isaac fuera desahuciado sin contemplaciones, la policía lo sacara de su casa por la fuerza y The Malabar Coast Products dejara de existir. Pero no cabía la menor duda de que las cosas iban en esta dirección.

Un periodista de Delhi muy conocido llegó a Kottayam para hacer un documental sobre el caso de Mary Roy. Se llamaba Rashid Talib. (Fue en la época anterior a que los musulmanes empezaran a ser expulsados de la vida pública en la India: de la política, de los negocios, del periodismo, de las colonias de viviendas y de los barrios hindúes). Talib quería entrevistar tanto a la señora Roy como a G. Isaac. Resulta que yo estaba en el colegio cuando él llegó.

Era un hombre culto y urbanita. Tenía ese aire ligeramente superior del habitante de la gran ciudad que había venido dispuesto a tratar con condescendencia a dos pendencieros paletos de provincias. No tenía la menor idea de dónde se estaba metiendo. Se reunió con la señora Roy en la preciosa vivienda de ladrillo visto diseñada por Laurie Baker.

La primera vez que la vi, me quedé anonadada por la genialidad del diseño. Era un círculo —en realidad una simple espiral en dos niveles— construido alrededor de un patio circular y escalonado, con un árbol en el centro. Más que una casa parecía una terraza muy profunda, dividida en varios espacios cerrados que podían usarse como habitaciones. Resultaba casi transparente en su apertura radical. Parecía haberse concebido para dar cobijo únicamente a un alma peregrina, militante y solitaria. Cuando llovía era como si estuvieras dentro de la lluvia: la sentías, la olías, sin mojarte. Aun así, tenía el aspecto de una casa de verdad, con libros, alfombras y cortinas. Hasta había una mesa de comedor. Al ver la casa por primera vez, el hecho de que la señora Roy por fin hubiera conseguido construirse una casa tan completa, tan *suya*, en la que no había espacio para mí, me golpeó casi como una fuerza física. El hogar de mi madre no me incluía para nada. Pero incluía a Ammal, Mariamma y Kurussammal, que seguían viviendo allí.

También incluía a sus alumnos, que subían en grupo a que les diera dulces o a charlar con ella. La señora Roy estaba completa sin mí, y yo estaba incompleta sin ella. Me sentía como un náufrago. Tal vez no tuviera derecho a existir.

En cuanto Talib terminó de montar el equipo, la señora Roy llegó a la entrevista como una emperatriz. Llevaba un kaftán muy vistoso, un collar de cuentas enormes y un llamativo *bindi* rojo pegado en el centro de la frente, que creo que se lo puso con el único fin de provocar a la comunidad cristiana. Yo odiaba esos *bindi* adhesivos. La seguía, como siempre, una de las cohibidas adláteres que llevaba el inhalador del asma, como si fuera una corona o un cetro. Se sentó delante de la cámara. Por alguna razón que no llegué a entender, decidió responder las preguntas de Rashid Talib como si estuviera dando una clase de dicción inglesa a un grupo de párvulos malayalis.

RejOice in the Lo-Ord Or-orlways
And again I say rejOice

Hablaba despacio, con acento engolado, enunciando cada palabra con cuidado, exagerando las vocales y las ces, que los malayalis normalmente pronunciaban más suaves, como eses. Nada que pudiera decir el entrevistador con la intención de que se sintiera cómoda le hizo cambiar este modo de hablar. La entrevista fue poco menos que inútil. O eso pensé.

El siguiente destino de Talib fue la disputada finca familiar en las inmediaciones de la parada del autobús de Kottayam, el meollo de la demanda judicial. Quería entrevistar al demandado, G. Isaac, director general de The Malabar Coast Products. Yo lo acompañé.

El director general estaba ocupado cuando llegamos, de modo que Talib y su operador de cámara se dedicaron a grabar unas tomas de la funesta fábrica en funcionamiento. Filmaron a las mujeres con delantales azules, removiendo las enormes cubas de mango y de lima, empaquetando curri en polvo y pegando etiquetas. Filmaron al «socio inactivo» de la empresa, a mi abuela ciega con gafas oscuras, sentada en el salón, interpretando a Bach con su violín, desgranando su melodía en el aire con olor a vinagre. Talib decidió que el mejor sitio para entrevistar al demandado sería la sombra de un franchipán en el diminuto patio delantero de guijarros. En malayalam lo llamábamos *mittam*.

Sacaron una silla. Me senté en el sitio del director general para que Talib terminase de preparar el encuadre. Al cabo de un rato G. Isaac salió del miserable cobertizo con el techo de paja que era su vivienda, sonriendo, parpadeando a la luz del sol como si llevara años prisionero en una mazmorra y disfrutara de su libertad. Había engordado aún más y estaba tan redondo como su hermana. Llevaba un camisa de explorador blanca y un *mundu* (*sarong*) de aspecto precario, como a punto de desatarse en cualquier instante. Si mal no recuerdo, G. Isaac acababa de abandonar el marxismo para adherirse al gandhismo. Saludó a Rashid Talib con cordialidad.

—Dígame, señor, ¿en qué puedo ayudarlo?

Talib lo invitó a sentarse y le indicó que hiciera unos ajustes a la posición de la silla —un poquito a la derecha, a la izquierda, algo más hacia delante, por favor— antes de comenzar la entrevista.

—Señor Isaac, como líder de la comunidad cristiana siria aquí en Kerala, ¿podría decirnos qué opinión le merece esta anulación de la Ley de Sucesión Cristiana de Travancore?

G. Isaac miró a la cámara con sus ojos miopes y se quedó un rato pensativo, como si fuera la primera vez que oía hablar de la Ley de Sucesión y del proceso judicial. Luego, todavía enfrascado en sus pensamientos, se rascó unas feas costras negras de los codos. Siempre le había gustado ser desagradable. La cámara seguía filmando. Noté que el entrevistador se impacientaba por momentos. Por fin, el demandado empezó a hablar, despacio, deliberadamente, esbozando su tesis sobre la más diminuta de las minorías diminutas de la India, los educadísimos y extremadamente privilegiados cristianos sirios de Kerala.

—Como usted sabe, señor Talib, los cristianos sirios somos una comunidad muy diversa. Entre nosotros hay protestantes sirios (los martomitas, la Iglesia del Sur de la India), también están los católicos sirios, los jacobitas, los knanayas, los cananeos y, de un tiempo a esta parte, los renacidos, la Iglesia de Dios, los pentecostales, a los que puede que haya visto usted predicando en cada esquina en diferentes lenguas. Todos tenemos iglesias separadas, no nos casamos entre nosotros, rara vez estamos de acuerdo en nada. Pero, si interroga usted a la gente con detenimiento, verá usted que hay *una* cosa en la que todos coincidimos por unanimidad...

Hizo una pausa dramática. Rashid Talib, anticipando el clímax de su entrevista, la línea roja del desacuerdo entre el hermano y la hermana, entre las mujeres y la Iglesia, entre la ley y la tradición, el que sería el eje de su documental, se quedó muy callado.

—... y es en que el señor Isaac *no* es un líder de la comunidad.

G. Isaac empezó a sacudirse de risa muda, a reírse de su propia broma.

Rashid Talib apagó la cámara. Creo que el documental no llegó a hacerse.

Pero yo había aprendido una lección vital: a trabar amistad con la derrota. También yo vivía metafóricamente en una habitación llena de aviones destrozados. G. Isaac me enseñó que trabar amistad con la derrota es todo lo contrario de aceptarla. Solo por eso le perdoné la crueldad con que nos había tratado en el pasado y lo quise hasta el día de su muerte.

Rinocerontes y banianos

Más o menos por aquel entonces, la posibilidad remota de que yo fuera escritora empezó a cuajar en algo parecido a una realidad esperanzada. Y empezó con los rinocerontes. Dos directores de documentales de naturaleza que trabajaban para una productora británica fueron a ver a Pradip. Ashish y su compañera Joanna acababan de rodar un documental sobre la jacana colilarga, un ave acuática tan increíblemente diseñada que podía caminar sobre hojas flotantes. Estaban en mitad del rodaje de otro documental sobre el traslado en avión de cinco rinocerontes desde el Parque Nacional de Kaziranga, en Assam, y desde ahí en camiones hasta el Parque Nacional de Dudhwa, en Uttar Pradesh, donde estos animales vivían en libertad antes de que los cazadores furtivos acabaran con ellos. Los mataban por sus cuernos, que se molían y utilizaban como afrodisiaco en China.

El gobierno indio intentaba criar una población de rinocerontes de una nueva combinación genética en las praderas de Terai, en la zona oriental de Uttar Pradesh. Los rinocerontes embarcarían en el aeropuerto de Bagdogra con destino a Delhi, en un gigantesco avión de mercancías ruso: Antonov An-124. Ashish haría el viaje con ellos. Querían que Pradip filmara el aterrizaje en Delhi y la descarga de los rinocerontes. Yo fui con ellos para tomar nota de los comentarios que acompañarían las imágenes. Nos invitaron a ir con el convoy de los rinocerontes de Delhi a Dudhwa, un viaje de diez a doce horas por carretera. Aceptamos más que encantados.

Nos pusimos a la cola del convoy de camiones —en cada uno iba una jaula con un ejemplar de gran rinoceronte indio de un solo cuerno— por las polvorientas carreteras de Uttar Pradesh, a través de ciudades y pueblos. Parábamos a la orilla de ríos y arroyos para dar de beber y comer a los rinocerontes. Y también para alimentar las fantasías de los vecinos que se acercaban a mirar a estos seres prehistóricos entre los listones de las jaulas de madera. Cuando llegamos a Dudhwa, soltaron a los rinocerontes en un cercado y los dejaron allí unas semanas antes de ponerlos en libertad en las praderas, su hábitat ideal. Volvimos para grabar esto también.

Pradip se ocupó del montaje de la película. Yo escribí los comentarios. Decidí emplear el estilo imperioso y frenético del comentarista de un partido de críquet, con unos jugadores de lo más inverosímiles como protagonistas. El documental se tituló *How the Rhinoceros Returned*, «Cómo volvieron los rinocerontes». Fue mi primer texto publicado, en cierto modo. Ashish y Joanna tenían un presupuesto muy ajustado y no pudieron pagarnos nada más que los gastos del viaje, pero para mí fue la experiencia más divertida que vivía en mucho tiempo.

Las cosas empezaron a animarse poco después. Se terminó el montaje de *Massey Sahib* y se proyectó como película invitada en el Festival de Cine de Venecia, donde ganó un premio. Pradip ahora tenía en su currículo una cinta galardonada. El momento no podía ser más oportuno para nosotros. Doordarshan, la televisión nacional, estaba dando por aquel entonces sus primeros pasos. Sus primeras emisiones fueron películas y series patrocinadas por empresas privadas. Unos amigos de Pradip que habían creado una productora le ofrecieron dirigir una serie dramática de época, ambientada en los tiempos del Movimiento por la Libertad.

A esas alturas, Pradip y yo éramos un equipo. Nos pusimos manos a la obra de inmediato. Tardamos bastante en esbozar el guion. Partimos de 1921, el año del primer Movimiento de No-cooperación de Gandhi, y terminamos en 1947, con la retirada de los británicos, la creación de Pakistán y el horror de la Partición, que provocó un millón de muertos y millones de refugiados. Era un proyecto muy ambicioso. Tuvimos que localizar y rodar en muchas ubicaciones distintas y construir decorados gigantescos. Había que empezar en varios frentes simultáneos. La productora estaba al corriente de mi participación en el esbozo del guion y la creación de personajes. Me preguntaron si aceptaría la responsabilidad de escribir los veintiséis episodios. Pusieron una condición. El guionista oficialmente sería Pradip. No yo. La razón de tan curiosa exigencia fue que yo era una completa desconocida (además de muy joven y muy mujer) y mi nombre no añadiría ningún valor al proyecto a la hora de buscar financiación. Necesitábamos el trabajo como el aire. Pero yo me negué. El proyecto se fue a pique. No hicimos nada. Al final me contrataron como guionista con pleno reconocimiento formal. Contaría con el apoyo de un equipo de investigadores para confirmar la exactitud de los datos históricos. Raghubir Yadav, el actor de *Massey Sahib*, y Alok Rai, escritor y profesor de literatura, trabajaron los diálogos en hindi y en los dialectos regionales, el awahdi en particular.

Aunque seguía conservando mi habitación en Malcha Marg, Pradip y yo estábamos siempre juntos. Sus padres me permitieron trabajar en el sótano de su casa, rodeada de baúles cubiertos de telarañas. Mi escritorio era un tablero de madera puesto sobre el soporte de una antigua máquina de coser con pedal. Pasé meses trabajando allí, pisando el pedal mientras escribía, como la loca de la familia de las novelas victorianas, escondida del mundo. Escribía a lápiz, en un papel verde claro. Entonces no existían los ordenadores y mecanografiar resultaba muy tedioso, porque no parábamos de hacer correcciones y cambios. Kuthujee, el perro salchicha, fue mi coguionista y constante compañero. Cuando se tiraba pedos, y lo hacía con frecuencia, yo tenía que salir a tomar el aire.

Era consciente de que aún no estaba escribiendo, solo practicando. Aprendiendo. Pero había encontrado un lienzo inmenso en el que practicar.

La serie se llamaba *Bargad*, «baniano». Seguía las vidas de cuatro compañeros de universidad a lo largo de los años. Estaba ambientada principalmente en Allahabad, Lucknow y sus alrededores. A medida que los episodios iban subiendo del sótano, como el humo, el equipo de diseño de producción se fue a localizar y a solicitar los permisos correspondientes. Empezó el casting. Contábamos con un excelente equipo de figurinistas y decoradores.

La producción era gigantesca. La presión, muy emocionante.

Para entonces yo había trabado amistad con los padres de Pradip, los jugadores de bridge.

La familia había vivido una tragedia atroz. La mujer de Pradip, mi antigua jefa, que se había ido a vivir con su padre, murió de repente, a raíz de una mala caída que le produjo una hemorragia interna. Murió mientras dormía.

Mi mayor temor infantil —la muerte de mi madre— les había ocurrido a las hijas de Pradip. Mi pesadilla se había hecho realidad para ellas, no para mí. Una parte irracional de mi ser se sentía vagamente culpable. Las niñas eran demasiado pequeñas para entender la tragedia en un principio, aunque iba a dejarles cicatrices como solo la muerte de un padre o una madre pueden dejar. Por suerte, sus circunstancias eran muy distintas de las de mi infancia. Ellas estaban rodeadas de amor y atención. Sus abuelos pasaron a desempeñar la función de unos padres cariñosos. Yo les había tomado muchísimo cariño y hacía lo posible por suavizar el golpe. Como me había pasado casi toda la vida cuidando de los más pequeños en el colegio de la señora Roy, me resultaba fácil tratar con niños. Por otro lado era muy consciente de que mi modelo de maternidad (la señora Roy) no me ofrecía el conocimiento necesario para ser una madre ideal. El vínculo que forjamos las niñas y yo era único y exclusivamente nuestro. Cuando llegamos a tener verdadera confianza, me preguntaron si ahora yo era su nueva mamá. El término me evocaba temor y aprensión. Castigo, asma, hospital. Rabia. No quería relacionarme con ella.

Les dije que ellas ya tenían una mamá, aunque se hubiera ido a otro sitio, y que debían quererla siempre. Les expliqué que yo era la novia de su padre y las quería tanto como las quería su mamá. Decidimos buscar un nombre especial para mí, un nombre que emplearan solo ellas. Elegimos Noonie. Era una palabra de una canción popular que cantaban en *Massey Sahib*. Una tarde, poco después de aquella decisión política y de la ceremonia del nombre, oí un estruendo de platos y cubiertos en la improvisada mesa en la que comíamos cuando las niñas volvían del colegio. Eran ellas, y fue tremendo el escándalo que armaron golpeando los platos metálicos con las cucharas, entre gritos de: «¡Noonie es novia de Babi! ¡Noonie es novia de Babi!». Babi era como llamaban a su padre. Nos convertimos para ellas en una unidad: NoonieBabi. Para nosotros, para Pradip y para mí, ya lo éramos.

La madre de Pradip era una mujer excéntrica y guapa, con una piel blanca como la porcelana, que había transmitido (con un tinte marrón muy claro) a sus hijas y nietas. No hablaba hindi y tenía un acento inglés tan británico que me hacía reír. Su único rasgo indio era que llevaba saris. Veníamos cada una de un planeta distinto y nos relacionábamos como alienígenas. Ella estaba totalmente entregada a su mansión, su jardín, sus fiestas, su ropa, su belleza y su tono de piel. Las personas de piel oscura o negra eran para ella «sirvientes» y no tenían cabida en su universo. Le conté (y era cierto) que cuando estuve en Italia me tomaban a menudo por africana. Etíope para más señas. Un diminuto bonsái etíope. Y me contestó: «Sí, cariño, pero tienes un cuello precioso». Yo rara vez me enfadaba con esta mujer porque no podía tomarla en serio. Pradip tenía una relación irritable con su madre, y eso a mí me tranquilizaba. Chocaban con frecuencia, porque ella quería que él fuera funcionario, como su padre, y le reprochaba que no tuviera un salario estable. A su manera, distinta de la de la señora Roy en su condición de banquera, no lo dejaba vivir en paz.

Cuando empezó a sospechar que yo quizá fuera algo más que una presencia pasajera en la vida de su familia, quiso tener una conversación en serio conmigo, a solas. Quería que le prometiese que nunca tendría un hijo. Yo no tenía intención de tener un hijo, pero tampoco de hacerle ninguna promesa. Vi que le preocupaba que pudiera convertirme en la madrastra mala y con ambiciones sobre su riqueza. Me pareció justo y comprensible. No sabía nada de mí. ¿Por qué iba a confiar en una extraña? Pero luego dio un paso más y me preguntó si consideraría la posibilidad de solicitar un empleo público.

—¿Por qué?

—Porque así tendrás unos ingresos estables y podrás pagar los gastos de las niñas y un seguro médico. Y eso le dará a Pradip libertad para encontrarse a sí mismo. Ya sabes que es un artista.

Las madres indias están obsesionadas con sus hijos. Atacan por la espalda. Desde todos los ángulos posibles. Aunque critiquen a sus hijos y se peleen con ellos, no son capaces de ver más allá.

La excepción es mi madre con su hijo.

En uno de los viajes de la señora Roy a Delhi, le presenté a los padres de Pradip. Fue educada pero cauta. No tenían nada en común. Nada en absoluto.

—Todo está muy bien —me dijo luego—, pero necesitas unos ingresos propios y una casa propia. Esta casa es de ellos, no tuya. Nunca lo será.

Era una advertencia sabia aunque muy destructiva. Reconocí su amargura y su antipatía ante cualquier clase de amor entre un hombre y una mujer. Ese fue el motivo por el que le pegó un tiro en la cabeza a Dido. Yo no necesitaba el consejo de mi madre, porque mi vida con ella *(¡Fuera de mi casa! ¡Fuera de mi coche!)* ya me había enseñado a vivir como un pájaro sobre un alambre. Y a prepararme para prepararme para estar preparada.

Empleos públicos, seguros médicos, casas en propiedad: era lo último que yo tenía en mente.

Mi búsqueda era distinta de principio a fin.

Empezó el rodaje de *Bargad*. Trabajamos con varios actores muy conocidos y un equipo de maquilladores británicos experto en prótesis. Necesitábamos esta habilidad, porque los personajes principales de la película envejecían más de veinte años. Golak era su único ayudante: por fin había terminado la carrera de arquitectura y era un pintor genial que se negaba a tomarse en serio.

La mayor parte de los escenarios del rodaje se encontraban en Uttar Pradesh, lo que en tiempos del Raj británico se conocía como las Provincias

Unidas. Rodamos en Allahabad, en Lucknow y en el campo. Trabajamos varios meses siguiendo un calendario agotador. Hubo que construir y ambientar decorados descomunales: mercados, calles, universidades y aulas según el estilo de la época. Para algunas de las grandes escenas de resistencia pasiva a lo Gandhi necesitábamos a miles de personas.

Cuando llevábamos varios meses de rodaje, acampados en Allahabad, totalmente inmersos en nuestro mundo simulado, nos quedamos sin dinero. La productora que financiaba la serie había quebrado. El rodaje se detuvo. Fue como si nos dispararan en las rodillas mientras corríamos la etapa final de una maratón.

Nos tocó regresar a Delhi. Hicimos lo posible por revivir el proyecto pero no hubo manera. *Bargad* tuvo una muerte dolorosa y lenta. Casi morimos con ella. Nos debían dinero. Llevaban varios meses sin pagarnos y no había ninguna posibilidad de que nos abonaran las deudas. La dueña de la casa donde guardábamos los decorados y el vestuario estaba furiosa, porque habían dejado de pagarle el alquiler. Supimos que había forzado las cerraduras y había vaciado el piso. Vendió el vestuario y los complementos que tanto nos había costado crear y conservar —en muchos casos eran préstamos recibidos bajo solemne promesa de devolución—, y todo acabó en los puestos del mercado de segunda mano de Jama Masjid, mi sitio favorito, donde en mis tiempos de vagabunda y fugitiva me compraba la ropa. Allí lo encontramos todo a la venta en la calle: *sherwanis* (casacas), chales, *jodhpurs* (trajes de chaqueta), botas de montar, uniformes de policías, gorras, sombreros, cinturones y sillas de cuero, rickshaws, muebles y juegos de té de plata antiguos, vajillas valiosas y navajas con el mango de marfil; todo lo necesario para recrear una época pasada. Montañas de nuestros objetos más valiosos vendidos por dos céntimos. Nuestro vestuario de 1920 se anunciaba como el último grito. Algunas prendas aún llevaban los nombres de los personajes y el número de escena cosido en el forro. Todo había terminado. Estábamos en la ruina, destrozados. Tan en la ruina que no podíamos permitirnos sentarnos a respirar. Estuvimos meses sin respirar, Pradip y yo. Fusionados en la pena. Era algo más intenso que el amor.

Un productor que había oído hablar de *Bargad* y presenciado su defunción desde fuera me citó en su casa. Era una de las muchas personas que intentaron intervenir, comprar los derechos y ayudarnos a reanudar la producción. Era muy consciente de nuestra situación económica. Me ofreció empleo a cambio de un sueldo mensual miserable.

—Escribe lo que quieras —dijo—. Pero todo lo que escribas será mío.

Le contesté con un giro estupendo que aprendí de la gente de Pachmarhi durante el rodaje de *Massey Sahib*. Una forma de autoinsulto inteligente. (Mi hindi mejoraba en proporción inversa al declive de mi malayalam, que no hablaba desde hacía años).

—*Mere maathe pe chutiya likha hai kya?* —«¿Llevo "gilipollas" escrito en la frente?».

Le hizo gracia y no se enfadó.

—Crees que eres especial. Puede que lo seas o puede que no. Pero deja que te diga esto por escrito: nunca tendrás dinero. Siempre necesitarás a alguien como yo para espantar al lobo de tu puerta.

No sabía que yo me relacionaba con esos lobos desde que tenía diecisiete años. Pero era cierto, se estaban acercando. Necesitábamos hacer algo. Y deprisa.

En el que Annie la monta

Doordarshan tenía un jefe nuevo, un burócrata que estaba sacudiendo el viejo orden. Había empezado a financiar películas modestas, de bajo presupuesto, creaciones de jóvenes directores que se emitían el sábado por la noche en horario de máxima audiencia. Eran trabajos que no tenían el glamour y la emoción del cine en pantalla grande, pero Doordarshan era por aquel entonces la única cadena de televisión del país, y cualquiera de las películas que emitiesen en su programación contaba con un público cautivo de millones de personas. Solicitamos una reunión con el nuevo jefe. Duró solo unos minutos. Se limitó a decir: «Traedme un guion. Si es bueno, lo financiaremos».

Jugamos con varias ideas, y luego le pregunté a Pradip si confiaría en mí para que escribiera algo sin discutirlo demasiado. Aceptó.

Me retiré a mi habitación de Malcha Marg, con su cocina de parabrisas de jeep. Salí de allí tres semanas más tarde.

Mi guion hablaba de la vida en la Escuela de Arquitectura: de la locura y la anarquía de aquel campus, los alumnos borrachos y colocados y del dialecto que hablábamos: una original mezcla de hindi e inglés. Estaba ambientado en 1974.

Lo titulamos *En el que Annie la monta.* En la jerga universitaria de Delhi, algo así como «liarla parda».

Si *Bargad* era una procesión solemne, llena de pompa y espectáculo, *Annie* era el bufón de corte que la seguía en un carro cochambroso. *Annie* fue para mí como estar en casa. Por fin nadaba en aguas familiares. Por fin aprendía a dar mis brazadas.

Annie, el protagonista, era un hombre, Annad Grover, Annie para los amigos. Era grandullón, caótico y repetidor de quinto curso por cuarta vez, por culpa de una bronca que había tenido con el jefe del departamento, Y. D. Billimoria, un caballero parsi, rencoroso y mordaz, a quien los estudiantes apodaban Yamdoot, «mensajero del dios de la muerte».

No había héroes en el guion. Todo el mundo estaba más o menos pirado. Unos abiertamente, otros de tapadillo.

Pradip estaba muy ilusionado, pero los dos sabíamos que era poco realista esperar que Doordarshan financiara un guion tan excéntrico y particular. Por precaución, cuando fuimos a presentar el guion llevamos también otros esbozos de ideas algo más sobrias, aunque a mí no me entusiasmaba ninguno. Resultó que nos equivocamos. Al nuevo jefe le encantó *Annie*. Nos asignó un presupuesto mínimo, seguramente una fracción de lo que costaría el tráiler de una película hindi comercial. Para nosotros era suficiente: justo lo que se merecían los zarrapastrosos personajes del guion. Un gran presupuesto los habría destrozado. Nos pusimos en marcha.

Mientras nos preparábamos para el rodaje, utilizamos la casa de Pradip como taller de actores además de oficina de producción. Ya no se parecía ni remotamente al piso elegante que era cuando yo lo vi por primera vez. Hasta los perros y las niñas se portaban ahora peor que entonces y se sumaban al jaleo. Fabricamos estanterías y muebles con clavos y trozos de cartón y contrachapado. Yo les daba a las niñas pinceles y pinturas para que hicieran lo que quisieran. A *nuestras* niñas. Sí. Esto ocurrió de la manera más natural, como el clima. Quizá como reacción a la frialdad con que me trataba la señora Roy, mi relación con las niñas era muy física: nos portábamos más como perros que como seres humanos. Yo les dejaba que me atacaran, me lamieran, me mordieran. A veces nos tumbábamos todos juntos en la cama, enredados de brazos y piernas, entre gritos y carcajadas en aumento. Ellas bajaban por la trampilla cuando querían, se movían libremente entre la cultura pija del bridge y el té de casa de sus abuelos y la anarquía de la nuestra.

Casi sin pararme a pensarlo dejé mi habitación en Malcha Marg, junto al miedo a la dependencia económica y todas mis demás cautelas absurdas.

Golak alquiló mi habitación cuando la vacié. Era, peligrosamente, el encargado del maquillaje y la peluquería. Heredó mi frigorífico, pero el parabrisas del jeep se mudó conmigo. En vez de una cocina se convirtió en mesita baja, apoyada en cuatro falsos cubos de Rubik. Sanjay ya se había casado para entonces y se dedicaba al cine documental en exclusiva. Casi no nos veíamos, pero eso no cambió la naturaleza de nuestra amistad. Carlo tenía un trabajo bien remunerado en el Centro Cultural Italiano. Yo lo echaba de menos. Cuando le conté que me había ido a vivir con Pradip, se rio.

—Arundhatina, dile que se ande con cuidado.

—¿Por qué?

—Porque contigo un hombre está en peligro de volverse loco. Puede acabar andando desnudo por el andén de la estación con los calzoncillos en la cabeza. Pregúntamelo a mí. Lo sé.

Me dejó algo desconcertada. No era esa la impresión que yo tenía de mí.

Rodamos la película en la Escuela de Arquitectura aprovechando las vacaciones de verano. El papel de Annie lo interpretaba Arjun Raina, íntimo amigo nuestro desde que trabajamos juntos en *Bargad.* Pensaba en él mientras escribía el papel. Todos los demás personajes los interpretaron actores jóvenes, menos el de Yamdoot, el jefe de departamento, que era Roshan Seth, famoso por su papel de Nehru en el *Gandhi* de Richard Attenborough. Yo interpreté a una alumna que se llamaba Radha (hice realidad una antigua fantasía absurda, vistiéndola con un sari rojo y un sombrero de fieltro, en la escena en la que defiende su tesis ante el tribunal).

Pradip supo captar con toda exactitud en el rodaje de *Annie* el estilo informal y cutre que yo había imaginado. No recuerdo que hubiera entre nosotros ninguna diferencia o discrepancia. Éramos como músicos que improvisan una misma canción. Todo fue como la seda, salvo porque Golak, que había conocido a una chica y descubierto algo tarde los placeres del sexo, llegaba al rodaje despistado y con un chupetón nuevo a diario. Por despiste, le hizo a Annie un corte de pelo tan radical que nos obligó a repetir varias escenas, buscar una peluca para otras y ajustar la iluminación y el encuadre de manera que el corte de pelo post-sexo se notara lo menos posible.

Hicimos un primer pase privado en Max Mueller Bhavan, el centro cultural alemán de Delhi. Los estudiantes abarrotaron la sala y se sentaron en el suelo. Yo estaba apretujada con ellos en la oscuridad. En cuestión de unos minutos el público empezó a gritar, a partirse de risa y a aullar como lobos, y no paró hasta el final de la película. Se reconocían en los personajes, reconocían su lenguaje, su ropa, sus chistes, sus tonterías, y les encantaba ver que se consideraban cosas dignas del cine. Yo estaba deslumbrada. Emocionada.

Corrió la voz no sé cómo, incluso en esa época anterior a los teléfonos móviles, y antes de que el pase hubiera terminado había en la puerta otros cientos de estudiantes que exigían ver la película. Quien estuviera ese día a cargo de la sala del Max Mueller Bhavan nos dejó hacer un segundo pase de la película tranquilamente.

Annie fue seleccionada para la sección Panorama del Festival de Cine Internacional. En el pase oficial, Derek Malcolm, crítico de cine en *The Guardian*, que no estaba en absoluto impresionado, se volvió hacia mí y me dijo:

—Vais a tener que cambiar el título porque «la monta» no significa nada en inglés.

Decidimos incluir eso en el folleto publicitario:

> «Vais a tener que cambiar el título porque "la monta" no significa nada en inglés».
>
> *Derek Malcolm, al despertarse de repente durante la proyección de la película.*

«Bueno, señor Malcolm, es evidente que en Inglaterra ustedes ya no hablan inglés».

Arundhati Roy, más tarde, lamentando que no se le hubiera ocurrido antes.

La película nunca pretendió ser nada más que cine divertido y marginal. Pero cuando por fin se emitió en Doordarshan tuvo una audiencia de millones de espectadores, cosa que habría sido imposible en otras circunstancias para un film como *Annie*. Nadie se quedó más de piedra que Pradip y yo cuando ganó dos Premios Nacionales: uno a Mejor Guion y otro, mi premio favorito de todos los tiempos, a «Mejor Película en otros idiomas que no sean los especificados en el Título VIII de la Constitución India». Un premio muy *Annie*.

La ceremonia de los Premios Nacionales era un acto serio y glamuroso. Asistieron a ella actores, actrices, directores y técnicos del mundillo del cine comercial de Bombay, ataviados con sus más exquisitas galas. Los premios los entregaba el presidente de la India, un señor mayor y muy respetable, del sur del país: R. Venkataraman. Cuando subí a recoger el mío, uno de los burócratas que estaban en la tribuna ardió en cólera al ver cómo iba vestida (con mi ropa de todos los días) y dijo: «A partir del año que viene se impondrá un código de etiqueta».

Le dije que por mí estupendo, porque yo no estaría allí el año que viene. La prensa, apiñada en el foso de la orquesta, pensó por error que esto había sido un diálogo entre el presidente y yo. Se agolparon a mi alrededor cuando bajé del escenario para saber qué había dicho el presidente.

Les conté que me había susurrado al oído: «¡Tú tranquila, nena!».

Me fijé en la mención que hacía el jurado del guion para otorgarle el premio: «Por describir el sufrimiento de los estudiantes». Pensé por un momento que había algún error, que me estaba llevando el premio de otra persona, porque el sufrimiento no merecía en *Annie* siquiera un cameo. No era un error, claro, solo una valoración, porque, en lo que entonces se conocía como el Nuevo Cine, el sufrimiento brillaba por su ausencia. Y bien que así fuera. Se estaban haciendo películas estupendas de cine político, sobre la situación del país, la violencia contra las mujeres y el feudalismo, de las que por lo visto no había forma de librarse. Pero *Annie* no se parecía en nada a ellas. Mi confianza en mi talento de escritora no era ni mucho menos suficiente para abordar asuntos de semejante magnitud.

El Premio Nacional fue una venganza dulce. Nadie volvería a sugerirme que escribiera guiones y les cediera el mérito a otros. Nadie volvería a referirse a mí como la colaboradora, secretaria o ayudante de Pradip. Eso era agua pasada. Menos para algunas personas en Kerala.

Los medios de comunicación de Kerala no pasaron por alto la noticia de que la desaparecida hija de la señora Roy había ganado un premio importante. Un periodista de una revista malayali vino a verme a Delhi. Al parecer había investigado mi vida y se sabía con pelos y señales todo lo que Micky Roy, el Hijo del Boxeador, podría haber llamado mis «hazañas». Me preguntó por mi infancia en Kerala, en una comunidad conservadora como eran los cristianos sirios. Le contesté que mi estrategia había sido hacer exactamente lo que quería y dejar que todo el mundo se enterase para disfrutar con las habladurías. Me preguntó por mi «matrimonio» con JC.

—¿Cómo le permitió que se marchara?

Le pedí que reformulara la pregunta, si no tenía inconveniente. Podía preguntarme si JC me había roto el corazón o si yo se lo había roto a él, pero *permitir* no era la mejor palabra para dirigirse a mí.

Sacaron en la portada de la revista una foto mía, con un sombrero adornado con un precioso alfiler de latón. El pie de foto decía algo así como: «Por favor, no vuelva a pronunciar la palabra *permitir* en mi presencia».

Kerala sabía ser así de genial. A veces.

Y a veces no.

Al hablar en público de mi vida y mi relación con Pradip, supongo que instintivamente —como la señora Roy en cierta ocasión— estaba allanando el terreno para algo. No estoy segura de para qué. La libertad, quizá.

Fue duro para ella. Como madre, y como directora de un colegio de Kottayam, la señora Roy había tenido que vérselas con una realidad del todo distinta de la mía en Delhi. Lo que yo hacía, mi modo de vida, las cosas que decía, a ella la afectaban. Pero yo tenía que librar mis propias batallas. No podía acomodar mi vida a la moral y las costumbres de una comunidad que nunca me había aceptado. Y aunque me hubiera aceptado, me gustaba pensar que habría hecho justo lo mismo. Curiosamente, eso quizá habría sido más difícil.

Cuando volví a ver a la señora Roy, me presentó una lista pormenorizada de los reproches y los insultos de familiares y amigos que había tenido que soportar por mi culpa. Yo llevaba tanto tiempo fuera de casa, y había tratado desde entonces tan poco con la familia extensa, que tuvo que explicarme de quién me hablaba y cuál era la relación exacta entre nosotras y la brigada de los insultos.

X dijo: «De todos modos, ningún cristiano sirio de buena familia se casaría con ella».

Y dijo: «Asúmelo, Mary, tu hija es la querida de ese hombre».

Z me llamó mantenida: «En el fondo solo es una mantenida».

Encantador.

Blasfemia

La señora Roy quería hacer una función escolar de *Jesucristo Superstar*, la ópera rock de Andrew Lloyd Webber y Tim Rice. Invitó al joven actor de teatro que interpretaba a Mankind, un personaje de *Annie* —un estudiante irreverente y algo cruel que mata y se come a los pollos que Annie tiene de mascota en su habitación de la residencia de estudiantes— para hacer un taller con los alumnos y dirigir el espectáculo. Es imposible exagerar hasta qué punto fue liberadora esa ópera para quienes nos criamos en aquel sofocante entorno cristiano devoto. Yo era una adolescente cuando la oí por primera vez. Me sé todas las canciones.

Los alumnos llevaban más de dos meses ensayando cuando *Superstar* se vio en el centro de una tormenta política. Yo no estaba en Kottayam y me enteré de todo más tarde por la señora Roy.

Me contó que el nuevo recaudador del distrito de Kottayam —Dios en una ciudad pequeña— le había escrito una carta en la que más o menos le ordenaba que admitiese a dos alumnos en su colegio. Ella no contestó personalmente, pero la secretaría del colegio informó a este señor de que sus candidatos eran bienvenidos a presentarse al examen de admisión como todos los demás. Se presentaron, pero no lo hicieron bien y no fueron admitidos.

El recaudador, frustrado y furioso, cayó en la cuenta entonces de sus obligaciones divinas. Prohibió la representación de *Jesucristo Superstar* en Kottayam, con el argumento de que podía derivar en problemas de orden público, por tratarse de una obra blasfema y ofensiva para los «sentimientos cristianos». Acusó a la señora Roy de ser una mujer «que hace gala de su desprecio por la humanidad y lo vende bajo la falsa apariencia de arte» y también de «perpetuar el odio en mentes inocentes». Lo decía como si ella misma hubiese escrito la ópera.

Faltaban apenas unas horas para el estreno, los niños ya estaban vestidos y el colegio vibraba de emoción cuando la maldad adulta vino a cargárselo todo.

Los alumnos estaban destrozados. Todos, hasta los más pequeños, tenían su papel en la función. Ya habían rodado un vídeo en los terrenos del colegio. Saquearon los armarios de la señora Roy buscando atuendos para el espectáculo. Los fariseos lucían los caftanes más extravagantes y los apóstoles los más humildes. Las multitudes seguían a Jesús a todas partes, abriéndose camino entre las aulas de Laurie Baker, agitando hojas de palma y cantando: «¡Oh, Jesús, Jesús, muéstrame tu luz!». Un enjambre de pequeños actores ceceantes, que interpretaban papeles secundarios —el arresto en Jerusalén, por ejemplo—, salían de debajo de los cocoteros y arengaban a Cristo todo el camino hasta la curva en herradura que llevaba al cobertizo del parvulario:

Dime, Cristo, ¿qué vas a hacer?
¿Piensas luchar por el poder?
Estás solo y tienes temor.
¿Cuál ha sido tu gran error?

Los alumnos que interpretaban a Jesús, Judas, Herodes y María Magdalena eran magníficos cantantes. La orquesta y el coro eran sobresalientes.

Todos fueron aplastados por el ego mezquino de un burócrata malintencionado.

El recaudador del distrito sabía exactamente en qué aguas navegaba. Corría el año 1990. El mundo estaba cambiando. El Muro de Berlín había caído. La Unión Soviética pronto dejaría de existir. No solo India, todo el subcontinente asiático vivía tiempos convulsos. El «sentimiento religioso» era en aquel entonces el viento que hinchaba todas las velas.

Los muyaidines gobernaban en Afganistán con el apoyo de Estados Unidos. Pakistán se había radicalizado bajo la dictadura del general Zia y de la CIA, y la lucha por la autodeterminación de Cachemira ya era un conflicto armado de corte islamista. La India «laica» había perdido sus amarras. Dos años antes, en deferencia a los «sentimientos musulmanes», el Congreso decidió prohibir *Los versos satánicos*, la novela de Salman Rushdie, y revocó un dictamen progresista del Tribunal Supremo que reconocía a las mujeres musulmanas divorciadas el derecho a recibir una pensión alimenticia. Luego, en deferencia a los «sentimientos hindúes», ordenó que se abrieran los cerrojos de Babri Masjid, una disputada mezquita del siglo XVI que, según aseguraban los hindúes, se había construido en el lugar de nacimiento de Rama. En 1990, justo cuando el recaudador de Kottayam intentaba desatar una tormenta en la ciudad con su insignificante y ridículo «sentimiento cristiano», Lal Krishna Advani, el mandarín del partido nacionalista hindú de extrema derecha Bharatiya Janata (BJP), encabezaba una delirante procesión por el país para exigir la demolición de Babri Masjid y la construcción de un templo hindú en su lugar. Él llamó a este movimiento Rath Yatra, «peregrinaje en carro». Su carro era un minibús Toyota, con aire acondicionado y el símbolo del partido mal pegado en la parte delantera: una endeble flor de loto de chapa de madera. No había nada mal pegado ni endeble en el delirio bestial, los disturbios, los atentados con bombas a modo de represalia y los miles de muertos que el Rath Yatra dejaba a su paso.

Para fortalecer su causa contra *Jesucristo Superstar*, el recaudador del distrito recabó el apoyo de algunos sacerdotes y obispos cristianos sirios. Tres mil personas firmaron una petición en contra de la obra. Decían que la canción de María Magdalena «No sé cómo amarlo» insinuaba una relación sexual entre ella y Jesús. Hubo marchas, amenazas y la acostumbrada espiral de locura sin control que se desencadena en este tipo de situaciones forzadas. Hubo llamamientos a «encadenar al elefante salvaje» (la señora Roy) y amenazas de derramamiento de sangre si persistía en sus intenciones de ofrecer la representación. Los cimientos de la ira inventada de este grupo de personas en particular se reforzaron con la rabieta encubierta por la derogación de la Ley de Sucesión Cristiana de Travancore y la amorfa hostilidad que les inspiraba una mujer que no aceptaba órdenes.

La señora Roy se negó a recular y acudió a los tribunales. ¿Cómo era posible, preguntó, que una función escolar, una obra que llevaban meses ensayando, sin quejas por parte de nadie, una obra que se había escenificado ante los cristianos del mundo entero, de buenas a primeras se convirtiera en blasfemia y problema de orden público en Kottayam? ¿Quién era el recaudador para determinar si algo era o no era blasfemia? La señora Roy tenía una cinta de vídeo con la que demostrar que nadie se había ofendido en el ensayo general de la función. No hubo quejas de las familias ni malestar en la ciudad.

Una patrulla de policía registró el colegio para confiscar la cinta de vídeo: la prueba fehaciente de que el recaudador, que únicamente tenía derecho a prohibir algo si anticipaba problemas de orden público, estaba diciendo tonterías. Alguien de la oficina del recaudador tuvo la gentileza de avisar a la señora Roy con antelación de que iba a practicarse el registro, de modo que pudieran sacar la cinta del colegio y guardarla a buen recaudo. La señora Roy consiguió la libertad bajo fianza anticipada. Enmarcó la orden judicial y la colgó de la pared de su despacho. Mientras la policía registraba su casa y su colegio, ella se quedó sentada a la mesa, cortándose las uñas. La cinta que encontraron y confiscaron con aire triunfal resultó estar en blanco.

A pesar de todo, el recaudador se salió con la suya. La función no se representó. Los alumnos estaban desconsolados. El caso tardó años en llegar al Tribunal Supremo. Una vez más, el tribunal le dio la razón a ella. Una vez más, la señora Roy ganó el juicio. Una nueva generación de alumnos escenificó por fin en el colegio *Jesucristo Superstar*.

No hubo ningún problema de alteración del orden público.

Tristemente, el escándalo religioso inducido por el recaudador de Kottayam tuvo un final más feliz que el de otros conflictos de igual índole que sacudían el país a gran escala. Fue imposible devolver a su botella al espíritu sanguinario al que Advani liberó para emprender el Rath Yatra. Seguiría campando a sus anchas hasta volver la India irreconocible.

Ese recaudador de Kottayam, pese a ser cristiano, abandonó el servicio público y se sumó al BJP. Al parecer no veía ofensa alguna a los sentimientos cristianos en la quema de iglesias, el asesinato de misioneros y la destrucción de estatuas de Cristo a manos de los «vigilantes» de la extrema derecha hindú, a quienes se permitió actuar con total impunidad una vez que el BJP se impuso en el Congreso y llegó al poder.

A veces pienso en enviarle una copia de *El jardín de los Finzi-Contini*, de Giorgio Bassani. Para que pueda leer qué le ocurrió en la ciudad italiana de Ferrara a una familia de la élite judía convencida de que su salvación pasaba por afiliarse al Partido Nazi.

«No estás dejando a la India en buen lugar»

No pude ir a Kottayam mientras mi madre se enfrentaba al recaudador y a su camarilla de fanáticos religiosos, porque Pradip y yo estábamos inmersos en la preproducción de nuestra siguiente película. *Electric Moon* se hizo con financiación de Channel Four, una cadena de televisión británica.

La película hablaba del fin de una era, de la muerte de una vieja élite y el nacimiento de una nueva. Una familia real india algo espuria (aunque no del todo), integrada por dos hermanos y una hermana, todos ellos mayores, dirigen un hotel en la selva —el Machan—, en la linde de un parque nacional, donde venden clichés a los turistas blancos que visitan la India en busca de tigres, templos, marajás y vistas de la exótica miseria oriental desde un lugar seguro. El mayor de los hermanos, Raja Ran Bikram Singh —Burbujas—, se presenta a los huéspedes como aguerrido naturalista, rastreador sin par, hombre salvaje y príncipe. Triunfa entre las turistas.

El parque, arrasado por la caza furtiva y el contrabando maderero, se ha quedado casi sin animales, por lo que una parte de los servicios del Machan consiste en la instalación de animales mecánicos en puntos estratégicos, acompañada de grabaciones de gritos de animales y pájaros, para que el escenario de los safaris en elefante parezca rebosar de oculta fauna salvaje.

Con la confianza que les confiere su sangre azul y su acento británico, la familia de hosteleros está acostumbrada a romper las normas, salirse con la suya y tratar el parque nacional como si fuera su cortijo. Su empresa se viene abajo cuando nombran un nuevo director del parque, un hombre de clase media, burócrata, hindihablante, inteligente, corrupto (conchabado con la mafia maderera), implacable y hostil a la descarada sensación de superioridad de la familia. Les pone todo tipo de trabas burocráticas y les deniega el permiso para que los turistas entren en el parque nacional, hasta que poco a poco consigue que el funcionamiento del Machan sea imposible.

Electric Moon tiene algo de sátira cruel. La escribí con la cabeza, no con el corazón. No puse en ella ni una pizca del amor que puse en *Annie*. La película no despertaba ningún amor. No había en ella un solo personaje que cayera bien. Nadie buscaba el afecto del público. Un error, tal vez.

Al tratarse de una «producción extranjera», necesitábamos que el guion recibiera el visto bueno de diversas instancias oficiales para que nos concedieran el permiso de rodaje. Cada burócrata se empeñaba en que suprimiéramos algunos diálogos, incluso una escena completa, porque «no dejaba a la India en buen lugar». Oí esta frase tantas veces en la fase previa al rodaje que me entraban ganas de ladrar, trinar, bramar o mugir.

Los burócratas se ensañaban con las cosas más tontas e inocentes. Por ejemplo, le ponían pegas a una escena en la que un turista francés algo irreverente se pone a mojar la samosa en una salsa de cilantro verde brillante, le sonríe al otro comensal y le dice, en un inglés con mucho acento francés: «¿Sabes? En la India, mi mierda tiene un color diferente cada día».

Esta fue una de tantas pegas.

Aceptamos los cortes y luego, con la idea de que nadie iba a cotejar nada, los incorporamos casi todos en el rodaje. Confiábamos en nuestra irrelevancia absoluta.

Elegimos rodar *Electric Moon* en Pachmarhi, en el mismo escenario que *Massey Sahib*. Yo me encargué de diseñar el hotel y Golak de supervisar la construcción.

Enseguida empezaron los retrasos. Retuvieron varios días en Bhopal a los camiones que transportaban los materiales de construcción, porque el Rath Yatra de L. K. Advani estaba pasando por allí y la ciudad estaba poco menos que cerrada a cal y canto. Ver aquel carnaval de odio manifiesto serpentear por las calles era toda una advertencia. Estaba claro que la mecha del Rath Yatra era larga y había prendido. La detonación se produciría dos años más tarde, el 6 de diciembre de 1992, cuando una turba violenta de vigilantes hindúes asaltó la mezquita de Babri Masjid y la redujo literalmente a polvo.

¿Cómo iba yo a explicarles a los americanos y británicos del equipo, que no paraban de protestar, que mis camiones estaban retenidos y el plan de rodaje se había aplazado por esta acometida del fascismo?

El rodaje en sí, que duró varias semanas, fue una de las experiencias más desagradables de mi vida. La descripción más amable de lo que ocurrió sería un choque de culturas laborales. La menos amable sería el racismo a cara descubierta. Los operadores de cámara, lo mismo que los técnicos de sonido y los maquilladores, eran del Reino Unido. Había actores americanos, británicos y franceses. A diferencia de la racha de películas del Raj de los últimos años —*Gandhi*, *Pasaje a la India*, *La joya de la corona*, *Pabellones lejanos*—, en las que los directores, productores y técnicos más veteranos eran blancos y los más jóvenes eran indios, en *Electric Moon* se daba la situación inversa. Los jefes éramos nosotros. La cosa no salió bien. Cierto que no era un rodaje fácil. La logística fue una pesadilla, por lo lejos que estábamos de todas partes. Nos asaltaban problemas nuevos prácticamente cada hora. El presupuesto no alcanzaba para compensar con hoteles de lujo, un buen catering o frecuentes días libres los conflictos que estallaban con una regularidad desquiciante. Al final, la civilización destruyó la selva. El espíritu indomable del guion se escapó de las páginas para perseguirnos en los escenarios del rodaje. La gente blanca del equipo se convirtió en el truculento grupo de turistas del hotel de la selva, descontentos con el servicio que les ofrecían. Nosotros nos convertimos en los irreverentes empleados que cumplíamos con nuestra obligación pero nos burlábamos de ellos a sus espaldas. De un modo u otro logramos sortear la situación y terminar el trabajo.

Esta vez, a diferencia de *Annie*, Pradip y yo no teníamos la misma visión de la película, no la imaginábamos igual. Él tenía una actitud amable, imperturbable y realista con los actores y la puesta en escena. Limaba las partes más salvajes del guion y alguna que otra vulgaridad. Yo, en cambio, veía la necesidad de realzar la historia, de levantarla un centímetro del suelo. Quería darle un toque surrealista, estridente y cruel.

Electric Moon se estrenó, con buenas críticas, en cines de arte y ensayo de Londres y Nueva York. En el diario *The Guardian,* un crítico nos comparaba a Pradip y a mí con Powell y Pressburger, el famoso tándem de guionistas-directores-productores. Simulábamos enfrentamientos en los que ambos nos empeñábamos en ser Powell. O Pressburger. Fingíamos tan bien que a veces nuestros amigos caían en la trampa e intentaban reconciliarnos.

A pesar de las buenas críticas, la película no funcionó para nada y desapareció de la cartelera en cuestión de unos días. En la India, más allá de unos pocos pases privados, no se exhibió en ninguna parte. La señora Roy nunca llegó a verla. Como sobrina de G. Isaac, instruida en el arte del fracaso, no me hundí por lo que solo cabía considerar un fiasco de taquilla. A pesar de todo, a nuestro editor de Channel Four le gustó bastante, y estaba dispuesto a financiar otro proyecto.

Pero la experiencia de *Electric Moon* me había alterado. Con el ánimo de entender por qué todo salió mal, decidí escribir una crónica. Para mí misma. Pradip y yo acabábamos de comprar nuestro primer ordenador. Mi peludo coguionista, Kuthujee, había muerto justo antes del rodaje, y Bowjee, su gruñona compañera de toda la vida, también murió mientras estábamos en Pachmarhi. Teníamos dos cachorros nuevos: Kuttappen Patti y Chhutkoo Mal, pero eran demasiado jóvenes para ser coguionistas. Su capacidad de atención era inferior a tres segundos. Así que esta vez escribí sola, sin ayuda canina.

El resultado fue un largo artículo que titulé «En buen lugar».

Tenía una copia impresa del texto en la mesita de parabrisas de jeep cuando el editor del *Sunday*, un semanario muy famoso, vino a casa. No lo conocíamos. Pasó a recoger a una amiga nuestra a la que había invitado a comer. La casa seguía siendo un caos, como una residencia de estudiantes, con gente dormida o trabajando en todos los rincones disponibles. Si me paro a pensarlo, teniendo en cuenta cómo me había criado en la casa-hostal de Kottayam, quizá no supiera vivir de otro modo. Había transformado una casa elegante en un tugurio.

Mientras esperaba a que mi amiga se preparase, el editor empezó a leer «En buen lugar». Por fin levantó la vista y preguntó: «¿Quién ha escrito esto?».

Levanté la mano, como una alumna en clase, sin saber a qué atenerme. Me preguntó si podía publicarlo. Prometió no cortar ni editar nada sin mi consentimiento. Y fue de esta manera tan fortuita como se publicó mi primer artículo. (En una revista de verdad, no en un boletín interno). Estábamos en 1992. Yo tenía treinta y dos años.

El editor quedó encantado con la acogida del artículo. Llamó para decirme que sopesaría publicar cualquier cosa que escribiera.

La banda se separa

Las niñas estaban en un internado de Dehradun, a unas horas en coche de Delhi. El internado lo eligió su abuela, que había estudiado en un selecto colegio suizo. No tuvimos mucho que decir, porque eran los padres de Pradip quienes pagaban la matrícula (nosotros no podíamos de ninguna manera) además de ocuparse de las niñas cuando nos íbamos de rodaje. Este régimen de autoridad dual, con su sistema de valores dual —abajo, la élite del cuerpo diplomático; arriba, los vagabundos—, debía de ser algo confuso para ellas. A pesar de lo mucho que yo las quería, siempre delegaba las decisiones en la madre de Pradip, porque no me sentía con derecho a actuar de otro modo. Yo no era nada más que una hoja que había entrado por la ventana, arrastrada por una brisa fortuita. Así nunca hubo enfrentamientos entre nosotras.

Pradip y yo íbamos en el coche de su padre a Dehradun a ver a las niñas, aunque con menor frecuencia de lo que deberíamos, por nuestra agenda de trabajo. Nuestro modelo de crianza era deficiente y menos responsable de lo debido. (En mi defensa, mis únicos ejemplos eran Micky y Mary). En las dos últimas horas del viaje a Dehradun la carretera cruzaba un parque nacional. Guardo un recuerdo muy nítido de uno de esos viajes. Era una noche hermosa y clara. Adelantamos a un carro tirado por un búfalo, que llevaba un farol en la parte trasera como luz de cola. El conductor del carro iba tumbado, cantando a las estrellas, con plena confianza en que su búfalo sabría llevarlo a casa. Recuerdo que tuve celos de aquel hombre. Recuerdo que pensé que, por más que lucháramos, en la India ninguna mujer de ninguna religión, clase, casta o ideología tendría alguna vez la seguridad suficiente para cantar a las estrellas en una carretera solitaria mientras su búfalo la llevaba a casa.

A raíz de la experiencia del rodaje de *Electric Moon*, yo era reacia a participar en otra película. Tenía ganas de trabajar sola, tener pleno control sobre lo que escribía. No me apetecía debatir con productores y actores, ni siquiera con mi queridísimo director y amante. Necesitaba alejarme del ruido y por una vez en la vida dejar de correr. Estaba harta del pensamiento colaborativo. Quería pensar sola. Quería saber qué pensaba cuando pensaba sola. Este deseo surgía de la nada y era imperioso. Como el hambre. Como el sueño. Como el sexo. Quizá tuviera una explicación muy vulgar. Channel Four me pagaba por mis guiones en libras, lo que se traducía en muchas rupias. Podía comprar tiempo. Por una vez en la vida podía descansar. Y eso hice.

Todo aquello de lo que había huido me perseguía. Ayemenem y todos sus personajes se agolpaban en mi cerebro. Los cosmopolitas formaban en fila para participar en una ronda de identificación. La señora Roy descollaba por encima de todos. Los amigos con quienes pescaba y jugaba en las orillas del río cuando era pequeña volvieron para retarme a ir a nadar con ellos. El Meenachil, mi lento río verde con corrientes traicioneras, tanto metafóricas como literales, apareció y me dijo: «¿Puedes decir qué están pensando los peces? ¿O explicar qué hace la luna flotando por aquí de noche, cuando debería estar en el cielo? ¿Puedes describir el ruido de los remos de los barqueros?». Y contesté: «Sí. Sin duda alguna, puedo. Te veo con absoluta claridad, te siento muy cerca, como si nunca me hubiera ido de allí». Mi polilla fría preguntó si podía salir en el libro. Le dije que por supuestísimo que sí.

Como una semilla que llevara muchos años guardada en un cajón y hubiera caído de repente en suelo fértil, empecé a notar los primeros movimientos de la germinación. No hubo nada dulce en el proceso. Encerrada en mi estrecha envoltura, notaba la sacudida de un viento con la fuerza de una galerna.

Supe entonces que había dado caza a mi animal-lenguaje. Lo había destripado y me había bebido su sangre de tinta. Sabía que si era capaz de describir mi río, si era capaz de describir la lluvia, si era capaz de describir la sensación de tal modo que otros pudieran ver, oler, tocar todo ese mundo, entonces podría considerarme escritora. Mi primer acto literario sería un pacto personal entre el río Meenachil y yo. Quería intentar escribir lo contrario de un guion. Un libro empecinadamente visual pero imposible de llevar al cine. Aun cuando no existiera nada semejante, yo quería intentarlo.

Antes que nada tenía que contárselo a Pradip. Él y yo éramos una banda. ¿Cómo decirle, de la noche a la mañana, que ya no me apetecía seguir tocando? Pero no me quedaba otro remedio. Porque no *podía* seguir tocando. Todos esos personajes de Ayemenem no me lo permitían. No tenía elección. Cuando se lo dije, se alteró mucho, casi llegó a enfadarse. Naturalmente. Me convenció de la necesidad de hacer al menos una última película antes de dar el salto desde el acantilado. Aunque solo fuera por motivos prácticos (dinero). Tenía razón. Si nuestras películas eran marginales en un ambiente marginal, un libro, una novela sería prácticamente invisible, inexistente. No se trataba de que la situación empeorase, sino de que nos veríamos en caída libre.

Medio indignada, escribí el esbozo de otro guion y lo envié a Channel Four. Ni siquiera recuerdo de qué iba. Nos lo encargaron y me pagaron un pequeño anticipo. Curiosamente ese anticipo en inglés se llama *seed money*, «dinero-semilla». Cuando hubiera escrito el guion y tuviéramos un presupuesto, se comprometían a financiar el proyecto. Pero cada vez que me sentaba a escribir acababa escribiendo otra cosa, no aquella para la que me habían pagado. Era desesperante.

En esa época tan confusa, el padre de Pradip cayó enfermo. En un principio le diagnosticaron tuberculosis pero luego resultó ser leucemia. Tenía poco más de ochenta años. Pradip lo dejó todo para cuidar de él. Ya cerca del final nos turnábamos para pasar la noche con él en el hospital. Dos noches antes de morir, el padre de Pradip me pidió que me acercara a su cama.

—Quiero ver vuestros nombres escritos en las estrellas.

No sé por qué me dijo eso. Era muy impropio de él, un hombre tan digno y reservado. Me quedé abrumada. Le di un beso en la frente fría y volví a mi cama de acompañante. Supe que se acercaba su hora. Las niñas tenían doce y dieciséis años. Su abuelo era quien las había protegido y aislado del trauma de la muerte de su madre. Ellas lo querían más que a nadie. Perderlo sería para ambas como perder a otro progenitor.

El padre de Pradip murió plácidamente dos días después. Su mujer, unos años mayor que él, se hizo añicos. Cuando se acercaba la fecha de su aniversario de boda, que era el día de Nochevieja, cayó en una depresión profunda. No podía dejar de llorar. Ese día se había celebrado en su casa durante más de cincuenta años. (En mi calendario estaba señalado como el día del aborto sin anestesia, el acoso de la turba en la parada de autobús de Pipariya y la farsa policial del secuestro). Pensamos que la madre de Pradip se animaría si nos casábamos el día de Nochevieja para continuar la tradición. Fue una decisión tomada al calor del momento. Corta de miras por mi parte. ¿Por qué arriesgarnos a estropear una relación tan bonita casándonos? Pero eso hicimos.

Esta vez no fue la boda entre un paquete japonés y Cristo. El matrimonio se inscribió oficialmente en el registro civil. La señora Roy vino a la ceremonia. También vinieron mi hermano y su mujer, con su radiante hija de tres años. LKC se había mudado de Madrás a Cochín, donde era vicepresidente de una empresa de marisco. La señora Roy y él habían llegado a una tregua. La mujer de mi hermano, a quien la señora Roy había despedido cuando se casaron, había vuelto a dar clase en el colegio. Irónicamente, ella también se llamaba Mary. Así que Lalith Roy estaba atrapado entre Mary Roy su madre y Mary Roy su mujer. Por si esto fuera poco, su hija, nacida el mismo día que mi madre, también se llamaba Maria Roy. Vi que LKC hacía todo cuanto estaba en su mano por ser el padre que nunca había tenido. Cuando miraba a la niña, se le iluminaban los ojos de asombro y felicidad.

En la boda, la señora Roy fue encantadora con las niñas, pero en privado me criticó. Creía que las estaba maleducando. Dijo que eran unas niñas mimadas y caprichosas, que nunca encontrarían buenos maridos. Era mi responsabilidad, señaló, encontrarles buenos maridos. Fue como si me quitaran la dentadura de un puñetazo, se me cayera al suelo, saltara por la ventana y fuera rebotando por la calle.

Nadie se tomó en serio nuestra boda. Ni siquiera el novio y la novia. Ni nuestras niñas. Ni los invitados.

Celebramos una fiesta tranquila en casa de la madre de Pradip. Se animó un poco. Sanjay estaba fuera, rodando, pero le escribió a Pradip una carta en hindi, haciéndose pasar por el padre de la novia. *Pradipji sambhalke rakhna isko. Bade mushkil se paal pos ke bada kiya maine...* «Cuida de ella, Pradip. Me ha costado mucho criarla...».

Una preciosidad absoluta.

En las páginas siguientes, quizá resulte confuso para los lectores que busquen declaraciones de amor, vida en pareja, matrimonio, divorcio, separación y amoríos convencionales entender cómo he vivido (y vivo) mi vida. A menudo ni yo misma lo entiendo. He dejado de intentarlo. Lo cierto es que desde la época en que conocí a Sanjay y a Pradip, los he querido a los dos. De maneras muy distintas. Nos hemos hecho muchísimo daño unos a otros y nos hemos reconciliado. Nos hemos protegido y apoyado mutuamente, y hemos trabajado juntos. Hemos sido los unos para los otros hermanos, padres, hijos, amigos, refugio: según quién necesitaba qué y cuándo. Estamos enredados y es imposible desenredarnos.

«La gran trampa de la violación india»

Estaba yo escribiendo Lo Que No Tendría Que Estar Escribiendo, lo que fingía no estar escribiendo, cuando nos invitaron a un pase de lo que se anunciaba como una película nueva sensacional.

La reina bandida, basada en la vida de la legendaria Phoolan Devi, era una producción de Channel Four. El editor y el productor habían trabajado con nosotros en *Electric Moon* y eran amigos nuestros. Yo era algo reacia a ver la película, que venía rodeada de comentarios inquietantes. Aunque la propia Phoolan Devi no lo hubiera dicho explícitamente, el mito de su personaje estaba fundado en que había sido víctima de una violación grupal, por parte de un grupo de hombres de una casta privilegiada de una banda rival, y se vengó matando a veintidós de ellos. Me preocupaba la idea de ver una película centrada en la violación.

Phoolan Devi acababa de salir de prisión hacía poco. Antes de que se rindiera, en 1983 (la noticia que yo leí cuando estaba en Italia), nadie la había visto nunca fuera de los barrancos del Chambal ni sabía cuál era su aspecto. Habían puesto precio a su cabeza y la policía llevaba años buscándola sin éxito. Era un mito muy esquivo. Un misterio. Y ahora, en 1994, tras cumplir diez años de condena, convertían su vida en una película. En la idea que otra persona tenía de ella. La mujer de carne y hueso, que aún era joven, no parecía interesarle demasiado a nadie.

Uno de los escritores más conocidos de la India, muy convencido de su autoridad en cuestión de mujeres y sexo, dijo públicamente que había tenido fantasías sexuales con Phoolan Devi y se había llevado un chasco monumental cuando la vio después de rendirse, porque era feísima, según él. Yo fantaseaba con colarme en casa de este escritor provista de un espejo y pedirle que se echase un vistazo a sí mismo.

En una entrevista, el director de *La reina bandida* contaba que se había encerrado en una habitación y se había imaginado que lo violaban. La violación, nos informó, no era solo la subyugación del cuerpo, sino también la subyugación del alma. Estaba clarísimo dónde quería poner el foco. En el pase al que me invitaron, el director presentó el largometraje diciendo: «Tuve que elegir entre la verdad y la belleza, y elegí la verdad, porque la verdad es pura». Me di cuenta de que estaba en presencia de un genio sin paliativos. Claro está, la película no empezaba con ninguna advertencia: «Esto es una historia real».

A lo largo de dos horas, la cámara se recreaba en escenas explícitas de violación por parte de diversos hombres y de distintas maneras, hasta que casi nos olvidábamos de quién era en realidad Phoolan Devi. La película conseguía convertir a la bandida más famosa de la India en la víctima de violación más famosa de la historia.

No me sorprendió que Phoolan Devi no estuviera invitada al pase. Pregunté por qué y me explicaron (confidencialmente) que era demasiado problemática. Vivía en un apartamento alquilado, a solo unos minutos andando del auditorio en el que nos habían invitado a ver, con ella ausente, cómo la violaban y volvían a violarla y volvían a violarla, mientras los creadores de la película se presentaban como destacados feministas de la India.

Volví a casa tan rabiosa que no podía estarme quieta. La raíz de mi ira llegaba hasta Kurussammal y el Star Theatre, donde iba a ver películas cuando vivía en Kottayam.

Al día siguiente, la prensa se hacía eco de unas declaraciones de Phoolan Devi, en las que esta protestaba airadamente contra la película y decía sentirse violada una vez más. Podía haber hecho lo contrario fácilmente: convertirse en una mascota y dejarse embriagar de adulación. Pero no quiso. La «gente bonita», encantada con la película, denunció a la verdadera Phoolan y la acusó de extorsionar a los cineastas. «No debemos olvidar —cuchicheaban entre sí— que al fin y al cabo esa mujer es una bandolera. Lo hace solo por dinero». Por encima de todo, aunque nadie lo decía, estaba el hecho de que Phoolan Devi era una *dalit*. Intocable. Subhumana. Buena para el arte y la teoría. Mala en la realidad. ¿Cómo se atreve a tener una opinión de su propia vida?

Decidí ir a ver a Phoolan Devi. Ese día reconocí en mí algo de la señora Roy.

La encontré acampada como una forajida, viviendo la vida del barranco en un amplio apartamento del sur de Delhi, pagado, creo, por un editor francés que había firmado un contrato con ella para escribir su biografía, al estilo de «mi vida contada a...». Por todas partes había parásitos y hombres malencarados. Ella era la jefa de todos. Pequeña, ligera, mercúrica, de sonrisa fácil pero de temperamento irascible, vigilante, recelosa de todos, incluida su anciana madre y su nuevo marido. Tenía un catador para asegurarse de que no la envenenaban. No conocía otra vida que no fuera la de los barrancos del Chambal y la prisión. Era completamente analfabeta y de repente se veía en barrancos muy distintos, también con una especie distinta de forajidos. La prensa y el público se alimentaban de ella y al mismo tiempo la despreciaban. Lo que más me impresionó de Phoolan Devi fue su aplomo. No se dejaba intimidar por nadie, ni intentaba despertar simpatía. Escuchaba con los ojos y funcionaba enteramente por instinto. Cuando le hablé de la película, soltó una sarta de invectivas increíble. (Sentí que Golak no estuviera presente para oírla y aprender). Estaba indignada por las noticias de vítores y aplausos en los cines durante las escenas de violación. ¿Quién no lo estaría? También yo lo estaba. Pero me molestaba en la misma medida la falsa compasión de otra clase de gente.

Fue entonces cuando me quedó claro que nadie debería tener derecho a escenificar la violación de una mujer sin su consentimiento. También comprendí que no eran solo las violaciones múltiples y explícitas en la película lo que a ella le preocupaba. Estaba en libertad condicional. Seguía a la espera de juicio por el asesinato de veintidós individuos de casta privilegiada, thakures, que presuntamente la violaron en grupo. La película, en su sabiduría (porque «la verdad es pura»), presentaba a esta mujer como un ángel de la muerte vengador, un icono de la Violación y el Castigo, y la declaraba culpable sin ningún género de duda. Vi que esto agravaba el riesgo para su vida, no solo en el plano judicial.

Sabía que si escribía lo que quería escribir, Pradip y yo jamás haríamos la siguiente película con Channel Four. Pero me era imposible callarme. «La gran trampa de la violación india», partes I y II, se publicó en *Sunday*. El segundo artículo terminaba con estas palabras:

> La película de *La reina bandida* pone en grave peligro la vida de Phoolan Devi. Emite juicios que solo deberían hacerse en los tribunales de justicia. No en las salas de cine. Los hilos que conectan la Verdad a las Medias Verdades y las Mentiras pueden tensarse muy deprisa alrededor del cuello de Phoolan Devi, como una soga. O meterle una bala en la cabeza. O acuchillarla por la espalda.
>
> Mientras tanto, nosotros, el público, presenciamos el espectáculo atónitos, desde la comodidad de nuestras pequeñas vidas. Sin la más remota conciencia de que nuestra compasión superficial, nuestra ignorancia de los hechos y nuestra pereza intelectual pueden allanar para ella el camino del patíbulo.
>
> Ese nosotros me repugna.

Con esto, claro está, me creé un montón de enemigos.

Phoolan Devi acudió a la justicia para impedir la proyección de la película. Su representante era

Indira Jaising, la misma abogada que llevó la causa de mi madre ante el Tribunal Supremo contra la Ley de Sucesión Cristiana de Travancore. La justicia se tomó su tiempo, como es habitual en la India. A todo esto, la película empezaba a llenar las salas de cine y la causa de Phoolan Devi no tenía muchos visos de prosperar. Solo cabía confiar en que una resolución favorable sentara un precedente judicial para otras mujeres. Pero ella no se dedicaba al servicio social, que se diga. Acabó llegando a un acuerdo extrajudicial, lo que al instante se tradujo en mayor desprecio y hostilidad. *(¿Veis? Solo quería extorsionar)*. Muy pocos, en aquellos días, estaban dispuestos a admitir que la clave del debate —legal, ético, moral— era el consentimiento. *Su* consentimiento. No se trataba de la libertad de expresión. No se trataba de la personalidad de Phoolan Devi. No se trataba de si era una mujer de moral recta para la sociedad. No se trataba de si mostrar imágenes explícitas de una violación estaba bien o mal. Se trataba del consentimiento.

Dos años después del estreno de *La reina bandida*, Phoolan Devi se afilió a un partido político y entró en el Parlamento. Cinco años después, en 2001, la mataron de un disparo en la puerta de su casa, en Delhi. Sería irresponsable culpar a la película de su muerte. Pero sería una falta de honradez fingir que la película no supuso un mayor peligro para su vida en una sociedad con tan buena memoria cuando se trata de la venganza y el honor de casta.

Los artículos de la «gran trampa» marcaron en efecto el final de la relación laboral de Pradip y mía con el editor de Channel Four. Reaccionó como el amo que de pronto recibe un mordisco de un criado. (En cierto modo era verdad). Me bombardeó públicamente con una descarga de ataques que me hicieron reír. Me acusó de escribir como «el borracho incontinente que intenta hacer pis en una maceta pequeña». No se le ocurrió que este no fuera un problema frecuente para las mujeres, incluso sin estar borrachas.

Tenía que entregar el guion que me había encargado o devolver el anticipo recibido. Escribí una comedia basada en el debate que suscitó *La reina bandida*. Ojalá conservara una copia. Uno de los personajes era una exmonja con hábito de lunares que dirigía un centro de costura para mujeres cristianas violadas. Esta mujer fue el prototipo del personaje que se llamaría Bebé Kochamma en *El dios de las pequeñas cosas*. Yo misma figuraba en el guion como la feminista retorcida y amargada que mi examigo el editor de Channel Four me había hecho ver que era. Y él también salía, como parte de la Santísima Trinidad Feminista, todos ellos hombres. Había también un personaje secundario, una chica que soñaba con un motociclista que hacía un número circense dentro de una burbuja de su saliva, de la chica.

Pradip desglosó el guion y, con cara de póquer, se puso a hacer un presupuesto detallado. El hábito de la monja, las máquinas de coser, la motocicleta dentro de una burbuja de saliva, el vestuario de la feminista retorcida... todo. Enviamos el guion y el presupuesto a Channel Four y recibimos una carta formal de rechazo, en la que nos decían que la historia no tenía sentido y los personajes no estaban bien dibujados: «No hay ningún motivo racional para que los personajes hagan lo que hacemos».

Nunca supe si esto era un errata, un error deliberado o un lapsus freudiano.

A esas alturas, el comentario del recaudador de Kottayam, que describía a la señora Roy como una persona «que hace gala de su desprecio por la humanidad y lo vende bajo la falsa apariencia de arte», era más aplicable a mí que a mi madre.

El dios de las pequeñas cosas

Lo importante es que recibimos un cheque como único y último pago por el guion. Con ese dinero podía comprar tiempo. Tenía libertad para trabajar en Lo Que No Tendría Que Estar Escribiendo.

Cuanto más escribía más me desconcertaba. El texto actuaba como si tuviera una voluntad propia. Tenía un ritmo, una especie de compás, una arquitectura formal que detectaba pero que tardé mucho en entender. No me quedaba otra que confiar. A veces me daba la sensación de que se escribía solo, de que yo estaba ahí por pura casualidad.

Estaba desconcertada porque veía que la escritura no seguía un orden lineal, de principio a fin. Me parecía estar esculpiendo humo: generándolo, para organizarlo y disciplinarlo luego.

El dios de las pequeñas cosas me llegó al principio como una imagen: dos niños, Rahel y Estha, hermanos gemelos, la cara apretada contra la ventanilla de un Plymouth azul cielo con el sol en los alerones traseros y un anuncio de conservas en el techo. Rahel lleva el pelo recogido en lo alto de la cabeza como una fuentecilla. Tiene un reloj de juguete, con la hora pintada en la esfera. Siempre marca las dos menos diez. Estha lleva un tupé al estilo de Elvis Presley y unos zapatos de punta de color beige. Están parados en el paso a nivel que cruza la carretera, camino de Cochín. A su alrededor transcurre una marcha de obreros comunistas en la que ven a Velutha, un hombre al que conocen y quieren.

Llevaba más de un año escribiendo. Los gemelos se habían quedado atascados en el paso a nivel. Empezaba a preguntarme cuándo se abriría para que el Plymouth pudiera cruzarlo y cuántos años tendría yo para entonces. Fue una época extraña para Pradip y para mí. Yo estaba centrada en construir y en amueblar mi mundo secreto. Pradip andaba algo perdido, algo triste por su padre y sin saber qué hacer con su vida.

Tal vez fuera un caso de tristeza desplazada (que a los hombres se les da tan bien), pero lo cierto es que, a medida que las niñas se hacían mayores, Pradip se iba volviendo más y más impaciente e irascible con ellas. Yo, sin ninguna experiencia de relaciones entre padre e hija, no sabía qué hacer. Quizá porque me traía recuerdos de la señora Roy, los gritos de Pradip me desgarraban. (Y eso que él ni de lejos llegaba al nivel de ella). Me veía muchas veces atrapada en medio, intentando proteger a las niñas, incluso si pensaba que habían hecho algo mal y él tenía razón. Cuando querían algo acudían a mí en lugar de a él. Me veía cada vez más empujada a interpretar el papel estereotipado de la madre sensata que resguarda a los niños de la ira paterna. No quería ser como la señora Roy, aunque tampoco me sentía cómoda en este papel. A veces tenía la sensación de haberme apoderado de una parte del amor de Pradip mayor de la que en justicia me correspondía, de que sería mejor que me fuera a vivir por mi cuenta. Pero era consciente de que con eso solo haría más daño en vez de menos. Sabía que, a pesar de las espinas y la laceración de las heridas, había entre todos nosotros auténtico amor.

Pradip decidió emplear su parte del dinero de *Electric Moon* en comprar un terreno a la orilla de la selva, justo al lado de un pueblecito de las afueras de Pachmarhi (donde rodamos *Massey Sahib* y *Electric Moon*), y construir una casa. A mí no acababa de gustarme la idea. Me preocupaba cómo afectaría a los vecinos que unos urbanitas llegaran un buen día y decidieran vivir allí. Además, no me sentía cómoda con eso de las segundas residencias. Pero no era quién para estar ni a favor ni en contra. Había saboteado nuestra carrera cinematográfica. No podía sabotear también esto. Pensé que a Pradip le sentaría bien pasar una temporada fuera de casa. Para rebajar las fricciones. Mientras yo escribía, Golak y él pasaron un año construyendo una preciosa casa de piedra y madera, con un porche profundo que miraba directamente a la selva. Así empezó la larga historia de amor de Pradip con los árboles y los bosques. Esta resultó ser su verdadera vocación. Llegaría a ser uno de los ecologistas del desierto y especialistas en árboles más importantes de la India. Sin quererlo, al no escribir otro guion, en realidad le hice un favor inmenso. Los dos integrantes de la banda salieron ganando.

Pradip y yo llegamos a un trato cuando él estaba en casa. Yo podía encerrarme en nuestro dormitorio, donde tenía un pequeño escritorio, a trabajar cuatro horas al día. Y no hablaríamos de lo que estaba haciendo hasta que hubiera terminado. En cuanto a la madre de Pradip y a las niñas, uno de los dos tenía que estar pendiente en todo momento. Normalmente era yo.

No dejé de ir a ver a la señora Roy cada pocos meses. Su asma seguía siendo terrible. El colegio iba mejor que nunca. Lo más extraordinario era que había alcanzado la plena autonomía financiera. Además de otros talentos, la señora Roy tenía buena cabeza para los negocios. Como un capo de la mafia, empezó a comprar los terrenos que lindaban con el recinto escolar. (Haciendo a los dueños ofertas que no podían rechazar). Uno de ellos, un herrero desempleado y recalcitrante, se negó a vender, a pesar de que su casita estaba rodeada por los edificios escolares y el ruido de los niños. Cuando se enfadaba, salía con una escopeta y disparaba al aire. La señora Roy puso un establo con vacas y cerdos en el linde entre los dos terrenos. Los gruñidos, el mal olor y la mierda acabaron por echarlo de allí.

En los nuevos terrenos construyó un auditorio, una piscina, apartamentos para profesores visitantes y dormitorios para las chicas mayores.

La señora Roy estaba convencida de que yo no hacía nada de provecho y estaba desperdiciando mi vida. Cuando le conté que intentaba escribir un libro, me dijo: «Entonces más te vale sentarte a escribir». Le encantaba decir «más te vale». Nunca dejó de tratarme como a alguien que necesita disciplina y órdenes. Hasta el final de su vida, le resultó un misterio que yo hubiera aprendido cosas que ella no me hubiese enseñado. Si decía algo que la sorprendía, preguntaba: «¿Cómo sabes eso? ¿Quién te lo ha enseñado?». Yo me partía de risa. Y ella, según de qué humor estuviera, sonreía o fruncía el ceño.

A todo esto, Micky Roy había perdido el trabajo y apareció de nuevo en Delhi. Yo llevaba unos ocho años sin verlo.

Micky vivía con su hermana, mi tía. Yo había empezado a contribuir a sus gastos con lo que podía. Mi tía era una mujer con los ojos muy grandes, cara de pájaro y un sentido del humor muy gamberro. Se había convertido al cristianismo y vivía con una comunidad que la ayudaba a echarle un ojo a Micky Roy. También él se había convertido al cristianismo, como hicieron su padre y su abuelo, pero se lo tomaba tan en serio como todo lo demás. Es decir, nada. Los llamaba a todos «los Aleluya». No parecía que a ellos les molestara. Se reían con él y parecían tenerle un profundo afecto.

De vez en cuando, Micky me venía con distintos planes para ganar dinero. Uno de los más memorables fue este:

—Oye, Orundhuti, he oído que ahora eres una actriz famosa.

—En realidad no...

—La gente dice que eres una chica guapa, pero yo no puedo verte. Tengo cataratas en los dos ojos y necesito operarme. Pero no tengo dinero.

Como una mema, caí en la trampa y le di el dinero. Se lo gastó en beber hasta quedarse inconsciente. Cuando se recuperó, le concerté cita para la operación y pagué yo al médico directamente.

Con los ojos en forma, a Micky se le ocurrió un segundo plan. Esta vez no caí.

El Hijo del Boxeador era muy fan del críquet, aunque nada patriótico. El legendario bateador australiano Donald Bradman, que aún vivía por aquel entonces, era su dios. La verdadera religión de Micky era su amor por el equipo de críquet australiano. En la India actual podría acabar en prisión por antipatriotismo. No creo que él se hubiera dejado disuadir por esto. Habría entrado en su celda con paso renqueante y le habría pedido al carcelero que no fuese tan *muggrah*, que trajese algo de beber y una tele para que pudieran ver el partido juntos.

La siguiente vez que vino a mi casa, India y Australia estaban jugando una serie de prueba.

—Oye, Orundhuti, me hace mucha falta una tele. Necesito ver el partido.

—¿Pishi no tiene tele?

—Esos Aleluya... solo ven basura. Soy un infeliz, ahí sentado con ellos, sabiendo que con solo pulsar un botón vería el partido. Pero no me dejan. Necesito una tele propia.

Sentí su dolor. Pradip y yo también éramos amantes del deporte.

—Vale, te compraré una.

—Si vas a comprarme una, que sea ahora. El partido es ahora. Dame el dinero ahora. Iré a comprarla ahora.

—No. Para ti no hay dinero, señor Micky Roy.

Con el permiso de Pradip, desconecté nuestro televisor y metí a Micky con él en un taxi. Se fue contentísimo, con el mando a distancia en el bolsillo de la camisa como un pezón rectangular. Estaba bastante segura de que no lo cambiaría por una botella. Le gustaba el críquet tanto como el whisky.

Una mañana, sin previo aviso, la barrera del paso a nivel se abrió y el Plymouth azul cielo con el sol en los alerones traseros pudo cruzar las vías. Se me reveló entonces la estructura de la novela que estaba escribiendo. De hecho, la dibujé en el reverso de un sobre. En cuanto supe qué estaba haciendo, empecé a escribir muy deprisa. Tomé la costumbre de echar una cabezadita profunda, hasta soñaba y todo, tras escribir unos párrafos. Y después de varios cientos de cabezaditas, a lo largo de varios cientos de días, de repente, una mañana de verano cualquiera, que únicamente destacaba por el calor abrasador, la historia terminó de contarse: el libro estaba escrito. Me había costado más de cuatro años.

Con el último dinero que me quedaba compré una impresora. Imprimí el manuscrito y, sin pararme a pensarlo siquiera un momento, añadí el título. *El dios de las pequeñas cosas*. Pradip y yo salimos a tomar un café. Sentada a la mesa, delante de él, recité los primeros párrafos.

> Mayo, en Ayemenem, es un mes caluroso y de ansiosa espera. Los días son largos y húmedos. El río mengua y negros cuervos se dan atracones de lustrosos mangos sobre árboles inmóviles, de un verde polvoriento...*

Me sabía el libro entero de memoria.

—¿Has terminado?

—Sí.

---

* *El dios de las pequeñas cosas*, Alfaguara, 2025, traducción de Cecilia Ceriani y Txaro Santoro.

Le di a Pradip una copia encuadernada en canutillo para que la leyese. Con el ánimo de vengarse de mí por haberle ocultado tantos años lo que estaba escribiendo, tardó mucho en leerlo y se negó a decirme qué pensaba. Yo, angustiada, buscaba alguna pista en sus facciones; él se cuidaba bien de no delatar nada. Cuando terminó, me devolvió la copia. En la última página simplemente había escrito: *¡Uf!* Le encantaba, pero parecía muy triste. Pensé que era por el libro. Pero no era eso. Solo dijo:

—Voy a perderte.

Mi polilla fría desplegó las alas. Yo no sabía si se preparaba para levantar el vuelo o para aterrizar.

No tenía la menor idea de qué hacer a continuación. Me sentía como si acabara de salir gateando de un refugio antiaéreo y tuviera que enfrentarme al mundo. Comprendí que había sido muy temeraria. No me quedaba dinero. Había pasado cuatro años escribiendo un libro que probablemente no tenía sentido para nadie más que para Pradip y para mí. Me había cargado la única fuente posible de ingresos para financiar nuestra vida de cineastas marginales. El estrés me provocó urticaria y se me empezó a escamar la piel. Parecía como si tuviera psoriasis. Cuantos más dermatólogos me decían que era una reacción al estrés, más me estresaba y más empeoraba mi aspecto.

Una amiga me contó que un joven conocido nuestro, Pankaj Mishra, había entrado como jefe de HarperCollins India y que sería buena idea pasarle el manuscrito. Se lo pasé. Pankaj me dijo que se iba de viaje y que lo leería en el camino. Dos noches después me llamó desde una estación de tren. (Aún no existían los teléfonos móviles). Estaba tan emocionado que no entendí lo que me decía. Lo poco que alcanzaba a entender no me lo creía. Pensé que me estaba gastando una broma. Fue él quien empezó a tocar las campanas. Envió el manuscrito a un amigo suyo, el escritor Patrick French. Patrick se lo envió a su agente literario, David Godwin, que a su vez lo envió a varios editores. Yo no me esperaba nada de esto. Ni siquiera sabía qué era un agente literario.

El día que se desató la tormenta, le había pedido prestado el coche a la madre de Pradip y había aparcado de cualquier manera; la grúa se llevó el coche y estuve horas en una comisaría para recuperarlo. Era de noche, muy tarde, cuando volví a casa. La sala de estar estaba llena de amigos esperándome. Confundí su emoción con preocupación por mi tardanza y les expliqué lo que me había pasado. Me dijeron que el teléfono no paraba de sonar. Pradip me abrazó con tanta fuerza que casi me crujieron los huesos.

Yo no sabía diferenciar a los que llamaban. John, Stuart, Philip, David. Todos eran editores o agentes literarios. Algunos preguntaron si tenía un número de fax, y les di el de un vecino. Me enviaron contratos de edición. Todo era un caos. El más persuasivo de todos fue David Godwin. Dijo que venía a Delhi para verme.

—Si no te gusto, te presentaré a otra persona. Pero, por favor, no firmes nada con nadie hasta que nos conozcamos.

Esa noche —igual que antes de conocer a Micky— la pasé despierta, pensando. ¿Cómo me puede estar pasando esto a mí? Sentí, literalmente, cómo se me limpiaba la piel, cómo la sangre circulaba sin trabas por mi organismo. Tenía treinta y seis años. No era ni mucho menos joven. Cuando el cielo nocturno se aclaró y empezaron a cantar los primeros pájaros, di de comer a las ardillas en nuestra terracita (y lancé un beso al aire para mi ardilla de Ayemenem, que debía de ser una de las estrellas que me hacían guiños). Me preocupaba lo que había dicho Pradip. ¿Qué quería decir con eso de «Voy a perderte»? ¿Llegaría a arrepentirme de haber escrito *El dios de las pequeñas cosas*?

David Godwin llegó dos días más tarde. De repente, sin ningún motivo, yo desconfiaba de él. ¿Quién era ese hombre? ¿Por qué insistía tanto? Y decidí que si resultaba ser el típico colonialista de manual, si me trataba con condescendencia y me confesaba su amor por todo lo indio, le diría que no educadamente y rechazaría su oferta. Sin la menor base, empecé a sentir una profunda hostilidad hacia él. Fui a buscarlo al hotel en el que se alojaba. Era un hombre alto, con un traje de lino arrugado. Yo entonces no sabía que eso estaba de moda. Casi me ofrezco a planchárselo. Lo primero que me dijo fue: «Lo siento muchísimo, pero sé muy pocas cosas de la India. Nunca he estado aquí. Si le soy sincero, ni siquiera estaba seguro de si Arundhati (Aroonditty) era un nombre masculino o femenino. Pero al leer el libro tuve la sensación de que me habían inyectado heroína».

Firmamos allí mismo.

Me dijo que tendría que ir a Londres para conocer a los editores y elegir al que más me gustara. Por un momento también yo pensé que de verdad le habían inyectado heroína y que estaba alucinando. Pero así fue todo.

Fui a Londres. Le llevé a David un regalo. Una tarjeta de visita. Era un grano de arroz guardado en un frasquito de cristal. Si lo mirabas a través de una lupa, decía: AGENTE VOLADOR, DAVID GODWIN. David resultó ser una de las mejores cosas que me han pasado. Vino a transformar en un viaje fantástico lo que podrían haber sido unos meses complicados.

En cuestión de semanas, *El dios de las pequeñas cosas* tenía editores por todo el mundo. Al final fueron más de cuarenta. Para colmo, el anticipo a cuenta de las regalías fue de un millón de dólares. Absurdo. Tuve la sensación de haber saboteado la tubería por la que circula la riqueza mundial entre los ricos del mundo para desviar parte del flujo. No se lo dije a nadie más que a Pankaj Mishra, a Pradip y a Golak. La respuesta de Golak no tuvo precio:

—Bien hecho, Roy. Gracias a Dios somos ricos.

Era la mejor actitud posible ante el dinero. Compartirlo. Y eso hice. Con mi madre, mi hermano, Golak, otros amigos y todo el que se mereciera algo. Me parecía inconcebible acaparar dinero mientras mis seres queridos, y otros que se lo merecían, no tenían nada. A lo largo de los años he aprendido que compartir dinero con amor y solidaridad es un proceso delicado, mucho más difícil que acapararlo. Pero mientras no vivamos en un mundo más igualitario, compartir (con responsabilidad) es lo mejor que podemos hacer.

Yo había decidido que *El dios de las pequeñas cosas* se publicara en la India primero. Sin embargo, en esos pocos meses, Pankaj Mishra dejó el puesto en HarperCollins y prácticamente se mudó a Londres. La mayor parte de las editoriales indias publicaban por aquel entonces libros cutres en ediciones horribles: cubiertas horribles, papel horrible, edición del texto horrible. A mí me resultaba doloroso, una falta de respeto. Unos amigos míos, Tarun Tejpal y Sanjeev Saith, se unieron para crear una editorial a la que llamaron Indian Ink. Yo estaba en la imprenta el día en que salieron los primeros ejemplares. Casi no podía respirar. Ver los ejemplares de tu primer libro, apilados en torres... es una experiencia comparable a muy pocas cosas.

Se habían programado lecturas en Delhi, Bombay, Calcuta, Madrás y Kottayam. Stuart Proffitt, mi editor en el Reino Unido, y David Godwin vinieron a compartir la celebración. Hubo reseñas para todos los gustos: unos lo odiaban, a otros les encantaba, unos se burlaban, otros lloraban, otros se reían. El libro volaba de las estanterías. La pequeña aventura editorial de mis amigos, recién nacida, tenía dificultades para seguir el ritmo. Las presentaciones en las grandes ciudades eran emocionantes. Las colas para entrar daban la vuelta a la manzana.

A mí me preocupaba qué pasaría en Kottayam. El libro y el revuelo que causó multiplicaron por mil las tensiones entre la señora Roy y yo. Esto a pesar de lo mucho que le gustó el personaje de Ammu, la madre de los gemelos. Me llamó para decirme que había parado en un puesto de la carretera a comprar algo de fruta y una mujer había tenido la desfachatez de preguntarle si era la madre de Arundhati Roy.

—Me quedé como si me hubiera dado una bofetada —dijo.

El acto de presentación de *El dios de las pequeñas cosas* en Kottayam se celebró en el colegio de la señora Roy, al pie de la montaña, en el parvulario que se convertía en escenario mirando hacia los campos de atletismo. Colocaron sillas para los asistentes en la pista de carreras. Instalaron un toldo, por si llovía. La señora Roy estaba tan ilusionada como molesta por la atención que me prestaban. Ilusionada porque yo era una antigua alumna de su colegio y podía exhibirme en una vitrina. Molesta porque era su hija y a su juicio estaba recibiendo más atención de lo conveniente y, por supuesto, más de la merecida. (Totalmente cierto). La presentación del libro en Kottayam fue idea suya, por eso estaba más molesta. Invitó a Kamala Das, una gran poeta y escritora sin pelos en la lengua, a veces controvertida, para que nos presentara al libro y a mí. Kamala Das había escandalizado a la sociedad de Kerala en 1973 con la publicación de *My Story*, un libro sincero y sin tapujos sobre su intimidad sexual. La señora Roy no podía haber elegido a nadie mejor como invitada de honor. Kamala Das me acogió con simpatía y generosidad.

Entre los asistentes, alrededor de doscientos, había algunos de mis antiguos profesores y unos cuantos periodistas. David Godwin y Stuart Proffitt también habían venido. Estaban perplejos después de presenciar varios actos editoriales desenfrenados en distintos lugares de la India, en salas abarrotadas por multitudes que se negaban a hacer cola. La comida, el calor, la humedad, lo imprevisible que era absolutamente todo no hacían más que acrecentar su ansiedad.

Había en Kottayam corrientes profundas de tensiones sociales de las que no teníamos conocimiento. El gobierno marxista de Kerala estaba descontento con el libro, en el que veía una crítica inaceptable del partido y su líder legendario E. M. S. Namboodiripad, primer ministro comunista de Kerala. Yo era admiradora suya pero no acólita. La crítica presente en *El dios de las pequeñas cosas* tenía que ver con la actitud del partido ante la cuestión de la casta. Me acusaron de anticomunista (aunque no hubiera nada más lejos de la verdad) y por algún tiempo se sopesó la posibilidad de prohibir la novela.

Cinco abogados varones de Pathanamthitta, una pequeña ciudad vecina, habían presentado una querella criminal contra mí por «obscenidad y corrupción de la moral pública». Fotocopiaron el último capítulo y lo presentaron como prueba. No podían estar ofendidos por mis descripciones de prácticas sexuales, teniendo en cuenta que el cine malayali de la época era una ciudadela de sexo y obscenidad. Comparado con aquellas películas, el capítulo final de mi libro era un cuento infantil. Creo que el verdadero motivo de su indignación partía de que la mujer, Ammu, era una cristiana siria y su amante, Velutha, un *paravan*, un paria. Una pariente cercana me dijo que eso era sencillamente *imposible*. Me explicó que los cristianos sirios y los *paravanes* pertenecían a especies distintas y el sexo entre ellos era por tanto una imposibilidad física.

Me miró con una sabiduría cargada de compasión, como si mi ignorancia le inspirase lástima, como si yo fuera una alienígena estúpida, alguien que no ha crecido en aquel ambiente y no entiende las costumbres locales. La querella criminal era un asunto grave y me obligaba a comparecer en persona ante el tribunal. La idea de la querella era humillarme y distraer a la prensa y al público con la lectura en voz alta de los pasajes obscenos, según los abogados.

No fueron solo el Partido Comunista y la policía moral; también algunos cristianos sirios de mentalidad conservadora estaban disgustados con la novela. Y lo mismo cabe decir de algunos miembros de mi familia. La casa de la montaña que sale en el libro no era la de la señorita Kurien. La arquitectura de esta casa estaba inspirada en la de otra mucho más bonita, al lado de la suya, de unos parientes ricos que habían vivido en Estados Unidos. No les gustó el libro y llegué a oír que estaban pensando querellarse contra mí por la osadía de situar falsos recuerdos y escenas inaceptables en una casa que no era mía, sino suya. (Habría sido gracioso ver la sentencia judicial sobre los Límites Legales de la Memoria).

Toda esta corriente subterránea circulaba el día de la presentación del libro. La señora Roy estaba al tanto de todo y no se dejaba intimidar por nada.

Pero entonces surgieron más problemas. Un hombre gordo con un *mundu* blanco y una camisa de campaña de algodón subía alegremente la cuesta con su ejemplar de *El dios de las pequeñas cosas*. Era G. Isaac. La guerra entre la señora Roy y él se encontraba en su peor momento. Ella había vuelto a solicitar una orden de desahucio de la casa paterna, lo que significaría el fin de la empresa The Malabar Coast Products. En sus denuncias se acusaban mutuamente de delitos atroces y decían cosas horribles el uno del otro. G. Isaac tenía prohibida la entrada en el recinto escolar, pero allí estaba. No quería perderse la presentación del libro de su sobrina, aunque sabía que su hermana era muy capaz de llamar a la policía para que lo sacaran de su propiedad. Por fortuna, la señora Roy no lo vio entre la multitud. La mayoría de los presentes sí lo vieron... Y se prepararon para la bronca. Yo también. Imaginen que el lanzamiento de su primer libro se interrumpe por una pelea entre su madre y su tío y al final llega la policía.

Imagínenme a mí. Una estrella literaria ascendente (eso se suponía) atrapada en el fuego cruzado de una guerra entre una escuela y una fábrica de conservas.

G. Isaac se acercó directamente a David Godwin y Stuart Proffitt y se presentó con una amable sonrisa, como si todo el mundo tuviera que conocerlo.

—Hola, soy Chacko.

Ellos no entendieron para nada ese exceso de confianza. Chacko es uno de los personajes principales de *El dios de las pequeñas cosas*: el hermano mayor de Ammu, intelectual de Rhodes, barón de las conservas y tío de los gemelos Esthappen y Rahel. G. Isaac tenía razón. Era Chacko. Ammu en realidad no era la señora Roy. Pero Chacko definitivamente tenía mucho de G. Isaac. El día de la presentación presumió con ganas. G. Isaac convertido en Chacko. La vida convertida en arte. A mi hermano esto siempre le ha hecho mucha gracia.

—Todos quieren ser personajes del libro. Lo prefieren a ser quienes son. Has convertido a todos los monstruos en gente simpática.

G. Isaac recitó algunos diálogos de Chacko en la novela, cosa que no ayudaba a despejar la confusión. El momento inmortalizado en mi recuerdo es el de G. Isaac, en el campo de deportes del colegio de mi madre, citando alegremente el pasaje en que Chacko citaba alegremente a F. Scott Fitzgerald, sin que viniera a cuento en absoluto, para total desconcierto de mi editor y mi agente literario.

—Ya saben que Gatsby al final salió muy bien parado. Lo que lo perseguía era el polvo pestilente que flotaba en la estela de sus sueños...

Al ver que no conseguía entablar una conversación interesante con ellos, G. Isaac se abrió camino entre los asistentes, tan campante, y se sentó en las filas intermedias. La señora Roy ya estaba en el escenario, absorta en su conversación con Kamala Das, y aún no lo había visto. Llamó al orden como si fuera a dirigir una asamblea escolar. Puede que alguien incluso tocara el timbre del colegio. Presentó a Kamala Das, que hizo algunos comentarios inteligentes y generosos sobre el libro antes de que yo tomara la palabra. Consciente de que las puertas del infierno podían abrirse en cualquier momento, opté por hacer una lectura rápida y dar por terminada la función.

Elegí un pasaje de un capítulo titulado «El cine Abhilash». Chacko y Rahel, su sobrina de siete años, comparten una habitación de hotel en Cochín. Toda la familia ha hecho el viaje desde Ayemenem en el Plymouth azul cielo de Chacko. La mañana siguiente, muy temprano, irán al aeropuerto a recoger a la exmujer inglesa de Chacko, Margaret, y a su hija pequeña, Sophie Mol (*mol* es un diminutivo cariñoso para una niña en malayalam), que vienen de Inglaterra. Rahel está muy preocupada por la reorganización del amor que se avecina. Anticipa una brusca reducción de su parte en favor de su prima medio inglesa:

—Chacko... —dijo Rahel desde su cama, que estaba en la sombra—. ¿Puedo preguntarte una cosa?

—Pregúntame dos —contestó Chacko.

—Chacko, ¿quieres a Sophie Mol más que a nada en el mundo?

—Es mi hija —dijo Chacko.

Rahel se quedó pensando en ello.

—Chacko, ¿la gente *tiene* que querer *necesariamente* a sus hijos más que a nada en el mundo?

—No hay reglas fijas —dijo Chacko—, pero es lo habitual.

—Chacko, y por ejemplo, solo *por ejemplo*, ¿es posible que Ammu quiera a Sophie Mol más que a Estha y a mí, o que tú me quieras a mí más que a Sophie Mol, *por ejemplo*?

—En la naturaleza humana todo es posible —dijo Chacko en tono de leer en voz alta. Y después, dirigiéndose a la oscuridad, súbitamente ajeno a su pequeña sobrina de pelo en forma de fuente, continuó diciendo—: Amor. Locura. Esperanza. Júbilo infinito.

De las cuatro cosas que eran posibles en la naturaleza humana, Rahel pensó que la que sonaba más triste era el *júbilo infiniiito*. Quizá por el tono con que lo había dicho Chacko.

Júbilo Infiniiito. Sonaba a iglesia. Como un pez triste lleno de aletas.

Una fría mariposa levantó una fría patita.

El humo del cigarrillo serpenteaba adentrándose en la noche. Y el hombre gordo y la niña pequeña permanecían tumbados y despiertos en silencio.*

Mientras yo leía, la señora Roy no paró de interferir. Estuvo todo el rato hablando con Kamala Das en voz baja, sin apartarse el micro de la boca. Era ella quien había organizado la presentación y también fue ella quien la arruinó. Me presentaba y, al mismo tiempo, me minaba. Cuando pregunté si alguien quería hacer una pregunta, G. Isaac se puso en pie.

—No tengo ninguna pregunta. Solo quiero decir que cuando muera y me nieguen la entrada a las Puertas del Paraíso, citaré una frase de *El dios de las pequeñas cosas*, capítulo cuatro, página ciento ochenta. Como ven, aquí dice claramente. «No hay reglas». ¿Lo ven? Es cierto. No hay reglas.

La señora Roy se irguió en toda su imponente estatura de 1,48 metros para dar la batalla. Pero G. Isaac ya se retiraba, andando por la quinta fila como un cangrejo.

—Tranquila, Mart. Ya me voy.

Él siempre la llamaba Mart, porque cuando era pequeña y estaba aprendiendo a escribir su hombre,

* *El dios de las pequeñas cosas*, Alfaguara, 2025, traducción de Cecilia Ceriani y Txaro Santoro.

la *y* de *Mary* siempre parecía una *t*. Era ocho años mayor que ella.

No hubo más preguntas.

Así terminó la presentación de *El dios de las pequeñas cosas* en Kerala. Fue un inmenso alivio para mí. Habría podido ser mucho peor. Solo faltó que Micky Roy se presentara borracho y exigiera la Restauración de los Derechos Conyugales (que por cierto es una ley vigente). Por el bien de los hijos. Con eso nuestro retrato de familia habría quedado más o menos completo.

Micky estaba muy presente. Seguía en Delhi. Cuando se enteró del libro y toda la publicidad que levantaba, no dejó de meter el remo en el agua. Esta vez escogió una forma de chantaje encantadora.

—Oye, Orundhuti, me ha llamado uno del *New York Times*. Quiere hacerme una entrevista.

—Hazla, Micky —dije—. ¡No me avergüenzo de ti! Cuéntaselo todo.

Se echó a reír.

—No me llames Micky. Soy tu Baba.

El resto del año pasó como envuelto en la neblina. Viajé a países que nunca me imaginé que visitaría. Finlandia. Noruega. Estonia. En realidad no los visité. Estaba atrapada en ese típico momento de la «fama» que se supone que es la cumbre de una vida, como en las películas. Una serie interminable de entrevistas, actos y flashes fotográficos. Pradip venía conmigo. Mientras a mí me entrevistaban, él se iba a hacer fotos y me enseñaba imágenes de la ciudad que supuestamente yo había visitado.

Me sorprendió descubrir que me gustaba leer mi libro en voz alta para el público. Me gustaba sobre todo firmar ejemplares y pasar un momento fugaz con mis lectores. Sentía mucha curiosidad por conocer a esas personas de países y culturas de los que yo sabía muy poco, que habían encontrado algo de sí mismas en la historia de una familia que vivía en un pueblecito de Kerala. El breve instante de cruzar la mirada, intercambiar saludos, oír mil variaciones del «Por favor, ¿podría dedicárselo a...?», me revelaba algo de sus vidas, sus amores, sus amistades y relaciones. Me hacía darme cuenta de que la literatura puede unir a la gente en un vínculo de intimidad silenciosa de una manera única. «Su libro cuenta mi infancia», me dijo mi traductor estonio. «Todos tenemos una tía como Bebé Kochamma», señaló un editor judío en Estados Unidos. «Siento el olor de su libro», me dijo un portugués. En todos los actos veía a Pradip entre el público, orgulloso, llorando cuando yo empezaba a leer. Pero la situación era difícil para él y estresante para mí. Todos los focos me iluminaban a mí. Él, un hombre formidable, maravilloso, mi maestro, mi amante, mi mejor amigo, se volvía invisible. A él no le importaba, pero a mí sí. La balanza de nuestra relación no estaba en equilibrio. Mi fama inesperada impactó contra la tiendecita de campaña del amor y nos zarandeó como si fuéramos marionetas.

En Kerala, el procedimiento judicial cobró impulso. Yo había contratado a un abogado penalista.

Me aconsejó que apelara al Tribunal Supremo de Cochín para anular la causa en la audiencia provincial de Pathanamthitta. Cuando me reuní con él en su despacho, me expuso mi situación legal.

—Señora, he leído su libro con mucha atención. Los querellantes tienen razón. Es un libro muy obsceno.

Se permitió leer en voz alta las frases y párrafos que había señalado como potencialmente obscenos. Cada vez que leía la palabra *pecho*, formaba un pecho imaginario ahuecando la mano. Yo fingía todo el rato que se me caía el bolígrafo o algún papel para reírme a escondidas mientras me agachaba a buscarlos debajo de la mesa. Daba gracias a los astros por que esto ocurriera en el despacho privado de un abogado y no, como querían los demandantes, en un juzgado, a la vista de toda la ciudad.

—Pero no se preocupe. Alegaremos que sus señorías deben valorar la obra literaria como un todo. No solo algunas partes. Es lo que dicta la ley.

Al final, tras varios aplazamientos —bien porque yo estaba de viaje o porque alguno de los abogados de la parte contraria no estaba disponible—, fijaron fecha para la vista preliminar. Estábamos preparados: la acusación y la defensa. Entre tanto, yo había ganado el Premio Booker. Eso lo cambió todo. A pesar de que algunos comunistas dijeron que todo formaba parte de una trama imperialista, la gente estaba orgullosa y contenta de que una autora india ganase un premio internacional tan importante. Aun así, para poder celebrar mi éxito plenamente, necesitaban despolitizar *El dios de las pequeñas cosas*. Empezaron a definirlo como un libro sobre niños, a elogiarlo por su lenguaje poético y a despojarlo de su política. A librarlo de toda referencia a la cuestión de la casta.

En la vista, en el Tribunal Supremo, el juez comentó: «Cada vez que tengo que ocuparme de este caso, me duele el pecho». Hizo todo lo posible por dilatar el procedimiento. Aplazaba las vistas varios meses, incluso años. Mi abogado murió en el proceso, y también el juez. Confío en que el dolor de pecho que le producían mi libro y la querella no fueran la causa de su muerte. Al cabo de más de diez años, un nuevo abogado me defendió ante un nuevo juez y consiguió el archivo de la causa.

La acusación de «obscenidad y corrupción de la moral pública» sería la primera de las tres querellas criminales interpuestas contra mí a lo largo de los años por parte de cinco abogados varones, por separado y sin ninguna relación entre sí. Una de ellas acabaría enviándome, muy brevemente, a prisión.

Todo se desmorona

Me hizo ilusión ganar el Premio Booker. Pero las semanas de histeria previas, cuando estaba entre los finalistas, las apuestas que se hacían en el mundillo editorial y el banquete en el que solo uno de nosotros sería anunciado como ganador, me hicieron sentirme más caballo que escritora. Un caballo de carreras que, a pesar de los entrenamientos de G. Isaac, acabó deseando la victoria por encima de todo. No me reconocía a mí misma. Pradip también se vio arrastrado a la carrera. Por suerte, dejó de fumar.

Cuando por fin llegó la noche de la ceremonia de entrega del premio, habíamos tenido ocasión de presenciar de cerca el funcionamiento de la maquinaria de la que éramos una simple pieza; habíamos oído el rumor de los motores y el zumbido de los engranajes. Cuando anunciaron mi nombre y subí a la tribuna, vi con toda claridad la silueta de una jaula dorada. Sabía que, en cuanto entrase en ella, la puerta se cerraría con un chasquido. Más allá de la sorpresa y la alegría, sin haber preparado en secreto un discurso de «por si acaso ganaba», me sentí algo torpe en aquel escenario. Cuando me preguntaron por mi siguiente libro, dije algo así como: «Escribiré otro libro cuando tenga otro libro que escribir. No porque haya ganado un premio». Fue una grosería innecesaria. No debería haber dicho eso. Lamento mi actitud. Fue fruto de la aprensión, del miedo familiar a caer en una trampa. Por seductora que fuese, yo sabía bien que una trampa era una trampa. Sabía que debía resistir la presión de firmar contratos de libros que aún no había escrito. Y la presión de seguir ofreciendo infinitas réplicas de mí misma y *El dios de las pequeñas cosas*. Sabía que la fama también podía acabar siendo una forma de cautiverio. Además, aún no había perdido esa sensación muy tangible, muy real, que me acompañaba desde que era pequeña: la sensación de que, cada vez que a mí me aplaudían, a otra persona que estaba muy callada le estaban dando una paliza en otra habitación.

Ahora me resulta muy fácil decir esto. Porque ganar y marcharse era sin duda muy distinto de no ganar. La libertad que ansiaba (además de la libertad de que mi búfalo me llevara a casa mientras yo me tumbaba en el carro a cantar a las estrellas) era la libertad de vivir y escribir según mis propias normas. El Premio Booker me lo permitió. Por suerte, cuando lo gané ya tenía ciento treinta y siete años. De haber sido más joven, me habría metido en esa jaula dorada y allí me habría quedado cantando mi canción dorada el resto de mi vida.

La única persona a la que llamé tras recibir el premio fue a la señora Roy. Debían de ser alrededor de las dos de la madrugada en Kottayam. Estaba levantada, viendo las noticias en la tele.

—Enhorabuena, niña.

Una muestra de amor increíble. La pillé en un buen día.

Esa noche soñé que era un pez. Una mano verde entraba en el agua y me sacaba. No sé por qué era verde. Me sostenía en el aire y me decía: «Pide cualquier cosa y la tendrás. ¿Qué quieres?».

Yo-el pez dije: «Por favor, devuélveme al río».

Y eso hizo.

Pero, como dicen las personas sabias, uno no puede bañarse dos veces en el mismo río.

Mi río había cambiado, se había vuelto irreconocible. Tuve que aprender a nadar otra vez.

Cuando volvimos a Delhi, mis amigos y editores de India Ink organizaron una fiesta. Bailé con la madre de Pradip, que admiraba mi cuello y acababa de cumplir ochenta y nueve años. Llevaba puesto el sari de seda de Tanjore que yo le había regalado. Se había recuperado de la muerte de su marido y tenía (creíamos) una salud de hierro. Su agenda siempre estaba llena de compromisos sociales y partidas de bridge. El día siguiente a la fiesta se encontraba inquieta y tenía dificultad para respirar. Decidimos llevarla al hospital. Supervisó las cosas que guardamos en una bolsa para pasar la noche. Se empeñó en llevar sus propias sábanas y toallas. Murió en el coche, antes de llegar. Esto fue en enero de 1998.

Tendría que haberlo visto venir, pero no fui capaz de anticipar cómo su muerte iba a cambiar mi vida.

Los padres de Pradip se lo dejaron todo a su hijo: el piso pequeño de la segunda planta, donde vivíamos, la casa grande de la primera planta, y otra incluso más grande al lado. Todo esto en uno de los barrios más selectos de Delhi. El testamento obligaba a Pradip a compartir el alquiler de la casa grande (que por aquel entonces no era muy alto) con sus dos hermanas, las dos mucho mayores que él, y darles una pequeña parte del dinero en caso de que decidiera venderla. Las hermanas de Pradip y sus maridos montaron en cólera, a pesar de que esto no tenía nada de extraño. Era lo que hacen todas las familias indias. Yo, en cambio, era hija de una mujer que llevaba toda la vida luchando contra estas costumbres.

¿Qué iba a hacer?

No me imaginaba convertida en casera. No me veía como la señora de una casa heredada y con un ejército de sirvientes. La vida siempre había estado dividida entre los pisos de Arriba y Abajo: dos universos distintos. Pradip y las niñas podían pasar del uno al otro con absoluta facilidad. Pero yo no. No me imaginaba viviendo la vida de Abajo. Cuando me sentaba en el sofá de la madre de Pradip, en su salón, lo único que veía por el ventanal era una imagen mía, más joven, el día que subí por primera vez la escalera de caracol con los expedientes que tenía que entregar, riéndome. No podía convertirme en algo que antes me daba risa. Si hacía eso, ¿qué clase de escritora sería o podría ser? Tras haber presenciado de pequeña mucha fealdad y muchas peleas, sabía que las casas —las casas heredadas— se adueñan de la gente y no al contrario.

No es que quisiera jugar a ser Gandhi ni vivir en los suburbios vestida con el equivalente femenino del taparrabos de telar manual. Tampoco quería imponerles mi política y mi pasado a Pradip y a las niñas, que para entonces ya eran mayores, porque aquella era su casa y la única vida que conocían. Aquel era su mundo. Sin ninguna dificultad (tal como cambia el tiempo) las niñas pasaron a desempeñar su papel de dueñas y señoras de la casa grande, al mando de un ejército de sirvientes. Pero yo no. No podía. Y tampoco tenía autoridad —lo que los gemelos en *El dios de las pequeñas cosas* llamaban «derecho»— para cambiar radicalmente nada en el modo de vida de Abajo, en cómo se hacían o no se hacían las cosas. Pero la semilla que había vivido tan a gusto y tan bien dentro de su envoltura ya había germinado. No podía seguir escondiendo qué clase de planta era. Y el faro que la iluminaba era nada menos que el de la literatura. La luz más implacable y fuerte de todas.

¿Qué iba a hacer?

Traté de no juzgarlas, a las personas a las que más quería, pero fallé. El mero hecho de explicarles mi dilema ya era una forma de juicio. Sufría y estaba hecha un lío de abajo arriba. Y hacía sufrir a todo el mundo. Era incapaz de bajar de la segunda planta. Pero vivir allí también era difícil. La casa siempre me había parecido preciosa y bohemia hasta que la heredamos. Luego empecé a pensar que vivir allí en las nuevas circunstancias era una falsedad descomunal, como construir una casita de adobe en un rincón del jardín de tus padres ricos. A ese enredo de sentimientos confusos se sumaba el hecho de que, para entonces, *yo* era la madre. La madre rica sin ninguna autoridad ni derechos parentales. Una posición inaceptable, imposible.

Pradip había empezado a trabajar en lo que sería un libro icónico, una guía de campo de los árboles de Delhi. No conozco a nadie como él. Nadie que preste una atención más tierna y exquisita a una semilla diminuta, un helecho o una brizna de hierba. Nadie que se emocione tanto con los milagros de la naturaleza que traen consigo los cambios de estación. Su trabajo era una tarea de amor absoluto. La única forma de costear y permitirse este estilo de vida —las casas, los criados, incluso su trabajo de investigación— eran las regalías de *El dios de las pequeñas cosas*. Ni él ni las niñas estaban preparados para vivir en el mundo real como yo. No podía dejarles caer. Sabían que yo no haría eso. Y no lo hice, por espacio de veinticinco años. Hasta que vendieron la casa y dejaron de necesitar mi ayuda. Por otro lado, para ser la escritora que quería ser, yo no podía vivir la vida de Abajo. Por eso era al mismo tiempo una persona con principios y una hipócrita.

En un país lleno gente paupérrima, precisamente yo había caído en la mayor de todas las trampas. La jaula estaba hecha de privilegio, dinero y propiedades. El anzuelo era amor, lealtad y responsabilidad. Y luego todo empeoró. Las turbulencias políticas vinieron a amplificar las turbulencias de nuestra vida personal.

El 19 de marzo de 1998, dos meses después de que muriese la madre de Pradip, una coalición de partidos políticos liderados por el BJP llegó al poder. No era un cambio de gobierno rutinario. Era el comienzo de lo que acabaría siendo un golpe ideológico, la culminación inevitable del Rath Yatra de L. K. Advani que yo había visto pasar en Bhopal, como una serpiente, mientras nos preparábamos para el rodaje de

Electric Moon. El propio Advani, agente provocador de la turba salvaje de vigilantes hindúes que habían demolido a martillazos el Babri Masjid hacía seis años, era ahora ministro del Interior, el encargado de preservar la ley y el orden. El primer ministro, Atal Bihari Vajpayee, y muchos otros miembros de su gabinete venían de Rashtriya Swayamsevak Sangh (RSS), una organización nacionalista hindú de extrema derecha, fundada en 1925, que contaba con una milicia de cientos de miles de «voluntarios» entrenados para el combate y convencidos de que la India tenía que declararse una nación hindú y que los hindúes debían ser ciudadanos de primer rango.

Mi furia por lo que estaba pasando no encajaba con la vida de Abajo. En aquella casa grande y preciosa, llena de sus propias y profundas penas, pero aislada de la política vulgar del mundo exterior, mi rabia resultaba algo estridente. Incluso para mí misma. Intentaba dejarla en la puerta cada vez que entraba. Pero también en esto fracasé. Se abrió una brecha entre nosotros. Una brecha que siempre era posible salvar gracias a los puentes del amor, el humor y los años de vida compartida, pero una brecha al fin y al cabo.

¿Qué iba a hacer?

Seguí mi instinto, que es el lugar de dónde proceden el arte y la literatura. Él me indicó el camino. Una vez más, convertí el lugar más seguro en el más peligroso. Una vez más, hui. Me marché. Les dije a las niñas que ya eran mayores y que había llegado para mí el momento de volar. Alquilé un piso de dos habitaciones, con terraza, a veinte minutos en coche de donde vivíamos. En la segunda planta, por supuesto.

Al principio utilizaba el piso nuevo sobre todo para trabajar y, como la hormiga que sigue un rastro químico, normalmente volvía a casa por la tarde. No hubo peleas ni situaciones desagradables, solo una pena profunda, oscura y tangible. Me alejé poco a poco, con el paso de los años, hasta que acabé yendo solo de visita a lo que antes era el único hogar verdadero que había conocido. Los que deberían haber sido los años más felices y gratificantes de mi vida resultaron ser los más desoladores. El precio que pagué por ser la hija de Mary Roy y la escritora que sigo siendo no fue la cárcel ni la persecución (aunque también hubo algo de eso). Fue un desconsuelo catastrófico.

No hablé de nada de esto con la señora Roy. No era una madre con la que fuese prudente compartir tus debilidades. Sabía que necesitaba ser cauta y guardar las distancias.

No es posible que mis alertas sobre la llegada del tsunami del nacionalismo hindú saltaran muy pronto únicamente porque no soy hindú ni patriota ni ondeo ninguna bandera. Muchísima gente, incluidos los hindúes, tuvieron una reacción similar. Es más probable que lo viera venir gracias a mi aprendizaje con la ardilla, cuando vivía en la cornisa de Ayemenem, combinado con el sentimiento de culpa ligeramente distorsionado que produce la fama repentina. Cuando mi vida personal se redujo a escombros y corría el riesgo de desmoronarme, el mundo exterior tiró la puerta abajo y vino a reclamarme. De un modo extraño, a lo largo de los años siguientes, fue la política —y la rabia— lo que me sostuvo.

República móvil

En mayo de 1998, semanas después de la toma de posesión, el nuevo gobierno ejecutó una de las aspiraciones más antiguas del BJP: detonar tres dispositivos nucleares enterrados a gran profundidad en el desierto de Pokhran, en Rajastán. La India ya había probado un dispositivo nuclear en 1974, pero el gobierno hizo entonces todo lo habido y por haber para llamarlo una «prueba pacífica». Ahora, en cambio, el BJP presumía, sacaba pecho, solo le faltaba declarar la guerra. El gobierno de Pakistán respondió al postureo de inmediato haciendo sus propias pruebas nucleares. Dos países que habían librado varias guerras entre sí tenían ahora armas nucleares. Las presentaban con orgullo como una bomba hindú y una bomba musulmana. Los doscientos millones de musulmanes de la India se vieron convertido en rehenes de esta escalada nuclear. Cachemira, el único estado de la India de mayoría musulmana, por el que India y Pakistán habían librado tres guerras, era un polvorín.

A raíz de las pruebas nucleares, los diarios y las cadenas de televisión se saturaron de triunfalismo y declaraciones grandilocuentes, buena parte de ellas formuladas en un lenguaje masculino y viril. Personajes inverosímiles, entre los que también había escritores, actores y artistas, se sumaron a las celebraciones. Un nuevo lenguaje público hasta entonces inaceptable pasó a ser aceptable de la noche a la mañana. Quedó dolorosamente claro que las armas nucleares tenían un efecto letal incluso sin llegar a utilizarse. La idea de que la India se declarara abierta y orgullosamente una potencia nuclear pareció alterar nuestra imaginación colectiva, volverla radioactiva.

El Booker me puso en el punto de mira de la opinión pública, en la portada de las revistas y en los diarios a doble página. Me sacaban a colación a todas horas en una especie de desfile del Orgullo Nacional que fluía sin descanso para celebrar el nacionalismo hindú. Comprendí que, si no decía nada, mi silencio se interpretaría de manera automática como conformidad con lo que estaba pasando. No soportaba la idea de que se me malinterpretara.

Mi primer artículo político, «El fin de la imaginación», se publicó simultáneamente como texto de portada de dos importantes revistas, *Outlook* y *Frontline*. No era solo la posibilidad de un conflicto nuclear con Pakistán lo que a mí me preocupaba. Era lo que la India se estaba haciendo a sí misma. Veía con toda claridad hacia dónde nos dirigíamos. Habíamos emprendido el viaje de regreso a los horrores de la Partición, cuando hindúes, musulmanes y sijs se enfrentaron y masacraron en un conflicto de todos contra todos:

> ¿Por qué resulta tan familiar? ¿Será porque, desde el momento en que observas la realidad, esta se disuelve y precipita sin remedio hacia esas silenciosas imágenes en blanco y negro de los documentales antiguos, esas escenas de mul-

titudes perseguidas, detenidas y encerradas en campos? ¿De masacres, de caos, de interminables columnas de gente destrozada camino de ninguna parte? ¿Por qué hay tanto silencio en la sala? ¿He visto demasiadas películas? ¿Estoy loca? ¿O tengo razón? ¿Podrían estas imágenes ser la culminación inevitable de lo que hemos puesto en movimiento?

Yo no estaba loca. Tenía razón. Así eran las cosas.

El párrafo del artículo que levantó una gran polvareda fue este: «Si protestar en contra de que me implanten una bomba nuclear en el cerebro es antihindú y antipatriótico, entonces me escindo. Aquí me declaro una república independiente y móvil. No reconozco ningún territorio. No enarbolo ninguna bandera».

Los insultos y la oleada de indignación —«Vete de la India», «¡Vete a Pakistán!»— me derribaron al instante de mi pedestal de estrella literaria y princesa de cuento de hadas. (En mi cerebro estas reacciones solo eran variantes más públicas del «¡Fuera de mi casa!», «¡Fuera de mi coche!» de la señora Roy). La acusación más popular fue (y sigue siendo): «En realidad se llama Susanna. Esconde que no es hindú».

No era lo bastante cristiana.

No era lo bastante hindú.

No era lo bastante comunista.

No era bastante.

Fue un alivio. Me liberó y me puso en marcha. Unos años después recorrí bosques y valles fluviales, pueblos y ciudades fronterizas, tratando de entender mejor mi país. Mientras viajaba, escribía. Ese fue el comienzo de mi vida inquieta y rebelde como escritora-traidora y sediciosa.

Mujer libre. Escritura libre. Como me había enseñado Mary Roy.

No solo me había librado de la jaula de oro. La había hecho trizas.

En el proceso, como un terrorista suicida, también yo me hice trizas. Mi vida. Mi hogar. Mi amor. Algunos días llegaba a sentir, físicamente, que el corazón se me rompía. Una vez, yendo en un taxi, me pareció oír el ruido de la sangre circulando por mis venas, como un motor. Pensé que iba a darme un infarto. Afortunadamente iba con un amigo. Fuimos corriendo al hospital. Al entrar entre la multitud, aturdida, vi que la gente se volvía a mirarme y susurraba mi nombre. La enfermera de la sala de urgencias que me tomó la tensión y el médico que me hizo un electrocardiograma me pidieron autógrafos.

—Está usted bien. No es nada. Tranquila —me dijo el médico, y me mandó a casa.

Se equivoca, quise decirle. *Es todo. Hasta la última puta cosa.*

No todo el mundo quería autógrafos.

Cuando fui a hacerme una mamografía de rutina, una vez que me tenía prisionera, con el pecho derecho aplastado entre las planchas frías de la máquina, el médico me dijo: «Su libro, *Hijos de un dios menor*, me ha parecido muy aburrido». Luego me dio una conferencia sobre por qué era necesario que la India se declarara formalmente un país hindú y por qué necesitábamos armas nucleares.

El mundo me parecía demasiado absurdo para estar triste demasiado tiempo.

Mi corazón iba saltando por autopistas, paseando por tierras comunales, sobrevolando sitios en los que no encajaba, y empezó a tomarse los asuntos públicos en clave profundamente personal.

De rally por el valle

Menos de un año después de las pruebas nucleares, el Tribunal Supremo anuló la suspensión legal de la construcción de la gigantesca presa de Sardar Sarovar, una de las cuatro grandes presas que se hicieron en el río Narmada, en el estado de Gujarat. El proyecto anegaría una inmensa extensión de antiguas selvas y desplazaría a cientos de miles de tribus indígenas de las montañas, así como a los campesinos relativamente prósperos que cultivaban las fértiles llanuras de limo. El embalse, del tamaño de una ciudad estado, inundaría pueblos, ciudades, mercados, monumentos, mezquitas y templos: toda una antigua civilización ribereña. Yo llevaba algunos años siguiendo el movimiento contra la presa en el valle. La de Sardar Sarovar estaba a media construcción, pero cada metro más de altura significaba muchas más zonas sumergidas, muchos más pueblos ahogados.

Cuando llegó la orden judicial, la organización Narmada Bachao Andolan (NBA) —Movimiento Salvemos el Narmada— emprendió movilizaciones para reactivar la resistencia. Uno de los activistas, Himanshu Thakkar, enciclopedia viviente de todo lo relacionado con las presas, me llamó para preguntarme si estaría dispuesta a ir al valle del Narmada. Creo que lo hizo porque, tras la publicación de «El fin de la imaginación», el NBA me había señalado como una persona que no se dejaba intimidar por las agresiones de sus detractores. En una primera reunión, otra activista, Nandini Oza, me dijo: «Cuando leímos *El dios de las pequeñas cosas*, supimos que estarías en contra de las grandes presas». Me encantó que hicieran esta extrapolación tan original a partir de una novela. Por mi parte, quería ponerme a prueba, ver si era capaz de encontrar un lenguaje, un lenguaje literario, para escribir sobre el Narmada y la tragedia que lo acechaba, tal como lo había encontrado para hablar de Ayemenem y el Meenachil. ¿Podía hablar de regadío, agricultura, desplazamiento de población y drenaje igual que hablaba del amor y la muerte, o de los personajes de una novela?

La visita al valle del Narmada fue el equivalente intelectual y emocional a un tratamiento quiropráctico. La estructura de mi esqueleto se realineó. Mi cerebro se dio la vuelta. El rigor intelectual, la profunda conciencia ecológica y la militancia amable del NBA se anticiparon varias décadas a las actuales protestas contra la crisis climática. A pesar de las palizas, tanto físicas como psicológicas, que soportan las mujeres indias, sobre todo en las zonas rurales, eran ellas quienes lideraban este movimiento. Su lucha contra las grandes presas en el valle del Narmada sigue siendo una de las batallas más formidables del mundo. Tuve el privilegio de participar en ella. Aunque perdimos, por nada del mundo habría querido estar en el bando de los que ganaron: los que ven un río y quieren detenerlo, domesticarlo, adueñarse de él, cubrirlo de cemento y basura y aguas residuales. Matarlo.

Viajé siguiendo el curso del río, por las ciudades y pueblos de las montañas y las llanuras destinadas a ser sumergidas por el embalse. Algunos de los pueblos en los que estuve seguían en su estado primigenio, rodeados de bosques frondosos, dormidos. A kilómetros de allí, río abajo, las poblaciones más cercanas a la presa ya estaban sumergidas. El proceso de construcción era tan lento que a la gente le costaba imaginar de antemano el alcance de la devastación. Fue una contradicción en los términos: una explosión a cámara lenta.

Mi artículo «El mayor bien común», publicado también en *Outlook* y *Frontline*, defendía que las grandes presas son desastrosas en lo ecológico, descabelladas en lo económico y antidemocráticas en lo político. Que los planificadores y los ingenieros inflaban sus beneficios y minimizaban el verdadero coste del proyecto. Que nunca ofrecían lo prometido sobre el papel. Antes de escribirlo, tuve una conversación con Medha Patkar, la líder carismática del NBA, sobre las consecuencias de su publicación. La batalla que estaba librando el NBA era feroz: en el plano ideológico, jurídico y político. Hasta en el físico. La oposición sabía aprovechar la más mínima fisura en la armadura, el más mínimo paso en falso. Teníamos que anticiparnos, sopesar todas las posibilidades.

Medha y yo éramos tan distintas como el día y la noche. Ella era gandhiana, una activista incansable que llevaba años trabajando en el valle, recorriendo los pueblos a pie para movilizar a la población, explicarles cómo iba la presa a destruir su vida. Vivía con una frugalidad imposible, vestía con saris de tela basta, tejidos a mano y teñidos con tinte vegetal, y al parecer había renunciado a cualquier clase de delicias y placeres, incluidos los románticos. En cuestión de rectitud, dedicación y compromiso, yo no le llegaba a la suela del zapato.

Para ganarse el favor de la gente en zonas como el valle del Narmada, las mujeres activistas tienen que parecerse lo más posible a las demás mujeres. Tienen que adaptarse, al menos en apariencia, a las expectativas tradicionales antes de dar un paso. Las activistas gandhianas no llevaban joyas, ni flores en el pelo, ni abalorios. Eran austeras como monjas o monjes. Ninguna tenía hijos. Sabían que su vida era demasiado imprevisible para permitírselo.

Mi tarea era distinta. Mi compromiso consistía en escribir. En ser escritora, no líder ni activista. Para eso no podía dejarme aplastar por el peso de una «próxima entrega» o el de cumplir las expectativas de los demás. Necesitaba tener derecho a no caer bien. Necesitaba poder poner a prueba los límites de lo aceptable, no encajar en ellos, tener derecho a estar sola. Y lo principal, aunque Gandhi era para mí un visionario en ciertos aspectos y admiraba muchas cosas de él, no era gandhiana. Yo era crítica. Una escéptica. Por decirlo suavemente.

Medha y yo hablamos de estas cosas. Las dos sabíamos que, cuando se publicara el artículo, algunos intentarían explotar nuestras diferencias para enfrentarnos. (A la Mujer Buena contra la Mujer Mala).

«El mayor bien común» desmontó para muchas personas las ideas sobre cuál debe ser el papel de una escritora en la sociedad. ¿Qué *era* este artículo? ¿Era periodismo? ¿Era un trabajo académico? ¿Era un texto literario? ¿Era un cuaderno de viaje? El lobby partidario de la presa montó en cólera y lo calificó de ficción. Pero tampoco quienes aseguraban estar de nuestro lado se sentían cómodos. Recibí sermones públicos, de hombres supuestamente progresistas, sobre cómo escribir, qué tono emplear y qué temas me estaba permitido tratar. Su vanidad masculina les permitía no tener conciencia de la calidad de sus textos y su escaso conocimiento de los hechos. Me insultaban vehementemente por la vehemencia de mi defensa. Me aconsejaban callarme y ser sutil, cuando yo solo quería gritar desde los tejados.

Aún mayor que el de estos hombres fue el enfado de la institución más respetada de la India: el Tribunal Supremo. El tribunal que había tratado bien a la señora Roy no se dejó impresionar tanto por su hija. Tres magistrados presidieron las vistas preliminares, en las que se deliberaría si me acusaban por desacato judicial: un delito penal castigado con seis meses de prisión. Estaban muy ofendidos por mis críticas a la orden judicial que autorizaba la reanudación de las obras de la presa de Sardar Sarovar. El tribunal contaba con el asesoramiento de un jurista veterano conocido como *amicus curiae* o «amigo de la curia». Deliberaron sobre si los pasajes iniciales de «El mayor bien común» eran «escandalosos y menoscababan la dignidad de tribunal». El artículo empezaba así:

> Estaba en un cerro, riéndome a carcajadas.
>
> Había cruzado el Narmada en barca desde Jalsindhi, y subido por el abrupto promontorio

en la orilla opuesta, desde donde veía, alineadas sobre las cimas de los montes pelados y bajos, las aldeas adivasi de Sikka, Surung, Meemgavan y Domkhedi. Veía sus casas frágiles y etéreas. Veía sus campos y los bosques tras ellos. Veía a los niños con sus cabritillos, correteando por el paisaje como cacahuetes motorizados. Sabía que lo que estaba contemplando era una civilización más antigua que el hinduismo, elegida —*condenada* (por el más alto tribunal del país)— para quedar anegada en el próximo monzón, cuando las aguas del embalse de Sardar Sarovar crezcan hasta sumergirla.

¿Por qué me reía?

Porque de repente me acordé de la tierna preocupación con que los jueces del Tribunal Supremo de Delhi (antes de anular la suspensión legal de las obras de construcción de la presa de Sardar Sarovar) preguntaron si los niños adivasi de los asentamientos de repoblación tendrían parques infantiles para jugar. Los abogados que representaban al gobierno aseguraron de inmediato que por supuesto que tendrían parques, y no solo eso, sino que habría balancines, toboganes y columpios en todos los parques. Contemplé primero el cielo interminable y luego el río, que pasaba veloz, y por un momento, un momento muy breve, el absurdo de la situación transformó mi rabia en carcajadas. Sin ánimo de ofender.

Durante las sesiones judiciales, los enfadados miembros del tribunal intercambiaron ejemplares de *Outlook* y *Frontline* y señalaron las frases que no les gustaban. «Decir que lo haces sin ánimo de ofender no indica respeto. Al contrario. Se cree que no entendemos el inglés». Debatieron sobre las ramificaciones jurídicas y penales del sarcasmo. Normalmente se referían a mí como «esa mujer».

Seguramente no lo decían en el mismo sentido en que yo lo interpretaba, pero «esa mujer» me devolvió a aquel día en que la señora Roy se puso a gritarme en el comedor del colegio, cuando Baker vino de visita: el día que decidí que nunca volvería a casa. Me recordó los insultos de aquellos parientes, X, Y, Z, que ella había tenido que soportar por mi culpa: «amante», «mantenida».

Yo empecé a llamarme a mí misma la Furcia que ganó el Booker.

Otra parte de «El mayor bien común» que molestó especialmente a los jueces fue mi insinuación de que ofrecer dinero en metálico como compensación a las tribus indígenas obligadas a abandonar sus tierras —personas que vivían al margen de la economía monetaria y a quienes, de acuerdo con el plan de repoblación oficial, se les había prometido expresamente «tierra por tierra»— era como pagar el salario de los jueces del Tribunal Supremo en sacos de fertilizante. Al cabo de varias sesiones, el tribunal dictó sentencia. Me dejaban en libertad con un apercibimiento severo, redactado en una prosa tan rimbombante que necesité un diccionario para descifrarla.

Cuando ya se acercaba el monzón, las activistas y los vecinos del valle del Narmada declararon que, en el momento en que la cantidad de agua acumulada en el embalse de Sardar Sarovar se desbordara y sumergiera sus pueblos, no se moverían. Harían frente a las peligrosas corrientes de la crecida para manifestar su protesta.

Un grupo de personas hicimos un llamamiento a participar en un viaje por el valle con el fin de comprender las consecuencias de las grandes presas. Lo llamamos el Rally por el Valle. Centenares de personas respondieron a la convocatoria. Llegaron de ciudades de todo el país. Pradip, Golak y Arjun Raina (el actor que interpretó a Annie) también se sumaron a la campaña. Nos acompañaba un amplio contingente de periodistas, unos a favor, otros en contra. Viajamos en tren, en autobús y a pie. Miles de vecinos salían a recibirnos, se unían a la columna y participaban en las asambleas que organizaba el NBA.

Las activistas del NBA eran brillantes oradoras. Yo lo pasaba fatal cada vez que me tocaba tomar la palabra. No tenía la menor idea de cómo dirigirme a un público tan numeroso. Escribí unas líneas que repetía como una idiota en cada asamblea: *Main lekhika hoon. Main sunne ke lie aayi hoon, bolne ke lie nahin. Narmada ghati Zindabad.* «Soy escritora. He venido a escuchar, no a hablar. Larga vida al valle del Narmada». A pesar de que mi hindi había mejorado muchísimo desde los tiempos de mi *Subah uthke dekha to kutiya mari padi thi*, «Cuando se despertó por la mañana, vio que la perra estaba muerta», hablarlo en público era muy distinto.

Me costó varios años perder la timidez.

Enseguida empezaron a llamarme *escritora-activista*, un nombre que me parecía absurdo, porque daba a entender que hablar de las cosas que afectaban a la vida de la gente en lo más esencial no era el cometido de una escritora. Que necesitaba un apellido. A mí el nombre de *escritora-activista* me sonaba parecido a sofá cama.

Que yo no fuera gandhiana ni activista ponía en frecuentes apuros a mis amigas activistas y gandhianas. A veces en apuros tremendos.

Yo había escrito un artículo, «Políticas del poder», sobre la Nueva Economía de la India, la apertura de mercados hasta entonces protegidos al flujo de capitales, libres ahora de toda regulación, y los peligros de los planes indiscriminados de privatización y ajuste estructural. El artículo daba cuenta con cierto detalle de las desastrosas consecuencias de la presa de Maheshwar, la primera construida aguas arriba de la de Sardar Sarovar. Una empresa privada se encargaba de su construcción.

El NBA convocó una rueda de prensa en la ciudad de Indore, en la que yo sería una de las portavoces. Algunos periodistas parecían definitivamente perros de presa a sueldo de la empresa privada más que verdaderos periodistas. Intentaron boicotear la rueda de prensa insinuando (a gritos) que yo era dueña de una mansión ilegal en la selva, edificada en terrenos robados a una tribu indígena, y por tanto no tenía ningún derecho a hablar del medio ambiente. Se referían a la casa que Pradip y Golak habían construido a la orilla de la selva, en un pueblo cercano a Pachmarhi. No era ilegal, por supuesto, y tampoco era mía. Me asqueó. Así era nuestra gran sociedad («Esto es la India, hija mía»): los hombres tenían derecho a heredarlo todo, mientras que a las mujeres, en virtud del mismo derecho, las acusaban de algo que ni siquiera era suyo. Les pregunté a los perros de presa si les interesaba mi respuesta o si habían venido únicamente a ladrar. Se callaron. Lo que hice a continuación fue, creo, algo parecido a cuando la señora Roy enseñó su sujetador en la asamblea escolar para explicarles a los chicos sus funciones.

«Supongamos, hipotéticamente, que soy una mala persona. Supongamos que tengo un palacio ilegal en la selva, lleno de drogas hasta los topes, y que utilizo a trabajadores indígenas como mano de obra esclava. Y no soy virgen. Muy bien. Pero ¿por qué van a construir la presa?».

Me salió así. No lo había preparado. Hubo un breve silencio de estupor. La rueda de prensa terminó muy deprisa. De todos modos, la acusación de tener un palacio ilegal en la selva me siguió durante años. Vivió más años que la empresa privada que estaba construyendo la presa de Maheshwar. La compañía quebró y la presa ahí sigue, abandonada, a medio construir. Un monumento a la irresponsabilidad y la codicia.

«El mayor bien común» fue el primero de los artículos que escribí sobre las presas del Narmada. Recorrí el río de arriba abajo. A veces por carretera, a veces en el barco que el NBA había comprado con el dinero del Premio Booker. Mi compañero en estos viajes era Sanjay el Pulcro, que había empezado a rodar un largometraje documental —*Words on Water*, «Palabras sobre el agua»— en torno al movimiento de oposición a las presas. Me alegraba poder ayudarlo, igual que había ayudado a Pradip, para que los dos pudieran escribir sus libros y hacer sus películas como quisieran: libros y películas que no encontrarían fácilmente el apoyo de productores o editores. Quería que todo el mundo tuviera la oportunidad de hacer esos trabajos para los que no resulta fácil encontrar financiación. Porque todos veíamos que el dinero en grandes cantidades siempre tendía a limar las aristas y a defender el *statu quo*. Unas veces con el mayor descaro, y otras por vías más indirectas y sutiles. El dinero en pequeñas cantidades siempre es más subversivo.

Ni en sueños habría imaginado que con un solo libro podía ganar la cantidad de dinero que gané con *El dios de las pequeñas cosas*. (Digo esto relativamente, desde mi posición, no desde la perspectiva de una estrella del rock o del cine). Mientras recorría el valle del Narmada, reuniéndome con gente que ya había perdido su forma de vida, sus tierras y sus historias o estaba a punto de perderlas, gente pobre hasta la desesperación y en riesgo de ser borrada del mapa, me asaltaba cierta vergüenza y culpa al pensar que mi libro vendía millones de ejemplares en todo el mundo y mi cuenta corriente no paraba de llenarse. Era problemático ser una escritora conocida y rica en un país de gente muy pobre y mayoritariamente incapaz de leer un libro. ¿Qué significaba esto? ¿Qué significaba ser yo?

Como muchas mujeres, casi empecé a pedir disculpas por mi supuesto éxito. A veces tenía la sensación de que cada momento de ternura de *El dios de las pequeñas cosas* se había cambiado por una moneda de plata, y de que si no me andaba con cuidado acabaría convertida en una fría figurilla de plata con un frío corazón de plata.

Una vez más, aunque por la razón contraria —por exceso, no por defecto—, el dinero empezó a preocuparme más de lo que debía. Estaba desorientada. Decidí desprenderme de él lo antes posible. Habiéndome criado con la señora Roy y sus reproches por ser mi «banquera», me hice la promesa de que jamás pondría ataduras a lo que diera. Mi lema era «Da. Y olvida». Pero esto tampoco funcionaba del todo bien. Porque el arte de recibir es tan complicado como el de dar, y requiere la misma gracia. Aprendí por las malas que un exceso de abnegación femenina puede llevar al resto a aprovecharse de ti con una falta de respeto grave y una cruel sensación de legitimidad. Hay pocas cosas en esta parte mía del mundo que gusten tanto a la gente (incluidas las mujeres) como una mujer abnegada, invisible. A veces siento que soy la mujer visible más invisible del mundo.

Me alegraba ser independiente en lo económico. Pero tenía más dinero del que necesitaba para mí, para Pradip y las niñas, para mis amigos. Para cualquiera que estuviese haciendo un trabajo bonito, para cualquiera con necesidad de ayuda. Me repugnaba la idea de que me vieran como una santa benefactora. Tampoco quería ser la mujer abnegada, invisible y virtuosa. Era un dilema para volverse loca aunque muy interesante.

Pasé un tiempo empantanada en esta ciénaga ética sin encontrar la salida. Un grupo de personas, entre las que había activistas y abogados, decidimos crear un fondo fiduciario al que yo aportaría una parte de mis regalías todos los años, en el momento de recibirlas. El fondo no lleva mi nombre y tampoco recauda ni acepta dinero de nadie más. Se dedica únicamente a compartir mis descabelladas ganancias. El dinero se reparte entre periodistas, activistas, profesores, abogados, artistas y cineastas que tienen la valentía de nadar a contracorriente. Entre gente que comprende las políticas clientelares de las ONG y las fundaciones internacionales y se niega a recibir dinero de ellas. Entre gente que no sabe o no quiere hacer propuestas amables para engrasar la maquinaria de las ONG. En comparación con otros fondos, el nuestro es diminuto, pero siempre está cerca de aquellos con quienes compartimos el dinero. Y lo compartimos con un espíritu solidario, no por caridad. Todos sabemos que nuestra labor requiere un cuidado extremo. Porque el dinero puede ser liberador, pero también debilitante y nocivo, como los residuos nucleares. Cuando mis libros dejen de venderse y el dinero se acabe, el fondo se cerrará. Como la arquitectura de Laurie Baker, no aspira a durar eternamente. Por ahora, nuestro eslogan es esa frase de Golak:

«Gracias a Dios, somos ricos».

Por si estuviera dando una falsa impresión: yo no era ni abnegada ni generosa. Creo en la máxima de «Aléjate de quien se sacrifica». (Porque enseguida se vuelve insufrible y exige un precio muy superior al de su sacrificio). También tenía mis momentos de no pedir disculpas. Envié por fax mi extracto bancario a aquel familiar nuestro, el señor Z, y le pregunté si querría ser mi contable, ahora que podía pagar sus servicios. Detectaba cierta arrogancia en la actitud con que entraba en una tienda y compraba algo sin preguntar el precio. Confieso haber vuelto de viaje con las maletas llenas de ropa y calzado para Pradip, para las niñas y para mí. Recuerdo que la señora Roy también tenía estos momentos bisagra, sobre todo cuando dejó atrás las penurias y empezó a ser solvente. Yo presencié algunos de pequeña, cuando íbamos de compras a Kottayam. Sobre todo en las tiendas de saris.

Me llevo estos... Sí. Los cinco. Y el verde también.

Más problemas legales

El año 2001, cientos de vecinos de los pueblos del valle del Narmada viajaron a Delhi y se congregaron ante el Tribunal Supremo para protestar contra la sentencia que permitía reanudar las obras de la presa de Sardar Sarovar. Pasaron días sentados a las puertas, cantando y voceando eslóganes. Yo no participé en la protesta, pero cinco abogados varones (el Lote Número Dos) fueron a la policía a denunciar que Medha Patkar, Prashant Bhushan (abogado del NBA) y yo los habíamos agredido físicamente. Me acusaron de intentar estrangular a uno de ellos con un fular. La denuncia era tan absurda que hasta la policía, que estaba presente el día en cuestión y sabía que yo no había participado, se negó a tramitarla.

El Lote Número Dos apeló directamente al Tribunal Supremo. El Supremo no solo es muy estricto sino que suele ser muy punitivo con quienes intentan esquivar el procedimiento habitual con apelaciones directas, sin pasar por los juzgados de instrucción y otras instancias intermedias. Acumula un retraso de decenas de miles de causas desde hace décadas. Cientos de miles de presos preventivos se amontonan en prisiones abarrotadas a la espera de su última oportunidad de recibir justicia. Para ellos el Tribunal Supremo es tan inalcanzable como el cielo. Por eso nos quedamos perplejos al recibir la citación con la orden de comparecer personalmente ante el Alto Tribunal para explicar aquellos intentos de asesinato a plena luz del día sin más armas que unas prendas de vestir. Hoy día sigo sin entender qué movió a los jueces del Tribunal Supremo a aceptar a trámite la estrafalaria denuncia de los cinco abogados.

Para la vista preliminar no contraté a un abogado sino que redacté yo misma mi declaración. Los jueces dejaron en libertad a Medha y Prashant, pero se ofendieron por mi respuesta y esta vez me acusaron formalmente, en nombre propio, de desacato al tribunal. Me pidieron que me disculpara, pero yo no veía de qué tenía que disculparme. Me dijeron que no estaba actuando como «un hombre razonable». Supongo que esta transición a ojos de la ley, de «esa mujer» a un «hombre no razonable», era en cierto modo un progreso.

El caso fue objeto de debate a escala nacional. Un exjuez muy querido publicó en un periódico un artículo en el que me reprochaba mi falta de respeto al tribunal. En un segundo artículo criticaba la construcción de las presas del Narmada reproduciendo literalmente párrafos de algunos textos que yo había escrito. Era un gran hombre y un juez excelente, pero me habría gustado que se decidiera entre sermonearme y plagiarme. Las dos cosas al tiempo resultaban algo confusas para mi linda cabecita.

Terminadas las vistas preliminares, el procedimiento se pospuso. La fecha prevista para dictar sentencia era primeros de marzo de 2002.

Para entonces el mundo había cambiado.

Una vez más.

La Guerra contra el Terror, al margen de lo que esto supuestamente significara, estaba en marcha. Las tropas estadounidenses invadieron Afganistán. El hipernacionalismo de Estados Unidos estaba dando un puñetazo en la cara al mundo entero y, a su lado, nuestra marca india local parecía una birria de segunda mano. Todo intento de sugerir que los trágicos atentados del 11-S no habían ocurrido en el vacío, sino que tenían un contexto histórico, se ridiculizaba y se tachaba de justificación del terrorismo.

El artículo que escribí, desoyendo el consejo de quienes me querían y deseaban lo mejor (de ahí que me resultara más difícil), «El álgebra de la justicia infinita», se publicó en periódicos de todo el mundo menos Estados Unidos. Tomé el título del de Operación Justicia Infinita, el nombre que se dio en un principio a la invasión estadounidense de Afganistán. Más adelante se cambió por el de Operación Libertad Duradera. Decíamos en broma que era como si uno se llamara Arturo Apesta e hiciera enormes esfuerzos para cambiarse el nombre por el de Juan Apesta.

La islamofobia internacional fue como un regalo divino para los nacionalistas hindúes. Cuando el presidente George W. Bush declaró: «O estáis con nosotros o con los terroristas», el gobierno del BJP apenas pudo disimular su alegría.

Como si alguien hubiera activado un interruptor, una cadena de ataques «terroristas» sacudió la India. De inmediato les dieron el nombre de «11-S Indio». Con una regularidad aterradora, empezaron las detenciones de jóvenes musulmanes, también las muertes a tiros en lo que la policía llamaba «enfrentamientos». El comentario más estúpido y repetido con mayor frecuencia en los círculos políticos de la India era: «No todos los musulmanes son terroristas, pero todos los terroristas son musulmanes».

La señora Roy seguía muy de cerca todo lo que yo escribía, sin perderse nada. Se suscribió a *Outlook* y *Frontline* y no necesitaba que la avisara de lo que tenía entre manos. Para mí esto era una muestra de amor. Sabía que estaba preocupadísima, porque se lo contaba a Kurussammal (que ya era muy mayor y empezaba a parecer una uva pasa envuelta en un sari) y a algunos profesores del colegio, que me lo contaban cuando iba de visita. A mí nunca me manifestó su angustia, siempre aparentaba una indiferencia absoluta. Sus comentarios sobre mis artículos seguían más o menos esta línea:

«Estás siendo desagradable a propósito».

Pero nunca me pidió que diera un paso atrás.

Se cernía sobre mí como un ángel de hierro que no conoce el afecto. El zumbido metálico de sus alas me incitaba a escoger las grandes batallas, no las pequeñas. Cuando iba de visita a Kottayam, a casa —un momento, permítanme rescribir esta frase—: cuando iba de visita a Kottayam, a su casa, me pedía que les hablara a los alumnos mayores de lo que estaba haciendo. A veces yo decía cosas que no gustaban a las familias. Ella no les hacía ni caso.

Sus alumnos seguían siendo casi todos cristianos sirios de familias que vivían en sus burbujas de confort y soñaban con la misma vida de confort para sus hijos. En una de estas charlas dirigidas a los chicos mayores señalé que estaba algo cansada de oír decir a las familias de antiguos alumnos que sus hijos estaban estudiando en Oxford o en Harvard o en la Universidad Johns Hopkins, y seguía esperando a que alguna de estas personas contara con orgullo que su hijo o su hija estaban en prisión por defender algo en lo que creían, por luchar por algo más que su carrera, su familia o ellos mismos. Para algunos esto era cruzar una línea roja. Hubo quejas. La señora Roy las atendió y contestó que estaba de acuerdo conmigo.

Cuanto más me tachaban de antipatriota más segura estaba yo de que la India era el país que amaba, el país en el que estaban mis raíces. ¿Dónde si no podría ser la *hooligan* en que me estaba convirtiendo? ¿Dónde si no podría encontrar a otros *hooligans* como yo, a quienes tanto admiraba? Y ¿quién entre nosotros, supuestamente iguales, tenía derecho a decidir lo que era patriota y lo que era antipatriota?

Cuando mi abuela cayó enferma y la ingresaron en el hospital, sabiendo que aquella sería la última vez, pidió a su hija que fuese a verla. La señora Roy se negó. Era un ángel de hierro con su madre, lo mismo que conmigo. Llevaba años sin verla, a pesar de que vivían a quince minutos en coche la una de la otra. La señora Roy la acusaba de haber apoyado a su hijo mayor en la querella judicial, de haber firmado todo lo que él le pidió que firmase, aunque eso significara destruir la credibilidad de su hija. Mi madre nunca le perdonó a la suya que aquel día, hacía ya muchos años, viniera con G. Isaac a Ooty para echarnos del único refugio que teníamos. Desde entonces mi abuela se había convertido en una anciana ciega y asustada, atrapada en el fuego cruzado entre una hija voluble y un hijo privilegiado y excéntrico. Su único consuelo era el violín, pero sus días de tocar el violín ya eran cosa del pasado.

Cuando murió nuestra abuela, mi hermano y yo fuimos al funeral. La señora Roy no quiso ir.

El funeral fue como un relato que habría podido escribir en mi juventud. Mientras los obispos, junto al féretro abierto, se mesaban la barba hirsuta y pronunciaban mecánicamente unas palabras sobre su maravillosa vida de música, sacrificio y elaboración de alimentos envasados, una anciana tan diminuta que apenas me llegaba al hombro, con el pelo blanco recogido en la nuca con una trenza apretada, se abrió camino entre la gente y apareció a mi lado. La conversación que tuvimos entre los «amén» de la congregación fue inolvidable.

—Me encantó su *Dios de las pequeñas cosas*.

—Gracias.

—¿Le digo cuál fue la parte que más me gustó?

—¿Luego, mejor?

—¡La de tirarse pedos debajo del agua! Todos lo hemos hecho.

Cuando me volví a mirar, la gnomita ya no estaba. Nunca supe quién era.

Poco después de la muerte de mi abuela, la señora Roy presentó un recurso de apelación para desahuciar a G. Isaac de la residencia ancestral del Entomólogo Imperial. El día señalado para la ejecución, mi madre estaba en la calle, dentro del coche, mientras la policía sacaba de casa a mi tío y a su mujer, Soosy. Cuando me enteré por mi hermano, reaccioné con admiración, pero también con tristeza. Admiración por la perseverancia de acero de la señora Roy, pues pocas mujeres hubieran tenido valor para llegar hasta el final. Tristeza porque yo quería a G. Isaac.

Inmediatamente después del desahucio, G. Isaac se instaló en la ciudad, en un piso alquilado. Poco a poco se construyó una casita a la orilla de un prado, a unos kilómetros del núcleo urbano, y allí vivía con su mujer, el viejo piano de su madre y el remo que ganó cuando formaba parte del equipo de remo de Balliol. The Malabar Coast Products tuvo que cerrar. La antigua casa familiar se vendió y el dinero se repartió entre los hermanos. (Y se gastó). Los nuevos dueños demolieron la vivienda para construir un feo centro comercial de varias plantas. Cuando paso en coche por delante aparto la mirada.

Mientras se invadían países y se represaban ríos, mientras la tierra giraba más deprisa de lo normal y a mí me juzgaban por no comportarme como un hombre razonable, Micky Roy desapareció.

Mi prima, hija de mi tía con la que vivía Micky, me llamó una mañana para decirme que se había ido. Llevaba unos días sin volver a casa.

—Si no lo encontramos, morirá.

Me sorprendió mi preocupación. Creía haberme acostumbrado a no sentir nada. Micky no era la única persona de mi entorno cercano adicta al alcohol o las drogas. Para entonces yo había aprendido, a las malas, que cualquier emoción, relación, buena intención —tanto suya como mía—, se esfumaba ante la necesidad del adicto a su sustancia. Sabía que lo único que podía hacer era no emitir juicios y, a ser posible, confiar, y al mismo tiempo procurar no retirar nunca el amor o el afecto. Claro que lo sabía. Pero lo que sabemos no siempre coincide con lo que sentimos o lo que hacemos.

Fui inmediatamente a Noida, en las afueras de Delhi, a casa de mi tía. Mi prima y yo estuvimos varias horas recorriendo el barrio y preguntando a vendedores de cigarrillos, zapateros y taxistas si tenían alguna idea de dónde podía estar. Todos lo conocían, y todas las caras se arrugaban para esbozar una sonrisa al oír su nombre. Micky era quien les escribía las cartas y rellenaba los formularios, además de compañero de cogorzas. Ya anochecía cuando lo localizamos en un solar en construcción. Estaba viviendo allí con un amigo bengalí, un conductor de rickshaw, entre sacos de cemento, montones de arena y varillas de acero, en un cobertizo provisional levantado con material de construcción sobrante y cubierto con una plancha metálica. Tanto él como su compañero estaban completamente borrachos. Micky, balanceándose en la puerta, nos contó tan feliz que eran hermanos, que se habían perdido el rastro hacía mucho tiempo y estaban ahorrando para volver a su pueblo, en Bengala Occidental.

Conseguí convencerlo para subir al coche y lo llevamos a un hospital, donde estuvo ingresado varios días. Se ganó la simpatía del joven médico que lo cuidaba lanzando puñetazos al aire, con los brazos como palillos, y diciendo: «¡Eh, tú, ven aquí! Deja que te sacuda las orejas». Me recordó a mi hermano a sus cuatro años, en Ooty, cuando lanzaba puñetazos al aire y decía: «¡Soy Cassius Clay!».

Cuando Micky por fin pudo andar erguido y no apestaba a alcohol, fui con él en avión a Madrás, donde le había reservado una plaza en un centro de rehabilitación para hacer un tratamiento de ocho semanas. (Gracias a Dios por las regalías).

No tenía ni idea de qué iba a hacer con él cuando saliera de allí. Mi tía se negó a que volviera a su casa. Yo no tenía una casa propia en la que cuidar de él.

Mi hermano (que había perdido parte del entusiasmo inicial por su padre) y yo encontramos una casita para alquilar en Hosanna Mount, en Kerala. Era un sitio precioso, con media docena de casitas independientes, un hospital de cuidados paliativos para personas pobres y un centro de estudio con instalaciones en el que se celebraban seminarios y conferencias. El dueño nos prometió ser discreto y cuidar de Micky en todos los aspectos posibles. Dijo que se aseguraría de que no tuviera acceso al alcohol. Era arriesgado que el señor y la señora Roy vivieran los dos en Kerala, a solo un par de horas de distancia. Podía ocurrir cualquier cosa. Podía ser el fin del mundo. Pero como no tenía alternativa, decidí asumir el riesgo.

Pasadas las ocho semanas, volví a Madrás a recoger a Micky. Estaba en su habitación, presidiendo una asamblea de esnifadores de pegamento, yonquis de jarabe para la tos, adictos a las drogas y el alcohol, enfermeras y médicos, todos ellos pendientes de cada palabra que decía y riéndose a carcajadas de sus chistes. Parecía que le tenían cariño y estaban algo enfadados conmigo por llevarme al alma de la fiesta.

Lo acompañé a Kerala y lo dejé instalado en Hossana Mount. No fue fácil para él adaptarse a la soledad, en contraste con la camaradería y la fraternidad de los adictos en el centro de rehabilitación. Iba a verlo a menudo y le llevaba todos los souvenirs de Don Bradman que encontraba: gorras de críquet, insignias, fotografías firmadas y Bovril, que, según Micky, a Don le encantaba. Todo le daba igual. Micky se sentía solo y no era feliz. No hablaba malayalam y por tanto no le resultaba fácil engatusar a quienes lo cuidaban ni convencer a los vendedores de cigarrillos y los tenderos del barrio para que le consiguieran alcohol. Nunca preguntaba por su exmujer. Aguantó solamente unos meses en Hosanna Mount. Tenía nostalgia de Delhi.

Afortunadamente, su bondadosa hermana lo perdonó y le dejó volver a su casa, donde tenía una habitación para él solo (y su televisor).

Mientras tanto, su hija se preparaba para entrar en prisión.

Presidiaria

El día que se hizo pública la sentencia, antes de presentarme en el juzgado, fui a despedirme de la señora Roy. Esperaba la pena máxima por desacato: seis meses.

—Adiós, niña.

Eso significaba que para ella esto era tan importante como que hubiera ganado el Booker. Para mí era más importante.

La entrada a la sala del juzgado estaba bloqueada por un muro de policías. Un enjambre de periodistas y cientos de personas, muchas de ellas llegadas del valle del Narmada para mostrar su apoyo, se habían congregado a las puertas del edificio. Era consciente de lo que significaba para aquella gente —dinero, logística, organización— un viaje tan largo. Se me llenaron los ojos de lágrimas, de lágrimas que me sequé enseguida, ante los flashes de los fotógrafos, para que no se confundieran con miedo o arrepentimiento. Tenía que entrar en el juzgado sola. Me dieron una última oportunidad de ser un Hombre Razonable y pedir disculpas. La rechacé educadamente. Me condenaron a un día de prisión y a pagar una pequeña multa: de no pagarla tendría que cumplir seis meses de prisión. La verdad es que fue enternecedor. Algunas personas me aconsejaron no pagar la multa y entrar en prisión, como declaración política contra el absurdo delito de desacato judicial («escandalizar y rebajar la dignidad del tribunal») que se me imputaba. Una ley que más o menos protegía a los tribunales de cualquier crítica pública. Era un buen argumento, pero pensé que ya había hecho mi declaración política.

Aunque el castigo resultó ser más bien simbólico, la repercusión mediática fue importante. En realidad no lo merecía, porque estaba ocurriendo algo mucho más grave. El antiguo documental en blanco y negro del que había hablado en «El fin de la imaginación», las escenas de caos y asesinatos en masa, de personas que huían del desastre y tenían que hacinarse en campos de refugiados, se estaban repitiendo. Nuestro presente había retrocedido al pasado.

Los días previos a que se diera a conocer mi sentencia, en el estado de Gujarat, una turba de hombres afines a las organizaciones de hinduistas vigilantes, que lucían con orgullo sus turbantes de color azafrán como emblema de su afiliación ideológica al BJP y el RSS, arrasaron las calles y asesinaron a miles de musulmanes a plena luz del día. La matanza tuvo la misma magnitud que el pogromo de 1984 contra los sijs en Delhi. La diferencia estaba en que la masacre de los sijs a manos de trabajadores del Partido del Congreso Nacional, en 1984, fue una venganza política por desacuerdos con la ideología pública y oficial del partido. Desde el punto de vista legal y moral, las dos matanzas eran igual de condenables. Sin embargo, en el plano ideológico eran muy diferentes. Lo que estaba ocurriendo en Gujarat era una acción sacada directamente del manual ideológico del nacionalismo hindú. Y la televisión nacional lo retransmitía en directo. Los agresores contaban con un arsenal de tanques de gas y con listados de negocios y viviendas de los musulmanes, tomados del registro catastral. Los musulmanes recibieron palizas, fueron violados y quemados vivos. La policía se negaba a intervenir. Los hospitales se negaban a tratar a los heridos si eran musulmanes. Más de dos mil personas fueron asesinadas. Decenas de miles tuvieron que huir de sus hogares y ahora vivían en campos de refugiados.

La matanza se perpetró ante la mirada impasible y fría del nuevo primer ministro de Gujarat, catapultado al cargo por el BJP tres semanas después de los atentados del 11-S en Estados Unidos. Se llamaba Narendra Modi. (Tras ocupar el puesto sin pasar por las urnas, ganó unas elecciones por un margen muy reducido). Había sido miembro del RSS durante toda su vida adulta. Su partido sabía perfectamente de qué pasta estaba hecho. Fue el hombre elegido para aprovechar la ocasión. Desde el punto de vista del nacionalismo hindú, no habrían podido hacer una elección mejor.

La masacre había empezado unos días antes, a finales de febrero de 2002. Asesinaban a la gente incluso cuando la policía los trasladaba a prisión.

La matanza se justificó como venganza «hindú» por una terrible tragedia ocurrida el 27 de febrero. Un vagón de un tren que volvía de Ayodhya fue incendiado en Gujarat, en la estación de Godhra. Setenta pasajeros murieron calcinados. Eran hindúes devotos, *kar sevaks*, que regresaban a casa tras haber donado unos ladrillos simbólicos para la construcción del nuevo templo sobre las ruinas de la demolida mezquita de Babri Masjid. Antes de que pudiera iniciarse una investigación preliminar para establecer lo esencial de los hechos, L. K. Advani, el clarividente ministro del Interior, declaró que se trataba de un atentado terrorista. Los cadáveres de los peregrinos se exhibieron públicamente, y Narendra Modi pronunció discursos cargados de insinuaciones que inflamaron los sentimientos populares. Se desató la carnicería.

Esta fue la primera piedra de su gloriosa carrera política.

Aunque sabía que solamente iba a estar un día en prisión, el ruido de la puerta al cerrarse con un golpe a mi espalda me crispó los nervios. Era evidente que entraba en un universo paralelo y que sería vulnerable mientras estuviera allí.

El pabellón donde pasé la noche era un edificio de una sola planta, con las celdas distribuidas alrededor de un patio. A las reclusas solo las encerraban en las celdas de noche. Al entrar, las mujeres se agolparon a mi alrededor para saber cuál era mi delito. No les interesaban los detalles. Solo querían saber de qué artículo del código penal se me acusaba. La mayoría de las reclusas se agrupaban en una de estas cuatro categorías: acoso a las nueras para obtener una dote adicional, prostitución, delitos económicos y homicidio (de sus maridos o sus nueras). Me catalogaron como asesina de mi marido.

—¿Sección 302? ¿Has matado a tu marido?

No era el momento de entrar en discusiones sobre mi complicada situación conyugal.

—No, no... Está vivo. Está fuera.

Por un momento perdieron el interés en mí.

—¿Está fuera? ¿En qué trabaja?

—Está escribiendo un libro sobre árboles.

Parecían algo decepcionadas. ¿Qué valor tenía un hombre que escribía libros sobre árboles?

—Entonces, ¿qué haces aquí?

—Dicen que he insultado al tribunal.

—*¿Insultado?...* Esa gente se merece mucho más que insultos.

No se puede decir que los presos sean indiferentes a los asuntos judiciales. La única otra persona que conozco con un parecido sesgo inquebrantable contra los tribunales, por razones personales parecidas, era G. Isaac. Cada vez que íbamos a verlo (después de que perdiera el pleito con la señora Roy), mi hermano y yo hacíamos apuestas sobre cuánto tardaría la conversación en centrarse en los fallos estructurales del sistema judicial en la India. Las opciones eran dos minutos, tres minutos y siete minutos. Rara vez se cumplían los siete.

A lo largo de aquel día en prisión conocí a Afsan. La habían detenido junto a su marido, Shaukat, y otros dos cachemires, acusados de conspiración en el atentado contra el Parlamento indio unos meses antes, en diciembre de 2001, que el primer ministro del BJP, Atal Bihari Vajpayee, por supuesto comparó de inmediato con los atentados del 11-S y de los que acusó a Pakistán. Los centenares de nuevas cadenas de televisión privadas (atrás quedaban los tiempos de la única y seria cadena de información, Doordarshan) ya habían declarado culpables a Afsan y a los demás. Difundieron información sin fundamento de los atestados policiales como si se tratara de la verdad incuestionable y absoluta. Una cadena llegó al extremo de filmar y emitir un largometraje basado exclusivamente en la versión de la policía y presentarlo como «la verdad». El primer ministro respaldó el documental. Una opinión pública enfurecida exigía el ahorcamiento inmediato de los «terroristas». A los pocos días del atentado, medio millón de soldados indios se desplegaron en la frontera con Pakistán. Por temor a una guerra nuclear se procedió a la evacuación de las embajadas extranjeras en Delhi. La histeria alcanzó cotas máximas.

Comparar el ataque al Parlamento indio con los atentados del 11-S era una falta de respeto a la magnitud de la masacre en Estados Unidos. En Delhi, la mañana del 13 de diciembre de 2001, cinco hombres armados cruzaron las puertas del Parlamento en un antiguo modelo Ambassador, salieron del vehículo y abrieron fuego. Mataron a ocho guardias de seguridad y a un jardinero antes de morir abatidos. El manifiesto que dejaron en el parabrisas del coche explicaba sus motivos en un lenguaje muy claro, a prueba de idiotas:

> LA INDIA ES UN PAÍS MUY MALO Y NOSOTROS ODIAMOS LA INDIA QUEREMOS DESTRUIR LA INDIA Y CON LA GRACIA DE DIOS LO HAREMOS DIOS ESTÁ CON NOSOTROS Y HAREMOS TODO LO POSIBLE. A EDIET WAJPAI Y A ADVANI LOS MATAREMOS. HAN MATADO A MUCHOS INOCENTES Y SON MUY MALAS PER-

SONAS SU HERMANO BUSH TAMBIÉN ES MUY MALA PERSONA SERÁ EL PRÓXIMO OBJETIVO ÉL TAMBIÉN HA ASESINADO A INOCENTES TENEMOS QUE MORIR Y MORIREMOS.

El día siguiente al ataque, la Célula Especial de la Policía de Delhi declaró haber «resuelto» el caso. Los «conspiradores» fueron detenidos un día después. El «cerebro de la operación», según la policía, era un joven profesor de árabe, nacido en Cachemira, que daba clases en la Universidad de Delhi, S. A. R. Geelani. Los medios de comunicación lo presentaban como un asesino de sangre fría que había dedicado su vida al adoctrinamiento de futuros terroristas. Los cuatro detenidos se encontraban en la cárcel de Tihar, en Delhi, a la vez que yo.

Afsan estaba embarazada de varios meses cuando yo la conocí en prisión. Tenía los ojos vidriosos y las pupilas dilatadas. No parecía tener la menor idea de por qué estaba presa. La vi tirada en el suelo, desmoronada y llorando. La mayor parte de las reclusas la tildaban de terrorista. Su angustia y su perplejidad me parecieron auténticas. Le pregunté si tenía un abogado y si podía hacer algo por ella cuando me pusieran en libertad. Me miró con gesto ausente y dijo: «¿Tiene una toalla? No tengo toalla. He perdido la mía».

Me quedé con ella hasta que llegó la hora de que nos encerraran en la celda. Me ofrecieron la opción de contar con una celda para mí sola, pero las demás reclusas me disuadieron: quedarse sola era mala idea. Pasé la noche en una celda del tamaño de una cama doble, amontonada con otras tres reclusas a la espera de juicio acusadas de quemar vivas a sus nueras para que sus hijos pudieran volver a casarse y conseguir una segunda dote. Dormimos en el suelo, con la luz encendida. La oscuridad en el patio era absoluta. Bien entrada la noche oímos voces de hombres. Alguien me iluminó con una linterna entre los barrotes. Estaban inspeccionando al nuevo espécimen del zoo. No vi quiénes eran. Me alegré de no estar sola y agradecí la compañía, que en otras circunstancias me habría resultado espantosa. A la mañana siguiente me liberaron ante los centenares de camaradas del valle del Narmada que pasaron la noche a las puertas de la prisión, esperando mi salida.

Afsan dio a luz en la cárcel. Tanto ella como los demás acusados tuvieron un juicio rápido. A ellos los condenaron a muerte y a ella a diez años de prisión en régimen severo. A pesar de la sed de sangre, jaleada con tanta insistencia por los medios de comunicación, algunos comprendieron que el caso había sido un tremendo error judicial. El atestado policial estaba lleno de lagunas. Nada tenía sentido. Nandita Haksar, una conocida abogada defensora de los derechos humanos, tomó cartas en el asunto. Constituyó un comité en defensa de un juicio libre y justo para S. A. R. Geelani, supuesto cerebro del atentado contra el Parlamento. Haksar estaba convencida de que si podía demostrar que Geelani era inocente y su acusación un montaje policial, toda la causa se desmoronaría. Sanjay y yo decidimos incorporarnos al comité. (Él, como Nandita, también era de Cachemira. Un hindú de Cachemira que nunca había vivido en su tierra. Era muy poco frecuente que un cachemir hindú defendiera a cachemires musulmanes. Esto ayudaría a desvelar algunas mentiras).

Nandita, con ayuda de un equipo de jóvenes activistas, puso en marcha una campaña formidable.

En 2003, tras dos años en prisión, Afsan y Geelani quedaron absueltos de todos los cargos. La condena del marido de Afsan, Shaukat, se redujo a diez años.

Así pues, ahora teníamos una conspiración sin autor intelectual. Eso no sería un problema. El cuarto acusado, que hasta ese momento había interpretado un papel secundario en la función teatral organizada por la policía, recibió un ascenso inmediato. Afzal Guru se convirtió en el nuevo cerebro del atentado. El Alto Tribunal le impuso una doble pena de muerte y varias penas de cadena perpetua. Había que castigar a *alguien*. En la vista final del juicio, en 2005, el Tribunal Supremo señaló que no había «pruebas directas que apuntaran a una conspiración criminal», pero, añadía, «los hechos, que causaron importantes daños, conmocionaron a todo el país y sacudieron la conciencia colectiva de la sociedad, merecen la imposición de la pena capital al acusado». Se recetaba la vida de un hombre como medicación para tranquilizar a un país enloquecido.

A pesar de que Afsan había sido absuelta, me era imposible quitarme de la cabeza su expresión de perplejidad. Me obsesioné con el caso. Cuando S. A. R. Geelani salió de prisión, me reuní con él: el primer elegido por la policía de Delhi para el papel de autor intelectual. Me contó que todos habían sufrido torturas y palizas, que los obligaron a beber orina y a firmar su confesión. Él se negó, pero Afzal, que tenía a su mujer y un hijo en Cachemira, no soportó las presiones. Permitió a la policía grabar en vídeo no una sino varias confesiones; en cada una de ellas se contaba una versión distinta. Porque la policía necesitaba varias opciones, cierto margen de maniobras.

Guardé en un maletín todos los documentos que pude reunir y me fui en avión a Goa. Estábamos en plena temporada del monzón y los turistas se habían marchado. Me senté sola, en la terraza de un restaurante de la playa que estaba vacío, con mis torres de papeles ocupando el lugar de los amigos con los que debería estar comiendo y bebiendo. No terminé aquella lectura con una teoría de la conspiración sobre el atentado contra el Parlamento. Sigo sin saber quién lo hizo. Pero creo que no fue quien ellos dijeron que era y que nos han mentido en todo.

Hice una cosa más en Goa. Ver a mi antiguo novio, JC, que seguía viviendo allí. Habían pasado veinte años desde la última vez que estuvimos juntos. Me emocionó verlo. Creo que él no sintió lo mismo. Parecía sereno y algo cauto. Era comprensible. Estaba felizmente casado y tenía dos hijos. Yo en cambio navegaba por aguas procelosas, enredada con documentos judiciales y atentados terroristas.

Mi corazón sedicioso

Cuanto más averiguaba sobre el atentado contra el Parlamento, más me intrigaba la historia de Afzal Guru y su larga relación con Davinder Singh, un veterano oficial de policía cuyas huellas dactilares aparecieron por todas partes durante la investigación del caso. (Años más tarde ingresó en prisión por otro delito, acusado de falsedad, de jugar a dos bandas. Esto venía a respaldar en parte la declaración de Afzal sobre Singh ante el tribunal. Pero ya era demasiado tarde). Decidí que había llegado la hora de ir a Cachemira.

Si el valle del Narmada me alineó la estructura esquelética, el valle de Cachemira me llegó al corazón. Nada que puedan leer ustedes en los periódicos o ver en los canales de televisión de la India podrá prepararlos para la realidad de Cachemira. No daba crédito a la magnitud, la profundidad, la depravación y la inventiva al servicio de la más pura crueldad con que se trataba a un pueblo, todo ello en nombre de la democracia. La gente lo llamaba «Demoniocracia», y no cabe la menor duda de que eso es lo que era. La naturaleza humana es un espectáculo interminable en el valle de Cachemira. Su maldad tanto como su resiliencia.

Decenas de miles de jóvenes cachemires perdieron la vida cuando la lucha por la autodeterminación se transformó en insurrección armada en 1990. El valle estaba salpicado de cementerios: había uno casi en cada pueblo. Los vecinos de las localidades en las que no hubo disturbios tenían que dar explicaciones a los vecinos de los otros pueblos. Pero aparte de las historias de matanzas y muerte, aparte de saber que algunos habían sido mutilados física y psicológicamente con torturas inimaginables, aparte de reunirme con algunas de las madres y «medio viudas» de los miles de «desaparecidos», aparte de los relatos de traición, de colaboración y de guerrillas entre distintas facciones militantes, lo que me estremeció fue ver cómo se había acostumbrado a vivir la gente de a pie en Cachemira, la humillación rutinaria que aparentemente aceptaban como lo normal.

Había soldados por todas partes; cerraban las calles, los mercados, los hospitales, las carreteras, los pueblos, los bosques y los caminos de montaña que miraban a los pies del valle. Todo estaba en su punto de mira. Los cañones de las armas, en sentido literal y figurado, asomaban en todos los rincones de la vida cotidiana. Regulaban cada inhalación y exhalación de la gente.

Mi primera reacción fue: «¡Esto parece una ocupación militar!».

Sanjay, que venía conmigo para rodar un nuevo documental, me hizo callar. Su padre era un oficial retirado del ejército indio. En la familia de Sanjay, mis palabras habrían sido poco menos que blasfemia. Eran cachemires *pandits*, brahmanes, miembros de la privilegiada y pequeña minoría hindú que huyó casi al completo del valle al desatarse, con el apoyo de Pakistán, la insurrección abiertamente islamista. Como comunidad, durante los años inestables que siguieron a la Partición en 1947 y a las primeras exigencias de autodeterminación de la mayoría musulmana en el valle de Cachemira, la mayor parte de los cachemires *pandits* se alinearon con el Estado indio. Esto se generalizó y afianzó, amargamente, cuando los milicianos asesinaron a más de doscientos cachemires *pandits* en los primeros años de la insurrección, lo que desencadenó en el valle de Cachemira el éxodo de una población traumatizada. Cuando Sanjay terminó de rodar su documental —*Jashn-e-Azadi* («Cómo celebramos la libertad»)—, tras haber visto lo que había visto y aprendido lo que había aprendido, sus opiniones, y también la visión que tenía de su familia (a pesar de que era un hijo muy querido), cambiaron drásticamente. Estaba sobrecogido. Acabó siendo un experto en la política de la Cachemira moderna. Tanto en lo que escribe como en sus intervenciones públicas, es más prudente, más circunspecto, más pragmático que yo. Aun así, la mayoría de los cachemires *pandits* lo consideran un apóstata.

Toda noticia que sale del valle de Cachemira pasa por la censura o se retuerce hasta que encaja en la narración del gobierno de la India. Todo periodista cachemir musulmán está advertido. El chantaje, la intimidación o el soborno para espiarse y delatarse unos a otros son prácticas habituales. Hay agentes dobles, triples y cuádruples. Una sociedad entera aleccionada para no confiar en sí misma. El sistema de incentivos, recompensas y ascensos solo parecía aumentar la brutalidad infligida por los soldados a los civiles de Cachemira.

Fue en estas cavernas de maldad y tinieblas en las que Afzal Guru existió (que no vivió) y trató de sobrevivir.

El primero de la serie de artículos que escribí sobre el atentado contra el Parlamento se titulaba «Y su vida debe extinguirse». Tomé esta frase del auto en el que el Tribunal Supremo dictaba la sentencia de muerte de Afzal. Aquella fue la única ocasión en la que Vinod Mehta, el editor de *Outlook*, me pidió que reconsiderara la decisión. «Las cosas están muy feas», me advirtió. Tenía razón. Aun cuando el BJP había perdido las elecciones de 2004 y el gobierno estaba en funciones, el ultranacionalismo supremacista hindú se reforzaba de forma soterrada y empezaba a alcanzar el punto de masa crítica. Tras la publicación del artículo, una carta al director decía: «Que perdonen a Afzal Guru y cuelguen a Arundhati Roy».

Me angustiaban hasta las conversaciones más triviales que tenía en Cachemira.

Veía que la gente acumulaba rabia y rencor igual que se acumula el dinero en una economía capitalista. Tenía la sensación de que esa ira acabaría generando intereses. De un modo u otro. Algún día.

El único escudo con que los cachemires musulmanes podían protegerse de la crueldad sistemática de sus gobernantes era, al parecer, el consuelo de la religión y el refugio en sus estrechos vínculos familiares. Las familias también están muy unidas en la India, por supuesto. La unidad familiar es la cuerda que sostiene al mundo entero. En Cachemira, la familia tenía un significado diferente. El dolor, la pérdida, la ira, el miedo, la vergüenza: las familias estaban muy unidas por estos lazos de sufrimiento profundo. Las fuerzas de seguridad a menudo trataban a los cachemires musulmanes como si los miembros de la familia fueran intercambiables. Podían detener o matar a un hermano en el lugar de otro. Podían torturar a un padre hasta que denunciara a su hijo. Podían castigar a una familia entera de distintos modos por algo que uno de sus miembros podría o no haber hecho. En Cachemira, todo el sufrimiento se soportaba, anotaba, conmemoraba, cuantificaba, calculaba y evaluaba; tanto entre los verdugos como entre sus víctimas dentro de la red y el entramado de las relaciones familiares.

Para mí, que ondeaba otra bandera, presenciar la intensidad del amor familiar y el dolor inconsolable que produce ese amor era angustioso. Me producía, perversamente, una aterradora sensación de soledad y abandono. Me hizo pensar que mis formas de amar y de vivir, ilícitas, eran demasiado precarias, demasiado frágiles para resistir la verdadera adversidad. Aunque sabía que estaba en alta mar, demasiado lejos, sin posibilidad de regreso, la experiencia me llevó a cuestionarme las decisiones que había tomado, el refugio al que había renunciado, cómo me había comportado. Hablé de esto con una de mis amigas más íntimas, Shohini. Pensé que era la única persona que podría entenderme.

Sonrió y me abrazó: «Yo soy un bicho raro y tú una mala pécora».

Durante este viaje por Cachemira, la Mala Pécora era como una zona de conflicto íntimo deambulando por una zona de conflicto público. Y se hacía preguntas sobre los bichos raros y las malas pécoras de Cachemira. ¿Quién los protegía? ¿Quién los lloraba? ¿Quién rezaba por ellos? ¿Quién santificaba su dolor ilícito? Alguien, seguro.

Para un ciudadano indio con un mínimo resquicio de conciencia, visitar Cachemira es quedarse sin hogar. Porque después de conocer Cachemira uno no puede volver a las conversaciones, las bromas y la diversión inofensiva de antes. La ignorancia amoral, deliberada y cultivada que manifiestan la mayor parte de los indios sobre lo que allí está ocurriendo, lo que se está haciendo en su nombre, resulta difícil de soportar. Casi sin que me diera cuenta, mi círculo de amigos más cercanos cambió. Yo cambié. Mi humor cambió. Me volví un poco cachemira: más pesimista, más oscura.

Con el paso de los años se formaron vínculos profundos. Esas amistades son las mejores regalías que puede pedir un escritor. Un periodista cachemir me preguntó si iba a escribir un libro sobre Cachemira. Le dije que nunca me atrevería a escribir un libro sobre Cachemira, pero que Cachemira estaría presente en todos los libros que escribiera. Porque en aquel etéreo y precioso valle, las almas de todos, de ambos lados del conflicto, también la mía, se construían y corrompían simultáneamente. No había inocencia.

Era eso, el alma, lo que me atraía del valle.

Transformó mi escritura en una apuesta de alto riesgo, en un vals peligroso sobre una pista de baile minada.

Afortunadamente para mí, la señora Roy tenía una curiosa y refrescante opinión sobre Cachemira.

Nunca había estado allí. Sabía lo mismo que todos los indios, ya fuera mucho o poco; se había alimentado con la misma propaganda. Pero no se la creía.

—Si no nos quieren, ¿por qué les imponemos nuestra presencia? Es una vulgaridad.

Una casa propia

Ser prudente y diplomática con lo que veía y aprendía en Cachemira no era fácil. Cualquier comentario, informal o formal, oral o escrito que pudiera hacer suscitaba reacciones violentas. Me denunciaban. Los políticos pedían que me detuvieran. Se atacaban los actos públicos en los que yo intervenía, y los matones del BJP y el RSS desfilaban cantando: *Arundhati Roy gaddar hai, Pakistan ka yaar hai*, «Arundhati Roy es una traidora. Es amiga de Pakistán». Aprendí a prepararme para los problemas con solo ver las caras de algunos periodistas de sucesos y algunos provocadores profesionales que asistían a los actos en los que sabían que yo estaría presente. Los alborotadores siempre avisaban por adelantado a sus amigos de los medios de comunicación. No bastaba con expresar la ira nacionalista, había que escenificarla.

A veces aparecían en la puerta de casa de Pradip pequeñas turbas y furgonetas llenas de periodistas que creían que yo seguía viviendo allí. Vi que era solo cuestión de tiempo que la situación se convirtiera en una carga para mis caseros. Empecé a buscar un piso en propiedad.

Encontré uno (en la segunda planta, por supuesto) en la calle arbolada por la que iba en bicicleta al trabajo cuando vivía en el *dargah* de Nizamuddin. Desde mi terraza podía saludar a la Arundhati joven que pasaba en bici. Al principio, la idea de tener un piso, un piso bonito en una zona bonita de Delhi, me resultó algo difícil. Ahora me he acostumbrado y me encanta mi casa. Mi casa de regalías, comprada íntegramente gracias a la literatura. Un sitio peligroso y mío. Un sitio del que nadie puede ordenarme que me vaya. De vez en cuando beso las paredes, hago un brindis y les enseño el dedo corazón a quienes me critican, a quienes piensan que para escribir y decir las cosas que escribo y que digo tengo que vivir en una situación de pobreza aparente y voluntaria.

Tuve la suerte de encontrar el piso cuando aún estaba en construcción. Eso me permitió diseñarlo casi entero a mi gusto.

Pradip, que se había convertido en un experto en madera y barnices, me ayudó a instalar las puertas y ventanas. Como regalo para mi casa nueva, me talló un fabuloso reloj de madera al estilo de Salvador Dalí —un no-reloj—, con unas manecillas temblorosas que marcaban eternamente las dos menos diez. Era un guiño al reloj de juguete que llevaba Rahel, a los siete años, en *El dios de las pequeñas cosas*. En su reloj siempre eran las dos menos diez.

Pradip acababa de publicar su guía de campo: *Árboles de Delhi*, un libro con el que conquistó la admiración casi reverencial de una comunidad. Nuestras hijas (yo era su Noonie) estaban ya en la segunda mitad de la veintena y seguían viviendo con su padre. Seguían discutiendo con él y entre sí como cuando eran adolescentes. Yo seguía ganando cantidades de dinero obscenas, seguía financiando la vida en la casa de Abajo. En cierto modo, curiosamente, el reloj de Pradip funcionaba. En algunos aspectos de mi vida el tiempo se había detenido. Siempre eran las dos menos diez. Esto me tranquilizaba y me desquiciaba a la vez.

Me aseguré de que en el edificio de mi casa hubiera un ascensor, para que la señora Roy pudiera venir a verme, aunque tenía mis dudas de que yo fuese capaz de sobrevivir a semejante acontecimiento. Ella no vino nunca, porque para entonces el aire en Delhi se había vuelto irrespirable, casi mortal para una persona con un asma tan severa como la suya. Micky Roy, el Hijo del Boxeador, tampoco vino nunca a mi casa nueva. G. Isaac sí. Lamentaba que yo ya no viviera con Pradip; lo apreciaba especialmente porque había estudiado en Balliol como él.

Cuando me mudé, la vecina de abajo subió a saludarme y me felicitó varias veces por ser tan «valiente». Yo sabía que no era lectora de mis libros y por tanto no entendí a qué se refería. Resultó que me llamaba valiente porque la puerta de entrada de mi casa da directamente a la cocina y el comedor: no había dónde esconder a los criados, para quitarlos de la vista. Por eso, según ella, el piso se depreciaría cuando quisiera venderlo. No me lo podía creer. Qué desfachatez tienen las clases altas en «la India, hija mía».

Felicidad suprema

Una niñita abandonada, con la piel suave y amoratada como una foca recién nacida, aparece a altas horas de la noche en una acera de Nueva Delhi. Está dentro de un moisés lleno de basura, observada por un enjambre de mosquitos. ¿Quién es? ¿De quién es? ¿Qué será de ella?

Fue así como empezó a cobrar forma en mi cabeza mi segunda novela, *El ministerio de la felicidad suprema*. Como ya me ocurriera con *El dios de las pequeñas cosas*, todo partió de una primera imagen.

¿Por qué volvía a mí la ficción? Sinceramente, no lo sé. Pero fue como una bendición.

Empecé a escribir *El ministerio* en la mesa del comedor, mientras caía una tormenta de verano. El viento aullaba alrededor del edificio. Veía oscilar como un metrónomo la magnífica margosa que llenaba mi casa de dibujos de luz verde, apareciendo y desapareciendo de la vista. La amplitud de las oscilaciones aumentó de un modo alarmante. Luego, el árbol desapareció y no volví a verlo. Me eché a llorar. Bajé a la calle en mitad de la tormenta y lo encontré tendido de costado, como un animal, arrancado de cuajo, con las raíces expuestas. ¿Era una maldición? ¿Una maldición de mi nuevo libro y de la historia que intentaba contar? ¿La maldición de la segunda novela?

Cuando amainó la tormenta, en vez del árbol, el cielo vino a llenar mi casa. En vez de algo tranquilizador, algo concreto, algo con un volumen y una forma claras, el cielo tenía algo indeterminado, arriesgado, voluble, como un final abierto. Algo a la espera de ser descrito. Un joven cálao gris vino a posarse en mi balcón. Me chilló como la señora Roy. «Si estás escribiendo un libro, más te vale sentarte a escribir».

Obedecí.

Eran tiempos de paz. O eso decían.

Un viento cálido había barrido las calles de la ciudad, durante toda la mañana, empujando nubes de basura, tapones de botellas de refrescos y colillas contra los parabrisas de los coches y los ojos de los ciclistas. Cuando el viento cesó, el sol, todavía alto en el cielo, comenzó a quemar de nuevo a través de la bruma y el calor alzó su destelleo trémulo por las calles como si fuera el viento oscilante de una bailarina. La gente esperó el aguacero que siempre seguía a la tormenta de arena y polvo, pero nunca llegó. El fuego arrasó un poblado de chabolas que se apiñaban en la orilla del río, devorando dos mil en un instante.

Sin embargo, de las casias seguían brotando sus desafiantes flores amarillas. Cada verano ardiente se erguían y le susurraban al cielo caliente y pardo: *Que te den por saco*.

Ella apareció casi de repente, un poco después de la medianoche. No hubo ángeles que cantaran ni hombres sabios que portaran presentes. Pero un millón de estrellas se levantaron por el este para anunciar su llegada.*

La tormenta que describía no era la que acababa de presenciar. La nueva me refrescó el recuerdo de otra antigua: mi primera tormenta de arena en Delhi, la que vi sentada dentro del arco invertido de la escultura de ladrillo en el césped de la residencia de la Escuela de Arquitectura, colocada con mi primer porro.

El capítulo se llamaba «La Natividad». Acabó siendo el tercero del libro. El joven cálao gris vino casi a diario ese verano, a chillarme, a obligarme a seguir, a supervisar mis progresos. Lo llamé Mart. Interpreté sus gritos como un regalo. Como los de Mart senior.

El ministerio de la felicidad suprema evolucionó hasta convertirse en una conversación entre cementerios. Un cementerio es el hermoso valle de Cachemira, conocido como *jannat*, «paraíso», y cubierto de sepulturas. El otro es un cementerio que se encuentra justo a las puertas de la ciudad amurallada de Delhi, donde vive Anyum, uno de los personajes principales, y donde poco a poco empieza a cercar las sepulturas para construir la Posada Jannat, donde cada habitación dispone de su propia tumba.

Anyum, quien dirige la posada (y también la novela), nació en la Vieja Delhi, en una familia de musulmanes chiíes. Criado como un niño —Aftab—, se transforma en Anyum y se va de casa para vivir con otras como ella en la Jwabgah, la Casa de

* *El ministerio de la felicidad suprema*, Anagrama, 2017, traducción de Cecilia Ceriani.

los Sueños. Estas personas se llaman a sí mismas *hijras*, cuerpos en los que reside un Alma Santa—. En 2002, Anyum y un amigo de su padre, Zakir Mian, viajan a Ahmedabad, en Gujarat, donde se ven atrapados en la matanza de Gujarat. A Zakir Mian lo asesinan, pero Anyum sale de allí con vida porque los vigilantes hindúes responsables de la matanza creen que quitar la vida a una *hijra* puede traerles mala suerte. Traumatizada y sin fuerzas para retomar su antigua vida en el Jwabgah, Anyum se instala con sus escasas pertenencias en el cementerio donde descansan sus familiares.

Tarda algún tiempo en recuperar su intensa vitalidad y cuando lo consigue empieza a construir la Posada y Funeraria de Jannat: un lugar de enterramiento para indigentes, vagabundos y todos aquellos que no encajan en la rígida cuadrícula de la casta, la religión, el género y la etnia, donde se rezan toda clase de oraciones y se leen toda clase de poemas.

La Posada Jannat no es un sueño ni un anhelo de otro mundo. *Es* ese otro mundo. Es la revolución subversiva, oculta a la vista, que transcurre en cada momento de cada día. Para verla, para conocerla, solo hay que prestar atención.

El ministerio me envolvió. Era la ciudad en que vivía. El río en que nadaba. Sus personajes abarrotaban mi casa y se negaban a marcharse. Cuando me iba de viaje venían conmigo y forjaban sus propios vínculos y afinidades, llegaban a sus propias conclusiones.

Yo no tenía prisa. Ellos tampoco.

Afortunadamente.

Porque iba a costarme diez años terminar de escribirlo.

Madam Houdini y el Don Nadie

Mientras Anyum y yo organizábamos nuestra operación clandestina en el cementerio de la Vieja Delhi, sobornando y engatusando a funcionarios municipales, construyendo nuestra posada habitación por habitación, sepultura por sepultura, seguí haciendo escapadas a Kottayam cada tres o cuatro meses para ver a la señora Roy. Era el único sitio al que iba siempre sola, sin Anyum. Porque Anyum era igual que la señora Roy, en lo temperamental y en otros aspectos. No me imaginaba que pudieran llevarse bien. No podía arriesgarme a que se conocieran.

La señora Roy tenía ya más de setenta años. Iba perdiendo brío, volviéndose más frágil a ojos vistas. La mujer de mi hermano, Mary Roy Jr., había asumido un montón de responsabilidades administrativas. Vivía en casa de su suegra, con mucha discreción, haciendo cuanto estaba en su mano sin interponerse en el camino de la señora Roy y provocar su mal genio. Era curioso, y perverso también, que a quienes trabajaban con la señora Roy les consolara ver cómo me trataba a mí: *Si es así con su propia hija, entonces a lo mejor no debería preocuparnos tanto cómo es con nosotros.* Yo estimulaba sus niveles de tolerancia. Sin querer, le daba a mi madre un margen más amplio para maltratar a los demás. Todos nos aferrábamos a ese dicho que ha sido la tabla de salvación de las mujeres y los niños maltratados, y de los empleados sometidos a abusos: *Lo hace porque nos quiere.*

La principal víctima de todos nosotros fue Mercy GeeVerghese, la leal secretaria de la señora Roy, que estuvo a su lado en todas las crisis: en todas las batallas judiciales y en otras confrontaciones. Mercy llevaba décadas trabajando noche tras noche, más allá de sus obligaciones, escribiendo al dictado, preparando documentos para el numerito de funambulismo que a la señora Roy se le ocurriera en cada momento. Era muy duro ver el trato que recibía. Y también era imposible intervenir, porque sus tres hijos estaban escolarizados en el colegio, recibiendo la mejor educación a su alcance, y su madre no quería que eso cambiara. Todavía hoy, muchos años después de que se haya jubilado, voy a verla y la encuentro sentada en el sofá, mirando al vacío y con la cara llena de lágrimas, incapaz de olvidar las humillaciones que soportó año tras año. Pero a veces, cuando estamos juntas, evocamos algunas escenas legendarias de la señora Roy y esas lágrimas se transforman en carcajadas. Competimos por ver quién de las dos es capaz de gritar más fuerte: «¡Fuera de aquí!». Mercy es una de las mujeres más divertidas que conozco.

Un naturópata con quien la señora Roy había empezado a tratarse le prescribió un cambio radical de dieta y también del uso del inhalador, que por lo visto no servía de gran cosa. Cometió el error de ofrecerle un consejo que no era médico. Le dijo que *El dios de las pequeñas cosas* se había escrito para ella, estaba *dedicado* a ella, y que si quería mejorar necesitaba tener una conversación muy seria con su hija sobre el pasado. Me enteré de esto por mi cuñada Mary, que la acompañó a la consulta. No me sentí elogiada por esta estrecha idea de la ficción literaria. Pero la señora Roy tenía una versión totalmente distinta de aquella conversación.

—Mi nuevo médico dice que esta enfermedad es culpa tuya.

Una maniobra soberbia. Hasta Bruce Lee habría aplaudido.

La nueva dieta y la nueva pauta de uso del inhalador redujo la intensidad y la frecuencia de los ataques de asma, pero sus pulmones se estaban debilitando y perdiendo elasticidad. Si contraía la más leve infección respiratoria, los pulmones no funcionaban. Los niveles de saturación de oxígeno caían en picado y los niveles de dióxido de carbono en sangre se disparaban. Esto desencadenaba una inflamación cerebral que afectaba a su coherencia y le hacía tener alucinaciones. A la primera señal de incoherencia había que llevarla al hospital de inmediato. Cada vez que ingresaba nos preparábamos para que no sobreviviera. Por suerte vivía en Kerala, donde hay hospitales pequeños con excelentes médicos y enfermeras en cada pueblo y cada ciudad.

La señora Roy tenía un enorme prestigio en el hospital al que iba en Kottayam. Los dueños y directores eran dos antiguos alumnos suyos. El médico que la atendía, el doctor Rajesh, llevaba a sus hijos a su colegio. Todos la adoraban y toleraban sus rabietas con infinita paciencia y buen humor. Todos le bailaban el agua. Desde el momento en que ingresaba se desataba el caos, lo ponía todo patas arriba y exigía que le dieran el alta. A menudo me tocaba coger un avión de Delhi a Cochín y una vez allí ir directa al hospital. La oía gritar desde la puerta de la UCI.

—¡Soy la madre de Arundhati Roy! ¡Déjenme salir! ¡Voy a poner una denuncia!

Pero al verme me lanzaba una mirada fulminante y se ponía paranoica.

—A toda esta gente solo les interesas tú, no yo.

Si la trasladaban a una habitación individual, también echaba pestes. Desarrollaba profundas filias y fobias aleatorias entre las enfermeras y los empleados del hospital. A quienes le caían bien los encandilaba tanto que estaban dispuestos a dar la vida por ella. Los que le caían mal salían de la habitación llorando. Exactamente así era como Anyum trataba a los huéspedes de la Posada Jannat en el cementerio. A unos los acogía con los brazos abiertos y les permitía vivir allí meses seguidos sin pagar nada; a otros les daba la espalda con un rugido aterrador. No sé de dónde sacaba esto. Quizá del «Señor Mary Roy A/A India, hija mía».

Mi madre me contó una vez, riéndose, pero con un orgullo inequívoco, que la gente creía que había alcanzado el *purushaprapti*: el estatus de un hombre. Su viaje, en cierto modo, era el contrario al de Anyum.

Una mañana, el doctor Rajesh pasó por su habitación para ver cómo estaba. Era un hombre dulce y tímido, con un ceceo encantador. La visitaba a menudo en casa y conocía bien su historial médico. Estaba sentada en la cama, con la bata del hospital, cuando él entró. Lo saludó con una sonrisa radiante. Uno podía ahogarse en aquellos hoyuelos que tenía.

—Doctor Rajesh, ¿usted me quiere mucho?

A pesar de que estaba acostumbrado, a él le daba mucha vergüenza.

—Sí, señora Roy. Todo el mundo la quiere.

Su expresión cambió de repente.

—Ah, eso tiene gracia, ¡porque yo los odio! ¡Déjenme salir de aquí!

Cuando por fin le daban el alta y yo la llevaba en una silla de ruedas por los pasillos del hospital, pasábamos al lado de grupos de pacientes que muchas veces se levantaban en señal de respeto, a ella y a todo lo que había hecho por la ciudad. Ella pasaba de largo refunfuñando, se negaba a reconocerlos y volvía la cabeza para decirme:

—Esto es por ti, ¿no?

Los espectadores solamente veían a una madre cariñosa y a una hija atenta.

Estaba en Kottayam un día de Nochebuena cuando ella acababa de volver a casa tras un breve ingreso hospitalario. Me dijo que quería un inodoro portátil cerca de la cama. Me dio unas indicaciones muy exactas de cómo tenía que ser. Mi cuñada hizo algunas llamadas y en cuestión de unas horas varios repartidores subían por la ardua curva de herradura con toda clase posible de inodoros portátiles. Cuando todos se hubieron reunido, la señora Roy me avisó. Estaba sentada en su mesita redonda de palo de rosa, en la sala contigua a su dormitorio, donde veía la tele en un gigantesco monitor de pantalla plana. A su izquierda había un grupo de hombres alineados en media luna con sus inodoros portátiles. A su derecha otro grupo de banqueros, tenderos y proveedores de papelería que venían a ofrecerle su bizcocho de Navidad. Me indicó que me acercara y me susurró, subiendo la voz lo suficiente para que todos pudieran oírla:

—Esto es lo que tú llamas poder femenino.

Lo era. Pero también era lo que se llama poder de clase. Y muchos otros tipos de poder abstrusos.

Siempre que iba a Kottayam, pasaba también por Ayemenem. Necesitaba saludar a los peces del Meenachil y a los árboles de sus orillas. No era la nostalgia lo que me llevaba hasta allí tanto como las ganas de exorcizar algunos de mis antiguos fantasmas a fuerza de mirarlos a los ojos y de pasar un rato con otros para contarles mi gran fuga. Aprendí que eso es imposible. O bien alojamos a todos nuestros fantasmas, como hago yo, o bien los desalojamos a todos, como hace mi hermano. Con los fantasmas no se negocia. En aquellas visitas a menudo también pasaba por el Rotary Club a presentar mis respetos. Me inspiraba un cariño similar al que algunos le tienen a sus abuelos.

El taller mecánico de la planta baja ya no existe. Tampoco la grasa. El club se ha trasladado y las salas están cerradas. Pero no han cambiado nada. Los mismos suelos de hormigón sin pulir que me hacían estornudar; la misma hilera de lavabos diminutos fuera. Cuando miro por las ventanas oscuras, el tiempo parece haberse detenido. (Son las dos menos diez). Los gritos de los niños felices aún resuenan en el aire. Veo temblar de indignación a la señora Mathews y oigo a ChellappenBhavani marcar un ritmo *staccato* con una baqueta contra un trozo de madera *—ttha tthaiy thirakitta ttheem—* en nuestras clases de *bharatanatyam* tan poco cristianas. Me veo sentada en una banqueta, delante de una mesa de caballete, fingiendo que me concentro en la lección, aunque en realidad estoy preocupada por las gotas de sudor frío que me resbalan por las pantorrillas, preguntándome si eso significa que el Santa Claus de Kottayam me ha dejado preñada. Oigo el zumbido lento del ventilador de techo que me informa de mi inminente destino.

La salud de la señora Roy empeoró en julio de 2007. Yo tenía cuarenta y siete años. El verano en Delhi, como siempre, era abrasador. Quizá como una especie de premonición, yo misma había desarrollado un asma leve. Desapareció al concluir ese año horrible y no ha vuelto a manifestarse desde entonces. Nunca podré entender ni superar que Mary Roy y Micky Roy, que llevaban cuarenta y cinco años sin verse ni hablar, ingresaran en un hospital el mismo día. Él en Delhi, ella en Kottayam. Ninguno de los dos sabía nada del otro. Yo estaba con él y mi hermano con ella.

Después de muchos años de hazañas, proezas y rescates, Micky había vuelto al licor amarillo y el licor naranja de los que me previno el día que lo conocí. Las grandes dosis de barniz presentes en el lote de alcohol ilegal que bebió le quemaron y perforaron los intestinos. Tenía una hemorragia interna. Los médicos dijeron que era peritonitis. Que era el fin para él. Micky encontró un motivo para tomárselo con buen humor. No podía hablar, porque tenía ventilación asistida. La sangre circulaba desde su cavidad abdominal a través de un tubo y llenaba una botella colgada detrás de la cama. Indicó que quería escribir. Le di un bolígrafo y un sobre.

¿Qué me pasa? No me mientas.

Le dije que tenía peritonitis.

Bradman murió de peritonitis.

Y luego:

¿Puedes darme cincuenta chavos? Tengo que dar propina a las enfermeras. Me darán el alta para el miércoles.

Yo veía que se estaba yendo. Al día siguiente mi hermano llamó para decir que parecía que la señora Roy también se estaba yendo. Era horrible tener que elegir. Por suerte, mi tía y mis primas estaban en el hospital con Micky. Me despedí de él y me fui a Kerala. Sabía que no volvería a ver a aquel caradura tan querido.

Cuando llegué al hospital de Kottayam, la señora Roy estaba casi comatosa. Justo cuando iba a entrar en su habitación, recibí un mensaje de mi prima en el que me anunciaba que Micky había muerto. Pasó a engrosar las estadísticas de lo que a la prensa le gusta llamar «la tragedia del garrafón». No pude llorarlo siquiera un momento. A los veinte minutos de que muriese Micky se llevaron a la señora Roy a la UCI para ponerle ventilación asistida. Era difícil no encontrar un significado esotérico muy profundo en esta coincidencia temporal.

Los médicos de Micky me habían dicho en Delhi que es raro, si no imposible, que la gente mayor sobreviva a la intubación. Mi madre tenía casi setenta y cuatro años. Los médicos dijeron que las posibilidades eran muy escasas. Tuve la sensación de estar muriendo también yo. Había vuelto de golpe a desempeñar la función de valiente hija-órgano. Intentaba respirar por ella. Reconozco que también recé. Al único dios que conocía. Al Dios de los Perros, al Dios de las Avispas de los Higos, al Dios de las Cosas con Rayas y Manchas: *Por favor, Dios. Por favor por favor por favor*. El pasillo de la UCI estaba lleno de gente que lloraba por ella. G. Isaac, con más de ochenta años para entonces, también estaba allí. Por su hermanita, Mart.

Alguien nos escuchó. Algo funcionó. Al cabo de unas horas, Madam Houdini abrió los ojos. Nos dejaron verla.

Al darse cuenta de que la habían intubado tuvo un ataque de ira incontrolable y la descargó toda contra mí. Yo estaba acostumbrada a su furia, pero esta vez no supe descifrarla. Sus ojos encendidos me seguían a todas partes, taladrándome dondequiera que fuese. Yo veía en sus ojos, además de ira, un odio indisimulado. Estaba atónita. No entendía qué había hecho, o qué creía ella que había hecho.

Unos meses más tarde me dieron en el colegio una carta que la señora Roy me había escrito hacía mucho tiempo, en la que me decía que no quería soporte vital y que era responsabilidad de su hija evitar que se lo administraran. Solo entonces comprendí que aquella ira venía de un sentimiento de traición del que yo no tenía la menor idea. En el curso de los días siguientes, los médicos intentaron quitarle la intubación sin éxito. Sus pulmones no tenían fuerza para exhalar por sí solos. Decidimos trasladarla a un hospital más grande, en Cochín.

Allí estuvo intubada tres semanas. Su sufrimiento era indescriptible. Ver a aquella mujer tan poderosa, a nuestra apasionada, libre, mágica, impredecible y loca señora Roy, reducida a semejante estado de impotencia resultaba desgarrador. Queríamos que se levantara de la cama y nos espantara a todos. Le habían puesto en el cuello una vía por la que le suministraban esteroides. Tenía los brazos amoratados, acribillados por las agujas. Algunos días se ponía tan violenta que había que atarla a la cama. Pero el doctor Mohan Mathew, un médico de cuidados paliativos del hospital con mucha experiencia, estaba convencido de que se iba a recuperar. Decía que esa furia inmanejable demostraba espíritu de lucha, todo lo contrario de tirar la toalla. Tenía razón. Milagrosamente, una mañana consiguieron retirarle la intubación.

Sin embargo, yo no estaba segura de si aquella mujer era ella o era otra persona. Los médicos no nos advirtieron de los efectos secundarios de los esteroides y tampoco de que una estancia prolongada en la UCI inducía una psicosis pasajera. Aunque respiraba sin ayuda y sus niveles de saturación de oxígeno eran estables, estaba completamente desorientada. Tenía las pupilas dilatadas, pero se le cerraban de repente y sus ojos cobraban una expresión taimada y furtiva. Estaba paranoica y alterada. Creía que mi hermano y yo la habíamos raptado y la teníamos retenida, que intentábamos quitarle su colegio y que yo era el cerebro de la operación. No se fiaba de nadie. Podía estar varios días seguidos sin dormir y desconfiaba de la medicación que se le daba. Intentó sobornar a las enfermeras para que la ayudaran a escapar. Les ofreció poner a su nombre todos sus bienes.

El día que la trasladaron de la UCI a una habitación individual, los ascensores del hospital no funcionaban y hubo que llevarla en camilla por las escaleras. Parecía una escena de *Fitzcarraldo*, la película de Werner Herzog, en la que un grupo de hombres transportan un barco de tamaño mediano por una montaña. La escalera del hospital era como la última y ardua etapa de una peregrinación de penitencia. Cuatro personas transportaban a la señora Roy, enfadada y recelosa, atada a la camilla, inclinada en un ángulo peligroso y seguida por un cortejo de empleados del colegio que cargaban su ropa, sus sábanas, sus almohadas, su vajilla, sus cortinas, su inhalador y su vaporizador. Cerraba el séquito alguien que llevaba un tarro grande de gominolas. La señora Roy se había obsesionado con las gominolas.

Estar en una habitación individual no la tranquilizó. No dormía nada. Los médicos temían administrar sedantes en casos de trastorno pulmonar grave. Si yo hubiera sabido que aquello era una psicosis pasajera, me habría resultado más fácil afrontarlo. Como no lo sabía, y a nadie se le ocurrió enseñarme la carta, aquella hostilidad exacerbada parecía una muestra de sus verdaderos sentimientos, que estando tan enferma ya no se molestaba en ocultar. Su odio manifiesto me aplastó. Desarrolló otra fijación muy extraña. Yo no sabía si era real o si lo hacía para fastidiarme. Quería saber la confesión religiosa y la casta de todas las personas que la atendían: médicos, enfermeras y limpiadores. Hacía siempre el mismo comentario: *Ese no es un cristiano sirio auténtico. Viene de una casta de pescadores. Esa es chowathi. Esos son todos parayas...* (Los *parayas* ocupaban el escalafón más bajo de todas las castas de los intocables en Kerala). Yo no daba crédito. No lo entendía. Era absolutamente impropio de ella y me indignaba tanto que me costaba estar a su lado.

Se parecía a la gente que cuchicheaba al vernos a mi hermano y a mí cuando éramos pequeños, por no ser cristianos sirios de sangre azul. Ella nos protegía como una fiera cuando los oía cuchichear, aunque a veces nos transmitía los insultos:

—¿Sabéis cómo os llaman? *Address illathu pillaru*, «los niños sin domicilio».

Seguramente a ella le dolía más que a nosotros, porque éramos demasiado jóvenes para entender qué significaba aquello. La causa de las murmuraciones no era tanto que no tuviéramos una casa paterna, un domicilio, como que no teníamos padre, ni una dinastía con apellido, o una plantación de especias, de café o de caucho que mi hermano heredaría. A fin de cuentas, ¿quién sabía quién era nuestro padre? Nosotros desde luego que no, salvo por las fotografías del álbum gris, que mirábamos atentamente siempre que se nos presentaba la ocasión. Así pues, *address illathu pillaru* podía interpretarse, en el mejor de los casos, como «esos pequeños mil leches» y en el peor como «esos niños bastardos».

La ira que yo iba acumulando por estos comentarios sobre los trabajadores del hospital no era solo altruista o política. Era personal.

La falta de sueño agravaba su estado de desorientación. Un psiquiatra le recetó un antidepresivo suave. El efecto no fue inmediato. Las infecciones hospitalarias también eran una preocupación constante. Pasó otras tres semanas sin apenas pegar ojo, y los médicos pensaron entonces que tal vez se recuperara mejor en un entorno familiar. Decidieron darle el alta, pero nos pidieron que se quedara unos días en Cochín, en casa de mi hermano, para observar cómo evolucionaba antes de llevarla a Kottayam.

Las enfermeras del hospital eran profesionales excelentes y tenían una alegría inagotable. A nosotros nos costaba mucho atenderla en casa sin su ayuda. Nos agotaba estar a su entera disposición y atender sus peticiones constantes: *Enciende el ventilador. Apágalo. Cierra las cortinas. Ábrelas. Quítame los calcetines. Pónmelos. Cámbiame el pañal. Vuelve a cambiármelo*... Así día y noche. Todo era parte de la psicosis, pero no lo sabíamos. Intentábamos hacer turnos y no nos dejaba. Nos quería tener a todos de guardia en todo momento. A mí me requería a todas horas y se ponía hecha una furia si le decían que estaba durmiendo. Quería irme, pero me daba cargo de conciencia dejar a mi hermano y a mi cuñada con semejante pesadilla. Habría sido mejor que me marchara.

Una noche me despertaron para que fuera a su habitación. Estaba acostada en la cama, con los ojos abiertos. Apenas me reconoció. No necesitaba nada, simplemente quería tenerme cerca. Yo me sentía a punto de estallar. De pronto, con una voz tan fuerte que no parecía natural, dijo: «Diles a esos *parayas* que vengan a limpiarme».

Sin darme cuenta de lo que hacía, cogí la silla que estaba al lado de la cama y la reventé contra el suelo. Ella se sobresaltó. Vi literalmente cómo el ruido le recorría todo el cuerpo. Era la primera y la única vez en mi vida que reaccionaba espontáneamente con mi madre. Y la reacción fue terrible. Pensé que la había matado. Pero no. Solo había matado algo dentro de mí.

Ella estaba acostumbrada a una sumisión total. Nadie le había respondido jamás de ese modo. El impacto le devolvió la lucidez momentáneamente. Parecía que volvía a ser la misma de siempre. Llamó a mi hermano. Cuando él llegó, yo me retiré. Le dijo que bajo ningún concepto quería vivir en la misma casa que yo, que o me marchaba yo o se marchaba ella. Mi hermano le dijo que era libre de irse.

Nuestra madre estaba muy enferma y era vieja. Pero también lo eran las rocas que nos aplastaban el alma. A veces no nos permitían hacer lo conveniente, ni siquiera saber qué era «lo conveniente». Pidió que vinieran a recogerla con su coche personal, el coche del colegio y otros dos coches alquilados. El convoy (con gominolas) partió al amanecer. LKC y yo, preocupadísimos, la seguimos a cierta distancia.

Cuando pienso de nuevo en esa noche, en esa maraña de sentimientos, en toda esa rabia apelmazada y densa, en los repugnantes tentáculos de la casta y la jerarquía feudal que se nos meten en el alma incluso en nuestros momentos más íntimos de locura, fragilidad y muerte, se me cierra la mente. ¿Tenemos que matar a nuestras madres para exorcizar este horror que nos habita? ¿Y si ella hubiera muerto? ¿Y si la hubiera matado? ¿Cómo habría podido seguir viviendo yo, la valiente hija-órgano que había pasado toda su infancia respirando por ella?

Quizá ella siempre supo que sería yo quien la mataría. Quizá por eso siempre fue como fue conmigo.

Cuando volvió a su colegio, los miembros de la secta la esperaban en la carretera, formados en fila desde la residencia hasta su casa para recibirla. Menos agitar hojas de palma, hicieron de todo. Mi hermano y yo la seguimos discretamente, cuando los hosanas hubieron terminado, y entramos en la casa. Acostaron a la señora Roy. Deshicieron su equipaje y guardaron sus cosas. Le dejaron el tarro de gominolas al lado del nebulizador, en la mesilla. Llovía a mares. La tensión de la red eléctrica era inestable y las luces, tenues. En cuestión de unas horas sus niveles de oxígeno empezaron a caer en picado. Estaba inquieta. No reconocía a nadie, ni siquiera a mi hermano. Entré en la habitación y me acerqué a la cama. Me miró sin dar muestras de reconocerme. Dijo que había chinos en la habitación. Y un montón de gallos picoteando sus muebles. Echó atrás la cabeza y se puso a aullar como un lobo. Me senté a su lado y la abracé.

—¿Por qué haces eso?

Me sonrió con un gesto inexpresivo.

—¿No es lo que hacen los perros?

Llamé al doctor Mohan Mathew, que estaba en Cochín. Nunca podré pagarle por lo que hizo. Cogió una ambulancia y vino a Kottayam como alma que lleva el diablo. Se sentó al lado de la señora Roy y la estuvo observando alrededor de veinte minutos sin decir palabra. Luego avisó al camillero, la subieron a la ambulancia y se la llevaron.

El convoy fue detrás. Con las mantas, las almohadas, las toallas, los inhaladores, las cortinas, la ropa y las gominolas, por supuesto. En cabeza, justo detrás de la ambulancia, en un coche aparte, una pareja de asesinos. Mi hermano y yo.

Circulábamos en la oscuridad. El monzón estaba en todo su apogeo. El monzón en Kerala siempre me hacía sentir que Dios nos hablaba directamente, sin intermediarios. El cielo era trueno. El aire, agua. La lluvia lo azotaba todo. Apenas veíamos más allá de los limpiaparabrisas y las luces traseras de la ambulancia, muy borrosas, delante de nosotros. El corazón nos latía a una velocidad quinientas veces superior a la que avanzaban los coches. Cada vez que la ambulancia se detenía o aflojaba el paso para sortear un bache, creíamos que todo había acabado. Para nosotros murió tantas veces como el número de baches que hay en la carretera de Kottayam-Cochín. Al llegar al hospital entramos con la ambulancia por la puerta trasera hasta el pabellón de urgencias. Los martillazos de la lluvia en el porche metálico del hospital parecían la banda sonora de una mala película de terror. Dentro, en cambio, reinaba un silencio sepulcral. Nos preparamos para repetir la historia entera. Intubación, esteroides, psicodrama. Afortunadamente, no fue así. La conectaron a un equipo de ventilación mecánica no invasiva, el equivalente pulmonar de las ruedecitas auxiliares que se instalan en las bicis de los niños. Con la presión de oxígeno calibrada con suma precisión, el mecanismo ayudaba a los pulmones a desempeñar la función de inhalar y exhalar. En cuestión de unos días había salido de la UCI y estaba en una habitación individual. Dos semanas más tarde volvió a casa.

Yo estaba cerca, pero no en medio. Por fin leí la carta en la que me pedía que me encargase de que no le pusieran soporte vital. Me alegré de no haberla leído antes y de no haber seguido sus órdenes, porque vivió otros quince años después de la intubación. Tardó meses en recuperarse y, aunque nunca llegó a recuperarse del todo, vivió una vida plena.

Necesitaba oxígeno varias horas al día. Los médicos le propusieron usar ventilación mecánica de noche. Compramos un aparato, pero se negó de plano a usarlo. Sobre todo porque lo habíamos comprado nosotros. Seguía paranoica y desconfiada. Conseguir que se tomara la medicación era un número. No recordaba cuántas semanas había pasado en el hospital, ni que la hubieran intubado, ni que la hubieran llevado a Cochín. Lo único que tenía claro era que yo le debía una disculpa. Por algo. El qué le resultaba confuso. O el por qué.

Yo no podía. Decidí volver a Delhi y esperar a que se tranquilizara. Aún no le habíamos dicho nada de Micky. Pensábamos contárselo cuando estuviera mejor. Nuestra preocupación era innecesaria. Cuando por fin se lo dijimos, no pareció sentirlo demasiado.

Se limitó a murmurar, con aire distraído: «Pobre hombre. Era un Don Nadie».

De vuelta en Delhi fui a la sepultura de Micky. Tenían que haberlo enterrado en el cementerio de Anyum. En ese caso habríamos podido construir una habitación alrededor de su sepultura y yo habría podido vivir allí con él, en la Posada de Jannat. Pero lo enterraron en el Cementerio Indio Cristiano de Burati, a las afueras de Delhi, un sitio salvaje y descuidado, lleno de animalillos correteando entre la hierba alta. Había cientos de sepulturas, en su mayoría improvisadas y sin pretensiones. Las tumbas de los pobres. No me sería posible encontrar la sepultura de Micky sin ayuda. Como sabía la fecha de su muerte, fui a la diminuta oficina de la entrada y pedí el registro. Ahí estaba, en el libro manoseado, justo debajo de la señora C. Betty: Rajib Michael Roy, hijo de Paresh Roy.

Micky Roy, el Hijo del Boxeador.

El empleado me acompañó hasta la sepultura. Mi prima le había encargado una lápida de mármol verde. Decía: ASÍ SOY YO. Lo quería de verdad. Me senté un rato con Micky. Intenté no ser *muggrah*. Era incapaz de visualizarlos, a él y a mi madre, juntos. Era la primera vez que no me pedía dinero para beber. Me habría gustado. Me habría gustado llevarle un poco de whisky de calidad. Cuando ya me marchaba, habría jurado que se levantó, con las piernas como palillos, formó unos prismáticos con las manos y me miró con ellos.

—Ta-ta. Adiós, entonces. No te portes bien.

Pasaron meses hasta que la situación por fin mejoró entre la señora Roy y yo, pero al final lo conseguimos. Para romper el hielo, la llamé por teléfono y le puse «Ol' Man River» y otra de sus canciones favoritas, «Hi-Lili, Hi-Lo». Intentó cantar.

A song of love it's a sad song.
Hi-lili, hi-lili, hi-lo
A song of love it's a song of woe.
Don't ask me how I know.

Es difícil describir mi desgarro al oírla cantar.

La señora Roy ya no bajaba a su despacho. Celebraba la mayor parte de las reuniones en casa. A pesar de que aún podía, había dejado de andar por completo y se empeñaba en usar una silla de ruedas. Organizaba frecuentes comidas y cenas para la familia o los antiguos alumnos. Siempre desaparecía en mitad de la velada... O ni siquiera se presentaba. Los empleados atendían a los invitados. Si se relajaban demasiado o lo pasaban demasiado bien, les mandaba avisos desde el dormitorio: *Por favor, bajad la voz.*

Empecé a visitarla de nuevo. En su nueva vida de confinamiento, todas las mañanas y todas las tardes se sentaba en su porche diminuto, en la silla de ruedas, a ver pasar a los niños cuesta arriba, cuesta abajo, camino de sus clases de baile, natación o teatro. Habían pasado muchos años desde que dio su última clase, por eso, para las nuevas generaciones de alumnos, solo era una roca plagada de percebes o una especie de monumento, algo que mirar con asombro y no poco temor. El día de su cumpleaños salía al balcón, como Evita Perón o una estrella de Bollywood. Los niños se reunían abajo y cantaban para ella. La llamaban Mary Ammachi, «abuelita». El nombre de *señora Roy* ya no existía, como tampoco la enseñanza en inglés para los pequeños. Los niños ahora aprendían malayalam y solo daban inglés en los cursos superiores. Ya no había castigos.

Mary Ammachi, a sus más de ochenta años, también estaba aprendiendo a leer y escribir en malayalam. Los días de sol fuerte llevaba unas gafas de sol muy elegantes, de Christian Dior, que me regalaron cuando formé parte del jurado en el Festival de Cine de Cannes. Con aquellas gafas magníficas, parecía capaz de manejar el mundo entero con una sola mano. Hombres de Dios hindúes, maulanas musulmanes, obispos cristianos, *apparatchiks* comunistas, empresarios ladrones: sin ningún esfuerzo. En la pared tenía un cartel, un dibujo a tinta de un enorme y malévolo mosquito con una trompa aterradora y un poema infantil sobre unos mosquitos, escrito en malayalam, que leía en voz alta y titubeante, para demostrar su proeza a los profesores y antiguos alumnos que iban a verla. No conozco a una sola persona que no se quedara pasmada por el encanto de su interpretación.

Mooli pattu paadi varunnoru
chora kudiyan kurukomban...

Aquí llega con su inocuo zumbido,
ese malvado chupador de sangre...

Hasta el último día, no dejó de aprender, nunca se estancó, nunca temió el cambio, nunca perdió la curiosidad.

Una de sus alumnas más antiguas publicó un libro, *Brick by brick*, sobre su vida. La señora Roy lo editó personalmente, recortando sin piedad páginas enteras, eliminando los párrafos que elogiaban a otras personas siquiera de pasada, reescribiendo oraciones como si estuviera corrigiendo la tarea de vacaciones de una alumna (que debía de tener más de cincuenta años). La única página de introducción a su propia hagiografía, en la que estampó su firma como si extendiera un cheque, estaba escrita en letras mayúsculas.

> NO HAY NADA MÁS GRATIFICANTE QUE GANARSE LA CONFIANZA DE LOS JÓVENES. ENSEÑARLES, APRENDER DE ELLOS Y LANZARLOS A LA SOCIEDAD CUANDO SON ADULTOS Y ESTÁN PREPARADOS PARA EMPLEAR SUS HABILIDADES AL SERVICIO DE UN MUNDO MEJOR.

Esto es lo que había hecho para varias generaciones de alumnos. Sin la menor duda. Pero mi hermano, al leerlo, se echó a reír con ganas.

—Es verdad. Es verdad.

Ponía a prueba cuánto la queríamos, mi hermano y yo, dándonos listas de la compra con cosas muy raras. Principalmente ropa y calzado. Yo se lo compraba y ella se lo ponía todo a la vez. En una de estas ocasiones me vi sentada a su lado en su cama alta. Estaba encaramada en el borde, muy ilusionada, con las piernas colgando como una colegiala, su cánula nasal de oxígeno, sus pendientes de diamantes, un sujetador de encaje lila de la talla 115F, un pañal y unas botas de baloncesto Nike: «Para tener estabilidad», explicaba.

Recuerdo que pensé: *¿Qué posibilidades tengo de vivir algo que se parezca vagamente a la normalidad?*

Estaba enamorada de sí misma. Todo en ella le gustaba. A mí me encantaba ese rasgo suyo.

Me sentía especialmente satisfecha de ese sujetador. Había sido difícil encontrarlo, porque me había dado unas indicaciones muy exactas. Se lo compré en Italia, en Ferrara, la ciudad de los Finzi-Contini, cuya historia me habría gustado regalarle al recaudador de Kottayam que prohibió la función de *Jesucristo Superstar*. Fui a Ferrara para participar en un pequeño festival. El principal atractivo para mí era que mi querido amigo John Berger, uno de los escritores más sensibles, atentos y maravillosos que he leído, también asistiría. Muchos habíamos crecido leyendo sus *Modos de ver*. Poco después de que se publicaran mis artículos sobre las presas del Narmada, recibí una carta suya, en realidad un fax, escrito a mano: *Tu ficción y tu no ficción... Te llevan por todo el mundo como tus dos piernas*. Era una de las pocas personas que no contraponían mi ficción y mi no ficción como si fueran antagonistas.

Después del festival yo iba a pasar unos días con él, en su pueblo de los Alpes franceses. Antes de salir de Ferrara, estuvimos medio día buscando un sujetador para la señora Roy. Cada vez que entrábamos en una tienda, yo me rezagaba para experimentar el placer de ver a aquel hombre guapísimo, de ochenta y tantos años, preguntar en italiano con su acento británico: «Por favor, ¿podría enseñarnos lo que tenga de la talla 115F?». Me encantó que me ayudara a comprar lencería para mi madre. De vez en cuando me permitía en secreto estos juegos raritos.

La primera tarde que pasamos juntos en su casa, después de cenar y de lavar los platos, John se volvió hacia mí, con el delantal todavía puesto, y dijo: «Sé que estás escribiendo algo. Quiero que me lo leas».

Yo ni siquiera había insinuado que estuviera escribiendo un libro, y me sorprendió su petición serena. Me resulta difícil leer una novela que estoy escribiendo. Temo que si la leo pueda levantarse sin más y largarse. Pero leérsela a John Berger parecía lo más natural del mundo. En el silencio de la montaña, esa noche, le leí pasajes de *El ministerio de la felicidad suprema*. Empecé por el principio, con Anyum.

> Ella vivía en el cementerio como si fuese un árbol más. Al alba veía a los cuervos partir y a los murciélagos regresar. Al anochecer, hacía lo contrario. Entre turno y turno, departía con los fantasmas de los buitres que vagaban por sus ramas más altas. Sentía la suave opresión de sus garras como un dolor en un miembro amputado.*

John Berger habría podido escribir un libro titulado *Modos de escuchar*. Escuchaba con todo el cuerpo. Como si mis palabras fueran la lluvia y él la tierra. Lo absorbía todo, hasta la última gota, sin perderse absolutamente nada. Sus ojos a la escucha eran lagos de alta montaña. Aquello era amor, no hay otra palabra para describirlo. No creo que esa quietud, la calidad de esa atención sea ya posible en esta era digital, cuando la gente mama de los teléfonos móviles desde que llega al mundo. Es una cuestión generacional. Algo se ha perdido para siempre, creo.

Cuando terminé de leer, dijo: «Quiero que me prometas que te irás a casa y terminarás ese libro. Que no harás nada más que terminar de escribir ese libro. Si ocurre algo que te altere, piensa que estoy

---

* *El ministerio de la felicidad suprema*, Anagrama, 2017, traducción de Cecilia Ceriani.

justo detrás de ti, como un elefante viejo, aleteando las orejas para refrescarte».

Es posible que esto sea lo más bonito que me hayan dicho nunca. Hasta que me lo dijo, no me di cuenta de lo mucho que necesitaba un elefante viejo. Desde entonces siempre lo llamo Jumbo y él a mí Suprema. Le hice una promesa solemne, pero la rompí nada más llegar a casa. No tuve más remedio. John lo comprendió.

Caminando con los camaradas

Era el año 2010. Fiel a mi promesa, estaba yo trabajando a conciencia en *El ministerio de la felicidad suprema* cuando deslizaron por debajo de la puerta un sobre cerrado. Era una invitación del Partido Comunista de la India (maoísta) —los naxalitas— para ir a la selva de Dandakaranya, en Bastar, donde se estaba librando una guerra sangrienta. La guerra era nueva, pero la historia era muy muy vieja: una historia de compañías mineras, dinero, mentiras, soldados, guerrillas, vigilantes, violencia brutal y expolio de la tierra. Una historia muy vieja que hay que contar muchas veces, porque amenaza el significado del progreso, de la felicidad y de la civilización en sí misma.

El Congreso Nacional, que en ese momento gobernaba en Delhi, había firmado cientos de acuerdos por los que entregaba las tierras protegidas de las tribus indígenas a corporaciones mineras y empresas de infraestructuras. La batalla contra los desplazamientos masivos y la profanación del medio ambiente no era distinta de la que se desarrollaba en el valle del Narmada, con la salvedad de que en estas aldeas remotas del corazón de la selva la gente no luchaba contra la inundación de sus tierras. Luchaba contra una lluvia de balas.

Con el fin de dejar la tierra libre para las empresas, el gobierno introdujo en la selva decenas de miles de soldados paramilitares. Así se formó un ejército vigilante, el Salwa Judum («cacería de purificación»), reclutado entre la propia población indígena a la que se expulsaba de sus tierras. Este ejército, armándose con viejas rivalidades y rencillas familiares, había desempeñado su misión violando, asesinando y quemando centenares de aldeas. El nombre oficial de la expulsión era Operación Cacería Verde.

En el interior de la selva, el Ejército Guerrillero de Liberación Popular (PLGA), de signo maoísta, experimentaba un crecimiento sin precedentes. La guerrilla respondió a la Operación Cacería Verde con matanzas, explosiones de minas terrestres y emboscadas a convoyes de las fuerzas de seguridad. El primer ministro, Manmohan Singh, del Partido del Congreso, afirmó que los naxalitas eran la mayor amenaza para la seguridad interna del país. Tenía razón. La pobreza extrema era, es y debería ser la mayor amenaza para la seguridad interna del país.

Dentro del sobre había una nota en la que me pedían que acudiese al templo de Maa Danteshwari de Chhattisgarh, a cualquiera de las cuatro horas indicadas de dos días concretos. Pensé que, si quería contribuir siquiera mínimamente a romper el consenso de mentiras y extorsiones que los medios de comunicación estaban construyendo, tenía que comprometerme.

Me acordé de mi primera introducción a los naxalitas: la fotografía del terrateniente decapitado que apareció en la portada de los diarios el día en que nos instalaron nuestro primer teléfono en la casa-hostal de Kottayam. El día que mi madre me llamó perra. Sabía que ir a la selva de Dandakaranya no era ir de excursión. O, según una famosa frase del presidente Mao: asistir a una cena. También sabía que los camaradas sabían que yo (no lo bastante hindú, no lo bastante cristiana, no lo bastante comunista) no era acrítica a sus ídolos, tanto al Gran Timonel como al Zar Rojo. Aun así me invitaron. Aun así decidí ir.

Sonreí al pensar que Pradip estaría merodeando por una selva parecida, no muy lejos de mí. Había ido a investigar y a hacer fotografías para su próximo libro monumental: *Jungle Trees of Central India*, «Árboles de la selva de la India Central». Nuestros mundos estaban muy cerca y a la vez muy lejos.

La señora Roy me llamó un día antes de mi partida. No tenía la menor idea de lo que yo estaba a punto de hacer. Quizá, en algún rincón muy profundo de su enrevesada alma, aún tuviera enterrado cierto instinto maternal:

—He estado pensando... que lo que de verdad necesita este país es una revolución.

¿Cómo no iba a quererla?

¿Cómo fingir siquiera que la entendía?

Volé a Raipur, hice un viaje de diez horas en coche hasta Dantewada, entre una niebla muy densa, y llegué a tiempo al templo de Maa Danteshwari. Iba vestida —disfrazada— de peregrina hindú temerosa de Dios, con un *salwar kameez* (blusa y pantalón) blanco, un *dupatta* (chal) amarillo fuerte, y unos pendientes enormes de perlas falsas. En la vida me había sentido más ridícula. Me acompañaba mi antiguo lector de cartas, padre de la novia y ahora conocido realizador de extraordinarios largometrajes documentales, Sanjay K. Él no lo sabía, pero Anyum también venía con nosotros. Ninguno de los dos sabía que el otro estaba ahí. Eran mis *consiglieri*. Llevábamos todo lo necesario en un par de bolsas. Sabíamos que la parte más peligrosa de la expedición sería el momento de entrar y salir de la selva. En una visita anterior que hice a Dantewada, un oficial de policía señaló las riberas arenosas, blancas y llanas del río Indravati y me dijo: «Al otro lado del río, señora, está lo que llamamos Pakistán. Ahí, mis hombres disparan a matar». Teníamos una frontera internacional en el corazón de nuestro país.

En el templo de Maa Danteshwari nos esperaba un camarada con una camiseta destrozada que decía: CHARLIE BROWN, NO UN TARUGO CUALQUIERA. Seguramente ropa de la avalancha de ayuda humanitaria, como la que yo usaba de joven. Después de que nos hubiera llevado hasta nuestro destino, a salvo por la selva, nos dimos cuenta de que, a pesar de su aire de aldeano sencillo, nuestro guía era un guerrillero curtido y sabía manejar un AK-47. Una amenaza cierta para la seguridad interior, sin duda.

Pasamos las semanas siguientes recorriendo la selva de Dandakaranya con una brigada de combatientes naxalitas. Dormíamos al raso. Acampábamos y teníamos que irnos en cualquier momento si los centinelas daban la voz de alarma. Recorrimos docenas de aldeas calcinadas hasta los cimientos. Los desplazados por la guerra se contaban por miles. Algunos llevaban meses durmiendo en la selva porque los paramilitares y el Salwa Judum solían atacar las aldeas de noche. Oímos testimonios de una violencia inconcebible, sobre todo, y como cabía esperar, contra las mujeres. En consecuencia, casi la mitad de los guerrilleros del PLGA eran mujeres. Mujeres furiosas. Cuando las atrapaban, no se limitaban a matarlas sino que las mutilaban salvajemente. A algunas las violaban, les daban una paliza y las soltaban para que contasen a sus camaradas lo que habían sufrido.

Las guerrilleras caminaban hombro con hombro con sus compañeros y cargaban la misma cantidad de peso: enormes calderos de cocina, verdura fresca, sacos de arroz y harina. Bolsas hasta los topes de documentos. Y también sus objetos personales y sus armas. Comíamos chutney de hormiga roja con arroz, fruta y, de vez en cuando, algo de pollo o pescado fresco, preparado al momento. Me bañaba en el río, protegida por las guerrilleras. A veces me abrumaba la diversidad de las mujeres que compartían ese baño conmigo. Éramos campesinas, soldadas, escritoras. Éramos cantantes y bailarinas también, gente del mundillo cultural. El punto álgido de aquellas semanas en la selva fue la celebración del aniversario de la rebelión de Bhumkal en 1910, cuando la tribu koya se levantó contra los británicos. *Bhumkal* significa «terremoto». Miles de campesinos asistieron a la celebración y cada aldea contaba con su grupo de artistas y participantes. El sonido de los tambores llenó la noche. Las historias que contaban seguían una línea continua, sin interrupciones, que unía a los colonizadores blancos con los nuevos empresarios de piel oscura que ahora venían a despojarlos de sus tierras una vez más. Los bailes se prolongaron toda la noche y hasta bien avanzado el día siguiente.

Aquellas fueron las semanas más intensas y extraordinarias de mi vida. También de la de Anyum.

En la selva, cuando los camaradas se saludaban con un *Lal Salaam*, «saludo rojo», Anyum, sin que nadie lo viera, siempre respondía con un *Lal Salaam Aleikum*. Expresaba con esto una solidaridad única, que debería existir pero no existe. Todo esto era un secreto entre nosotras.

Muy lejos de allí, en los Alpes franceses, un elefante viejo esperaba pacientemente a que esa historia se escribiera.

Salir de Dandakaranya fue tan complicado como entrar. Estos son los párrafos finales de *Caminando con los camaradas*, el largo ensayo que escribí de regreso en Delhi:

> Al amanecer me despido del camarada Madhav y la camarada Joori, del joven Mangtu y de los demás. El camarada Chandu ha ido a preparar las bicis y vendrá conmigo hasta la carretera principal. El camarada Raju no viene (la subida sería infernal para sus rodillas). Las camaradas Niti (la Más Buscada) y Kamla, el camarada Sukhdev y otros cinco me llevarán a la cima del monte. Cuando nos ponemos en marcha, Niti y Sukhdev, tranquilamente pero al mismo tiempo, retiran el seguro de sus AK. Es la primera vez que los veo hacer esto. Nos estamos acercando a la «Frontera».

—¿Sabes qué hacer si nos disparan? —me pregunta Kukhdev, como si fuera la cosa más natural del mundo.

—Sí —contesto—. Declararme de inmediato en huelga de hambre indefinida.

Se sentó en una roca y se echó a reír. Tardamos alrededor de una hora en subir el monte. Justo a los pies del camino nos sentamos en un nicho rocoso completamente escondido, como un grupo de emboscados, atentos al ruido de las bicicletas. Cuando se oyen llegar, la despedida tiene que ser muy rápida. *Lal Salaam, camaradas*. Cuando volví a mirarlos, aún seguían allí. Diciendo adiós con la mano. Un pequeño puñado de personas que viven con sus sueños mientras el resto del mundo vive con sus pesadillas. Todas las noches pienso en este viaje. Ese cielo nocturno, esos senderos de la selva. Veo los talones de la camarada Kamla, sus sandalias arañadas, a la luz de mi linterna. Sé que seguramente estará en marcha. Caminando no solo por sí misma, sino con el empeño de mantener viva la esperanza para todos nosotros.

El editor de *Outlook* dedicó un número entero a *Caminando con los camaradas*. Se hicieron los llamamientos de rigor a que me detuvieran, me ahorcaran, me pegaran un tiro y demás. También me vi atrapada en el fuego cruzado de graciosos insultos que las diversas sectas y facciones de los partidos comunistas se lanzan mutuamente. Este debate de altura era necesario, por supuesto. Pero la selva también era necesaria. Sin los naxalitas, al margen de la opinión que se tenga de ellos, la selva ya no existiría.

Escribir sobre asuntos controvertidos y polémicos rara vez termina en el mero acto de escribir. Mis sueños se llenaron de todo lo que había visto y oído en la selva. Un grupo de personas emprendimos una campaña contra la Operación Cacería Verde. Dimos charlas en universidades y en clubes de prensa y celebramos encuentros públicos por todo el país. Nos ganamos el nombre de Naxales Urbanos: «terroristas» intelectuales. Una de las personas con las que charlaba a menudo en los actos públicos que formaban parte de la campaña era mi amigo G. N. Saibaba, profesor de literatura en la Universidad de Delhi. Procedía de una familia pobre de la zona rural de Telangana. Un ataque de polio en la primera infancia lo había dejado paralítico de cintura para abajo. Saibaba se convirtió en objetivo especial del gobierno y de los medios de comunicación. Lo acusaron de ser naxalita y miembro de un frente visible del Partido Maoísta clandestino. A lo largo de los tres años siguientes recibió amenazas e intimidaciones continuas, asaltaron su casa y tuvo que soportar interrogatorios policiales que duraban horas.

Nos acercábamos a un momento peligroso. Las elecciones generales estaban a la vuelta de la esquina. Los dos principales partidos políticos eligieron a sus villanos y el terreno en el que lanzarían sus estridentes campañas. El Partido del Congreso, debilitado por un masivo movimiento contra la corrupción, de corte populista y mayoritariamente descerebrado, presumía del crecimiento económico y atacaba las posiciones «antidesarrollistas» de los Naxales Urbanos, representados por personas como G. N. Saibaba. El BJP prometía devolver a la India su glorioso pasado hindú, dejando atrás siglos de opresión musulmana. Los villanos que bloquean el camino de la gloria eran, como es natural, «yihadistas musulmanes» personificados en Afzal Guru, el principal acusado del ataque al Parlamento, que para entonces llevaba once años en prisión. Uno de los eslóganes electorales del BJP era *Desh abhi sharminda hai, Afzal abhi bhi zinda hai,* «Nuestro país agacha la cabeza de vergüenza. Afzal sigue vivo». Con la esperanza de desactivar la histeria creciente y la ola de nacionalismo hindú que se estaba gestando a favor del BJP, la noche del 9 de febrero de 2013, en un alarde de pusilanimidad imperdonable, el gobierno del Partido del Congreso ahorcó en secreto a Afzal Guru. Nadie avisó a su familia. Más adelante, el antiguo ministro del Interior del Partido del Congreso, un abogado con muchos años de experiencia, reconoció: «Quizá el caso no se haya resuelto bien».

Ahorcaron a un hombre para ganar unas elecciones.

Poco más de un año después le tocó el turno a Saibaba. Volvía de la universidad a casa cuando la policía detuvo su coche. Poco menos que lo secuestraron, lo metieron en un avión y lo llevaron a la prisión de Nagpur Central. En el momento oportuno, exactamente igual que habían hecho tras el ataque al Parlamento, los medios lanzaron una campaña implacable, acusándolo de peligroso terrorista «intelectual». Hubo otras cinco detenciones, entre ellas la de un joven estudiante de la Universidad Jawaharlal Nehru. Con el fin de reforzar la causa contra Sai, cada vez que lo llevaban a un hospital, o a los juzgados de las ciudades en las que supuestamente había cometido sus atroces crímenes, difundían imágenes del convoy lleno de policías armados en el que lo trasladaban. En el hospital lo encadenaban a la cama, con un guardia armado a su lado. ¿Cómo, si no, es posible convertir a un profesor casi paralizado en un terrorista peligroso?

La ejecución de Afzal Guru y la detención de los Naxales Urbanos no ayudó al Partido del Congreso a ganar las elecciones. La victoria del BJP fue aplastante. En mayo de 2014, Narendra Modi juró el cargo de primer ministro. Quiso viajar de Gujarat a Delhi en el jet privado de una importante empresa minera: ADANI, según proclamaba el logo estampado en la aeronave. Con este gesto simbolizaba una nueva alianza entre el nacionalismo hindú y el capitalismo corporativo. Una alianza que iba a desgarrar el tejido social y hasta la misma idea de la India.

En el primer aniversario de la encarcelación de Saibaba, escribí un artículo titulado «Profesor prisionero de guerra». Por tercera vez en mi vida, cinco abogados varones (el Lote Número Tres), seguros de contar ahora con un gobierno favorable a su causa, solicitaron al Tribunal Supremo de Nagpur que se me acusara y detuviera por el delito penal de desacato al tribunal. Uno de mis supuestos delitos había sido llamar a un juez «pueblerino». Esta era la frase ofensiva: «El 12 de septiembre de 2013, su casa [de Saibaba] fue asaltada por cincuenta policías armados con una orden de registro relacionada con el robo de ciertos bienes a un magistral de Aheri, una pequeña ciudad de Maharashtra».

Me llegó una citación para comparecer en persona ante el Alto Tribunal de Nagpur. La sala estaba abarrotada de gente que había ido a abuchearme y a lanzarme miradas lujuriosas. Mi principal acusador, el líder del Lote Número Tres, llevaba tantos anillos y cadenas que parecía que hubiera asaltado una joyería. Tenía dos estilos de peinado: el peluquín y el pelo natural que asomaba por debajo, de un color y una textura totalmente distintos. Estaba tan contento de haber conseguido arrastrarme hasta el juzgado y exhibirme en público, que me entregó un ramo de flores en presencia de sus complacidos compañeros. Afortunadamente, el juez me exoneró de comparecer en las sesiones siguientes y me permitió recurrir al Tribunal Supremo, donde tantos años después todavía sigue sin cerrarse mi causa. Una más en la larguísima lista de causas pendientes.

El día que comparecí ante el Alto Tribunal de Nagpur, en una pequeña ciudad cercana se celebraba un glamuroso festival literario patrocinado año tras año por las compañías mineras, en colaboración con un canal de televisión hipernacionalista hindú que desempeñaba la función de altavoz de este conglomerado empresarial, con asistencia de un panel de destacados escritores internacionales que hablaron con elocuencia y emoción de los peligros de la censura y la importancia de la libertad de expresión.

El tribunal condenó a Saibaba a cadena perpetua. En su expediente judicial, de mil páginas, el juez manifestaba su pesar porque los delitos tipificados de los que se acusaba a Saibaba no le permitían aplicar la pena de muerte, tal como le habría gustado. De habérselo permitido, a mi amigo Sai quizá lo habrían ahorcado, como a Afzal Guru, para «satisfacción de la conciencia colectiva de la sociedad». En tal caso habríamos visto los habituales reportajes de prensa, con todo lujo de detalles sobre el tipo de soga utilizado, su calidad, su procedencia, la identidad del ahorcado, cuántos hijos tenía, cómo se relacionaba con su trabajo y cómo manejaba sus emociones.

Estábamos bien inmersos en los años oscuros del infierno nacionalista hindú: linchamientos públicos de musulmanes, vídeos de linchamientos públicos, de palizas públicas, de asesinatos en masa y de multitudes armadas con espadas que marchaban por las calles llamando abiertamente al genocidio de los musulmanes. Un grupo de estudiantes de la Universidad Jawaharlal Nehru de Delhi decidieron celebrar una protesta para conmemorar el tercer aniversario de la ejecución de Afzal Guru. Fue otro de esos momentos de histeria en los medios de comunicación dominantes. Las cadenas de televisión y sus vociferantes presentadores difundieron vídeos manipulados, con bandas sonoras falsas. Señalaron a los estudiantes uno a uno, los persiguieron, los acusaron con mentiras y los tacharon de agentes paquistaníes. Se reservaban una modalidad especial de histeria para los musulmanes, en particular para los cachemires. La policía entró en el campus y practicó detenciones. Un presentador se empeñó en dirigirse directamente a mí en un informativo emitido en horario de máxima audiencia, mirando de frente a la cámara: «Arundhati Roy, nos pareces repugnante». Noche tras noche el mismo delirio: «¿Por qué no la han detenido? ¿Por qué está en libertad?».

Por aquel entonces me faltaban solo unas semanas para terminar *El ministerio de la felicidad suprema*. La idea de ir a la cárcel en ese preciso momento me destrozaba. Ante un manuscrito casi completo, un escritor puede volverse paranoico y temeroso. Me consideraba responsable de Anyum y los demás personajes del libro. Si iba a prisión, los encerrarían a todos conmigo. Pensaba que tenía el deber de lanzarlos al mundo, de asegurarme de que su parloteo se mezclaba con otras conversaciones en anaqueles vivos. Con el fin de protegerlos hice algo que nunca creí que pudiera hacer: huir. Compré un pasaje para Londres. En la vida me he sentido peor conmigo misma. Amanecí en una habitación de hotel decorada con pinturas racistas de bailarinas africanas vestidas con faldas de paja auténtica. En el comedor, mientras desayunaba, lloré por mí, por mi país, por todo lo que estaba en llamas. Me bastó un día para saber que tenía que volver. Porque yo era un árbol del cementerio de Anyum. Si me trasplantaban a otro bosque, perdería las hojas. En el plazo de una semana estaba en casa.

¿Por qué no me detuvieron, como a tantas otras personas? ¿Quién sabe? Tal vez me protegieran mis lectores. O mi ángel de hierro.

Era muy difícil aislarse del ruido y de la pena de tener tantos amigos en prisión para seguir escribiendo *El ministerio de la felicidad suprema*. Cuando por fin lo terminé, John Berger, mi Jumbo, se estaba hundiendo. Viajé con mi manuscrito a París, donde John se había instalado para estar con la que era su compañera desde hacía muchos años, la escritora rusa Nella Bielski. Fue el último libro que John leyó antes de morir. Me gusta pensar en él —su tierra, mi lluvia, y luego intercambiar papeles— en la Posada de Jannat. No es necesario que esté vivo para abanicarme con sus orejas. Solo tengo que concentrarme para notar esa brisa fresca, un tipo de brisa que solo un elefante viejo puede producir.

El ministerio de la felicidad suprema se publicó en 2017.

En la cola de las firmas, el día de la presentación en Nueva York, estaba Nishrin Jafri, hija de Ehsan Jafri, un exdiputado indio. Ehsan Jafri fue asesinado —a hachazos— por una turba hindú durante el pogromo de Gujarat en 2002, cuando Modi era primer ministro. Unas semanas antes de morir, Jafri hizo campaña en contra de Narendra Modi en unas elecciones extraordinarias que Modi ganó a duras penas. Sesenta personas —amigos y vecinos— a quienes Jafri había dado refugio en su casa también fueron asesinadas. La madre de Nishrin, Zakia Jafri, sobrevivió a la matanza, lo mismo que Anyum. Los asesinos fueron luego sorprendidos por las cámaras, alardeando de cómo habían desmembrado a Ehsan Jafri con espadas para quemarlo a continuación. Antes de que lo mataran, Jafri hizo cientos de llamadas de teléfono para pedir ayuda. Nadie de ningún partido político quiso ayudarlo. La policía no intervino. Como testigo presencial de la masare, la madre de Nishrin pasó años en los tribunales tratando de que tanto los asesinos de su marido como Modi y su administración respondieran ante la justicia. No lo consiguió. En vez de eso, las personas que la ayudaron acabaron en la cárcel.

Le firmé el libro a Nishrin. Sentí vergüenza de nuestro país.

De regreso en la India, Saibaba, encerrado en la famosa celda *anda* (celda huevo) de la prisión de Nagpur, le escribió una carta a Anyum:

> Querida Anyum:
>
> ¿Cómo estás? Espero que te vaya bien con todo el Ministerio en la Posada de Jannat... Me habría gustado escribirte antes, como a una de mis mejores amigas, pero al parecer últimamente estabas cada vez más ocupada, porque tu equipo no para de crecer. De repente he tenido la sensación de que eres la única persona en el mundo que se tomaría mi carta en serio y haría algo concreto por mi liberación.

Anyum no era de escribir cartas, así que contesté yo en su nombre.

Saibaba era solo uno más entre muchos centenares de detenidos y encarcelados. Buena parte de ellos, activistas, abogados, estudiantes y periodistas, eran amigos muy queridos para mí. Saibaba pasaría casi diez años en prisión antes de ser absuelto de todos los cargos por el Alto Tribunal de Nagpur. El juez que lo absolvió dijo: «No había nada». *Nada.* Nada que mereciese siquiera un procedimiento judicial. Nada que mereciese siquiera un día en prisión.

Mi amigo Sai murió solo siete meses después de quedar en libertad. Contrajo una infección cuando lo operaron de la vesícula biliar. Su organismo, debilitado por los diez años de encarcelamiento, no tuvo fuerza para resistir. Su mujer y su hija, que habían perdido diez años de su vida luchando por él, se quedaron sin nada. *Nada*. Ni siquiera una disculpa.

A mí me quedó solo un tarro de mango en conserva que Sai hizo especialmente para mí. Es posible que lo guarde mientras viva.

Una semana después de su muerte, leí una crónica del asesinato de la camarada Niti (la Más Buscada), que caminó conmigo aquellas semanas en Dandakaranya. Niti fue una de las ocho personas que, al final de nuestro viaje, nos escoltaron a través de la frontera hasta el camino y nos dijeron adiós. La noticia decía que había muerto en la selva, junto a otras treinta personas, en un ataque de los paramilitares. A una de las mujeres la arrastraron por los caminos pedregosos hasta que el cuero cabelludo se le desprendió del cráneo. No sabría decir si se trató de la camarada Niti u otra. La camarada Niti tenía un pelo largo precioso.

«Dios pidió disculpas en su certificado de nacimiento»

Más o menos en la misma época en que se publicó en la India *El ministerio de la felicidad suprema*, un actor de cine hindi muy conocido, que también era diputado del BJP, enfadado por algo que según él yo había escrito o dicho sobre Cachemira (resultó ser fruto de su imaginación, o de la de algún vendedor de noticias falsas), sugirió que me ataran a un jeep y me utilizaran como escudo humano en sus operaciones en Cachemira (un privilegio reservado en exclusiva para los civiles cachemires musulmanes). Se refería, y daba su aprobación, a un incidente en el que le hicieron esto mismo a un sastre cachemir.

Los presentadores de televisión debatieron el asunto acaloradamente. ¿Tenía derecho el actor a defender esta opinión? ¿Debían o no debían utilizarme como escudo humano? Encantado por la atención que estaba recibiendo, este personaje decidió asestar el puñetazo definitivo: «Cuando ella nació, Dios pidió disculpas en su certificado de nacimiento».

Imaginen su alegría si hubiera sabido que mi madre estaría de acuerdo con él. Imaginen su decepción si hubiera sabido que yo tenía el equivalente al entrenamiento militar de las fuerzas especiales de marina y ni con todo su empeño podría mover mi aguja una micra de milímetro.

La señora Roy me había contado muchas veces lo mucho que sufrió cuando supo que estaba embarazada por segunda vez. De mí. Hablaba de lo solitaria que era la vida con Micky en una plantación de té en Assam. De cómo se pasaba horas en el porche de su casa viendo pacer a los rinocerontes en la hierba, justo al otro lado de la valla, con náuseas y temerosa de la vida que había elegido. Su primer hijo solo tenía nueve meses y ya había otra en camino.

Cuando tuve edad suficiente para entenderlo, me contó los distintos métodos con los que intentó abortar. El menos horrible fue comer ingentes cantidades de papaya verde; el más horrible incluía una percha de alambre. No era agradable que una madre le contara a su hija una cosa así, pero tuve la sensación de que me estaba advirtiendo para que no me lanzara a una vida de mujer casada y con hijos sin pensarlo a fondo. Me sentí fatal por ella. Todavía hoy, cuando lo pienso, no llego a estar del todo de mi parte. La imagino enferma y sola, aislada en una finca inaccesible, con un marido borracho, un hijo de meses y otra en camino. Aunque los rinocerontes inclinan la balanza ligeramente a mi favor, comprendo la tentación de la papaya verde y de las perchas. Soy el resultado del fracaso de ambos métodos a la hora de cumplir su promesa como inductores de aborto. De ese fracaso venían las letanías: «Ojalá te hubiera abandonado en un orfanato», «Eres una rueda de molino que llevo colgada al cuello», «Esta enfermedad es culpa tuya» y, por supuesto, «Perra».

Cada vez que me hablaba de sus intentos infructuosos de abortarme, yo me alegraba de haber tenido más éxito en mi empresa durante el rodaje de *Massey Sahib*. Y daba gracias por no haber tenido que someter a un ser humano al que yo hubiera traído al mundo al rencor y la rabia, como hizo mi madre conmigo tan a menudo.

Años más tarde, esta historia de lo mal que lo pasó en este segundo embarazo quedó confirmada por Jane, su cuñada británica. Jane estaba casada con el hermano mayor de Micky. El único sobrio de la familia. No habían vuelto a verse la una a la otra desde que mi madre dejó a Micky. Cuando conocí a Jane, ella vivía en Delhi. Tenía cerca de noventa años y algunos síntomas de demencia. Era divertida y lacónica, pero parecía instalada en el pasado, en sus tiempos de Calcuta. Me saludó como si yo fuera mi madre embarazada de mí.

—Sé que no quieres tenerlo, Mary, pero ya es demasiado tarde. ¿Qué dice el médico?

Todo esto tendría que haberme revuelto, como es lógico, pero para entonces ya había soportado tantas cosas y me había alejado tanto de la idea de que las madres tienen que ser un refugio de amor y protección que únicamente pensé: *Bueno, lo siento mucho, señoras. Ya estoy aquí.*

La señora Roy no habría estado de acuerdo con el actor de cine hindi en casi nada más. Estaba en cama, afectada por un ataque de asma severo, cuando un grupo de trabajadores del BJP irrumpieron en el recinto escolar exigiendo muy agresivamente un donativo en metálico para su partido. Los profesores se sintieron intimidados. Aunque el BJP no contaba siquiera con un mínimo de apoyo en Kerala, todos sabían que la cadena de mando de aquellos matones llegaba hasta el primer ministro, Narendra Modi, que no se tomaba a la ligera ningún desaire, por pequeño que fuese. El colegio se encontraba en una situación de especial vulnerabilidad, por ser una «institución minoritaria», un centro de enseñanza cristiano. Los profesores decidieron respetar su propia cadena de mando. Subieron la cuesta para ir a casa de la señora Roy y le expusieron el problema tímidamente. La directora se incorporó en la cama, tiesa como una vara.

—*¡Eso nunca!*

A pesar de que seguía leyendo los periódicos, a la señora Roy le costaba dedicar mucho rato a la lectura. Intentó leer *El ministerio de la felicidad suprema*, pero no pudo. Su frágil estado de salud no le permitió organizar la presentación del libro en Kottayam para sabotearla luego. Empezaba a fallarle la memoria. Estaba empeñada en que Edward Snowden, el estadounidense refugiado en Rusia tras revelar secretos de Estado, había ido a verla a Kottayam. Otras veces decía que era «ese Julian», Julian Assange. Apretaba los dientes y montaba en cólera si alguien intentaba convencerla de lo contrario. Confundía a Snowden con mi amigo, el actor John Cusack, que en efecto había ido a verla hacía unos años, cuando trabajamos juntos en un librito, *Things That Can and Cannot Be Said*, «Cosas que se pueden y no se pueden decir», sobre nuestra visita a Snowden en Moscú y a Assange en Londres, cuando estaba encerrado en la Embajada de Ecuador, donde le concedieron asilo político. Fuimos a Moscú con Daniel Ellsberg —el Snowden de la década de 1970—, el hombre que filtró los Papeles del Pentágono y desempeñó un papel decisivo para parar la guerra de Vietnam.

Cusack y mi hermano todavía se ríen a carcajada limpia cuando Cusack imita lo que él llama «la mirada de puro terror que puso Arundhati Roy, que no conoce el miedo, cuando su madre nos preguntó si nos apetecía tomar una taza de té con ella».

Por su parte, G. Isaac leyó *El ministerio* tantas veces que se lo sabía de memoria. La inesperada e inconcebible novedad de aquellos años era que G. Isaac y su hermana pequeña, Mart Roy, se habían vuelto compañeros inseparables. Iba a verla como mínimo dos veces en semana. Le daba la mano, y cantaban juntos canciones antiguas, ella con la cánula del oxígeno en la nariz. En realidad ya no podía cantar, pero lo intentaba. Los dos se habían fundido el dinero que recibieron por la venta de la casa de su padre. Él, pagando numerosas deudas. Ella, comprando terrenos para el colegio. Para ampliar los campos deportivos. Era como si se hubiesen pasado la vida enfrentados porque se respetaban mutuamente como adversarios. Porque nadie más habría podido hacer que la batalla resultara entretenida o valiese la pena.

De estar recluida en casa, la señora Roy pasó a estar más o menos recluida en su dormitorio, aunque salía con frecuencia por la tarde para ir de visita en el coche del colegio. Llegaba a la casa que fuera, entraba en el jardín o se detenía en la puerta, con sus gafas de sol, como un gánster, y hablaba con la gente a través de la ventanilla o con la puerta del coche abierta. Las visitas solo duraban unos minutos. Había dejado de divertirse tanto como antes. Seguía sentándose en su porche todas las mañanas y todas las tardes, pero su casa se había vuelto algo lúgubre y muy silenciosa. Por las ventanas entraban las voces infantiles, mientras que en el interior no se permitía un solo sonido humano. Todo el mundo tenía que susurrar y andar de puntillas.

La casa estaba muy descuidada. Había grietas peligrosas en la losa de relleno de Laurie Baker; el acero oxidado quedaba a la vista. Las termitas habían atacado los marcos de puertas y ventanas. Para esconder las grietas del cemento, el suelo se cubrió con un vinilo horrendo que se despegaba. Y era imposible hacer nada para evitarlo, porque la señora Roy no toleraba el polvo ni el ruido. Se había retirado por completo de sus funciones. Mi eficiente cuñada se encargaba de la administración. La nueva directora era una antigua alumna.

Fue un momento emotivo en la historia del colegio, una mezcla de tristeza y liberación, cuando una antigua alumna de la señora Roy se sentó en la silla de la señora Roy, en el despacho de la señora Roy, que llevaba mucho tiempo vacío. La orden de registro de los tiempos de *Jesucristo Superstar* seguía enmarcada y colgada en la pared, detrás de su silla, para recordar que quien dirigiera el colegio necesitaba tener los nervios de acero de su predecesora.

El relevo se hizo sin contratiempos ni alteraciones en la actividad escolar. Sigue siendo un excelente centro educativo, al que únicamente le falta esa chispa impredecible e insustituible de mal genio.

Retirada

La retirada del colegio no tuvo ningún efecto en el carácter de la señora Roy. Si no le gustaba la comida que le servían, tiraba al suelo los platos y las fuentes, como de costumbre. Si se enfadaba con alguien, exigía que le devolvieran los regalos o el dinero que ese alguien hubiera recibido mucho tiempo antes. De vez en cuando expresaba algo parecido a los remordimientos.

—Hoy he sido un poco desagradable.

Mi querida Kurussammal, a quien yo conocía desde mis cinco años, ya no estaba allí. Se había retirado y había vuelto a Ooty, donde vivía con su familia en un piso comprado con las ganancias de toda una vida. Desde su ventana veía lo que en otro tiempo fue la casa del Entomólogo Imperial, donde nos bañaba a mi hermano y a mí en una tina de agua caliente y nos vestía con los jerséis que ella misma había tejido. Kurussammal había aprendido mucho de su jefa, y dominaba a sus hijos y sus nietos como un capo de la mafia. Fui a verla dos días antes de que muriese. Cuando se ponía a gritar a las personas que la atendían, cruzaba conmigo una sonrisa en secreto. Me tumbé a su lado en la cama y, en voz alta, hicimos la lista de todos los platos que había cocinado para la señora Roy.

¡Rasam!

¡Thairu Sadam!

¡Chutney de dátiles!

¡Pastel de pescado!

¡Parippu payasam!

La que fuera el caballo de carga de la señora Roy, Ammal, vivía ahora con su hermana Mariamma en una casita, justo a la entrada de los terrenos del colegio. Ammal, como una réplica de su querida jefa, arriba en la ladera, se pasaba el día entero sentada en el porche, viendo ir y venir a la gente.

Hacía ya tiempo que un equipo de cuatro mujeres atendía a la señora Roy las veinticuatro horas del día, desde que Ammal se jubiló. Dos cumplían el turno de día y otras dos el de noche. Jessie la amable y Reena la estricta eran hermanas; Indira había sido enfermera, lo mismo que Annamma, que al parecer tenía el poder de ralentizar el ruido: siempre oía las cosas con unos segundos de retraso. Las cuatro cuidaban de la señora Roy con un cariño y una dedicación que fueron un consuelo enorme para mí. Sabían que en cualquier momento y sin previo aviso podía presentarse un ataque de asma, como si un puño fantasma viniera a estrujarle los pulmones. Aprendieron a dejarlo todo, cuando estaban en casa, de día o de noche, para ir corriendo a su dormitorio en cuanto oían el timbre. Había un montón de timbres detrás de la cama de la señora Roy. Algunos parecían trinos de pájaros. También tenía una antigua campanilla de bronce que usaba cuando se iba la luz, o cuando había sobrecarga en la red, lo que a veces duraba más de una hora. Ya no era tan grave, porque ahora tenían un generador de diésel que se encendía automáticamente. El timbre que sonaba con mayor frecuencia era el de la melodía de esa canción infantil: «¿Estás durmiendo, hermano Juan?».

Parecía tan ocupada como en los tiempos en que dirigía el colegio. Estaba igual de tensa y de impredecible, solo que su lista de actividades era algo distinta. El baño matinal y el acicalamiento posterior se habían vuelto una tarea muy complicada. Jessie, Reena, Indira y Annamma conocían el cuerpo de la señora Roy quizá mejor que el suyo propio. Sabían cómo sentarla en el asiento de cemento encastrado en la pared del cuarto de baño, para que pudiera apoyar la espalda mientras llenaban la cuba de acero de agua hirviendo; sabían levantarle los pechos para lavarla por debajo de los pliegues y no subirle los brazos más allá de la altura del hombro. (Ella manifestaba su dolor o malestar, por ligero que fuese, con un rugido. Fuerte. ¡Aaaaah! ¡Ouuuu! Como un personaje de tebeo).

Una lección de baño a la inversa para quien había enseñado a bañarse a centenares de niños.

Los domingos, si alguna de sus cuatro ayudantes quería ir a la iglesia, una quinta persona, Brinda, que trabajaba en la oficina, al pie de la cuesta, subía a ayudar a la cuadrilla del baño. Brinda era muy bajita, la cabeza le llegaba a la altura de los pomos de las puertas, y tenía una trenza de pelo negro casi tan larga como ella. Su padre era herrero y le hacía unas joyas exquisitas, proporcionadas a su tamaño, que Brinda se ponía siempre para ir a trabajar. Sus sortijas en los dedos de los pies, sus esclavas diminutas y sus pendientes *jhumka* brillaban en la penumbra del cuarto de baño. Llevaba un delantal de plástico encima de la *kurta* y el *salwar*. (Los malayalíes habían adoptado con inmenso entusiasmo esta indumentaria punjabí). La pastilla de jabón Pears, de un color ámbar traslúcido, parecía del tamaño de un ladrillo en las manos de Brinda. Levantar y sostener los pechos de mi madre representaba un esfuerzo considerable para ella, y todas las mujeres, mi madre incluida, se reían con ganas.

Si por casualidad yo había ido de visita, la señora Roy solía llamarme.

—¿Te gustaría ver cómo bañan a tu madre? ¿Por qué no haces una foto?

—Vale, prometo no enseñársela a nadie.

—Entonces ¿para qué hacerla?

Era un capricho pero también algo más. Hacia el final de su vida, el baño de la señora Roy llegó a ser un ritual, una especie de sacramento, la manera de señalar ciertos hitos. Era una proclamación de su victoria sobre todos los enemigos, reales e imaginarios, que habitaban su pasado, que intentaron romperla y someterla. (Y aquí estaba, como Cleopatra en su bañera de leche de burra). Era una afirmación de su autoridad sobre las mujeres que la atendían. Era su modo de decirme que otras personas estaban haciendo lo que debería estar haciendo yo. (A veces entraba y me sumaba a la cuadrilla). Sobre todo era su modo de afrontar la mala salud crónica. Había aprendido muy pronto que un buen despliegue de fragilidad física podía ser un arma muy poderosa.

El baño y el acicalamiento generaban un vínculo de intimidad con sus cuidadoras más profundo, más claro, más fiable y menos espinoso que el que yo tenía con mi madre. Ella cuidaba a quienes la cuidaban con generosidad y preocupación. Cuando me citaba en el cuarto de baño, yo veía que, además de temor y tensión en el ambiente jabonoso y cargado de vapor, había amor.

El ritual del baño de la señora Roy, el polo opuesto del mío con las camaradas en la selva, siempre me hacía pensar en la historia del viejo patriarca de una aldea vecina al que bajaban al río para bañarlo. Su enorme tamaño daba cuenta de su prosperidad y su linaje, y era un motivo de orgullo, no de vergüenza. Su familia había dominado en otro tiempo el negocio de la canela, creo que era. Los criados tenían que bajar la escalera antes que él y verter cubos de agua caliente en el río para suavizar la impresión corporal antes de que él accediera a entrar. Una vez en el agua, en pie y apoyado sobre una musgosa plataforma sumergida, lo enjabonaban y frotaban como a una cría de elefante mientras los pececillos le picoteaban los pezones. Cuentan que, un día, uno de los criados encontró una llave alojada en un pliegue de grasa. Hubo un estallido de celebración espontánea y de chapoteo feliz, porque esta llave, perdida desde hacía algunos días, abría la caja fuerte donde guardaba el dinero. Habían acusado a los criados de robarla.

Yo había aprendido que el mejor modo de rebajar al mínimo las posibilidades de conflicto con la señora Roy era hacerle visitas frecuentes pero breves. Aprendí a entrar en su órbita como sortea un insecto inteligente una tela de araña: a cerrar las alas para reducir mi superficie corporal al adentrarme, y a retirarme por el mismo camino despejado al entrar, tomando todas las precauciones a mi alcance para no enredarme en los filamentos de su tela. Me aficioné por diversión a retorcer antiguos refranes para adaptarlos a mi situación.

Querer es poder salir.

Soy un chivo escapatorio.

Ella seguía haciendo todo lo posible para fastidiarme, pero yo ahora tenía más tablas que antes para esquivar sus provocaciones. Nuestras conversaciones a veces eran desternillantes. Esta, por ejemplo, sobre su nueva visión del matrimonio:

—Me parece horrible cómo vives. Creo que el matrimonio es una idea estupenda.

—¿Para mí o para ti, Kochamma? —Yo entonces había empezado a llamarla Kochamma, «madrecita», como la llamaba la cuadrilla del baño.

—Para mí, por supuesto.

—¿Qué cambiaría si te casaras ahora mismo?

—Que habría aquí un hombre.

—¿Y qué haría?

—Bueno... Ya lo sabes, cosas de hombres.

Lo dijo con frivolidad, con desdén, como si fuera una obviedad que no merecía explicación. Esta fue una de las pocas veces que la oí decir algo poco claro.

Lo que más le molestaba y la contrariaba era no poder pasear por su querido colegio. Lo tenía dibujado en la cabeza hasta el último centímetro. Podía dar órdenes, con una exactitud exasperante, sobre qué había que hacer:

¿Han arreglado la gotera del techo del comedor?

¿Habéis cambiado los lavabos del dormitorio tres?

Decidle a Achoo que pode esa rama larga del mango del campo de deporte.

Que venga a verme Jophin por lo del laboratorio de física.

Como si, mientras su cuerpo estaba confinado en la cama, su espíritu siguiera haciendo las rondas de inspección habituales.

No le gustaba que otras personas se encargaran de cosas que ella se había dedicado a construir toda la vida, ladrillo a ladrillo. Me lo dijo una noche, cuando estábamos sentadas en el porche.

Tengo celos de todo el mundo.

A veces se pasaba semanas encerrada en su caparazón. No hablaba, no comía, no dormía en todo el día. Le recetaron un antidepresivo.

Estoy tomando un medicamento para la tristeza.

Cuando nos arrasó la covid, me quedé encerrada en Delhi sin poder ir a verla. No creía que la señora Roy fuese a superarlo. Su vida ya estaba llena de bombonas de oxígeno, de oxímetros y equipos de ventilación mecánica. A lo largo de aquellos meses de pesadilla, cuando Delhi se quedó sin reservas de oxígeno y los crematorios sin espacio, yo temía la llamada de teléfono con que me anunciarían que se había contagiado. Todos en su entorno se contagiaron, incluso Jessie, Reena, Indira y Annamma. Pero ella no. Madam Houdini ganaba una vez más. Lo que casi la mata, en cambio, fue el silencio que se apoderó de su colegio. La piscina vacía, el auditorio vacío, los dormitorios vacíos. No entendía qué eran las clases online.

Dicen que ahora se lo han llevado todo a una especie de nube.

Le resultaba inconcebible que alguien pensara que la educación era solo cuestión de dar lecciones en un aula. Estaba convencida de que los tiempos de los colegios de ladrillo y cemento habían llegado a su fin. Su hijo había muerto. La obra de su vida estaba obsoleta. Sería un breve capítulo en el avance imparable de la historia de la humanidad. *Antes había colegios en los que los niños humanos aprendían cosas...*

Yo quería abrazarla y asegurarle que todo saldría bien. Pero no es posible abrazar a un puercoespín. Ni siquiera por teléfono.

Pocas cosas agradezco tanto como que la señora Roy viviese para ver cómo el colegio abría de nuevo sus puertas y los niños volvían al campus.

Una declaración de amor

Era enero de 2022. Yo estaba en el pequeño apartamento de Sanjay en Delhi. Vivía solo. Como yo. Estábamos cenando con dos de nuestros mejores amigos de Cachemira cuando recibí un mensaje en el móvil. Era de mi madre. Mis compañeros, todos hombres y todos, incluido Sanjay, muy queridos por sus madres enamoradas, debieron de notar que me ponía pálida y tuvieron que preguntarse qué ocurría. ¿Cómo explicarles que lo que me asustaba era que mi madre me había escrito un mensaje para decirme que me quería?

La señora Roy era demasiado arrogante para usar el teléfono móvil: le dictaba los mensajes a sus empleadas. De ahí que sus mensajes nunca fueran triviales. Eran declaraciones. Declaraciones de principios. El que recibí aquella noche decía: *No hay nadie en el mundo a quien haya querido más que a ti.*

A pesar de todo lo ocurrido entre nosotras, yo, por algún motivo, sabía que era cierto. Mi eterna resistencia a dejar de quererla, pasara lo que pasara, por fin conseguía romper sus barreras. Junto a una oleada de felicidad, también sentí que la polilla fría de mi infancia venía a posarse en mi corazón. Algo me dijo que el fin estaba cerca. Me temblaban los dedos mientras tecleaba la respuesta.

Eres la mujer más increíble y maravillosa que he conocido. Te adoro.

Yo también era capaz de hacer declaraciones. También la mía, como la suya, era cierta.

Era enero. Hacía un frío glacial en Delhi. Yo estaba empapada en sudor.

Desde ese instante siempre estaba inquieta, siempre atemorizada. Cada vez que mi hermano me llamaba, se reía como una bruja al detectar la angustia que delataba mi voz con solo decir hola.

—Ella está bien, Kuriakose, está bien. Relájate. No te llamo por eso.

Por alguna razón que ninguno de los dos conocíamos, mi hermano había empezado a llamarme Kuriakose y yo a él Kuttappen.

Y un día de septiembre, me llamó y no se reía.

En mi última cena con la señora Roy hubo tarta. Era el cumpleaños de una alumna y, en la cocina del colegio, habían preparado una tarta de chocolate para ella. La señora Roy devoró su porción a toda velocidad y me miró a los ojos sin pestañear. Le pasé mi plato. Y después pidió otra porción más. Tomó en total tres porciones grandes. Yo estaba encantada. Pensé que recuperar la glotonería significaba una oportunidad de seguir con vida al menos unos años más. Me sonrió con su encantadora sonrisa traviesa.

—Tú ya sabes, Kochamma, que la gente con hoyuelos es capaz de conseguir cualquier cosa.

La sonrisa se esfumó y la señora Roy fijó en mí entonces su mirada fría. Los ojos de su padre. Los ojos del Entomólogo Imperial. Esos ojos fríos y penetrantes de su foto del álbum familiar: el famoso retrato que le hicieron en un estudio de Hollywood.

Nunca he dejado de preguntarme qué lo llevó a hacer las cosas que hizo. Porque sé que ahí está la clave para entender por qué ella hizo las cosas que hizo.

Hasta el último día que pasé con ella, nunca conseguí acostumbrarme o anticiparme a esos giros imprevisibles, a la luz y la sombra, a sus bruscos cambios de humor. Pero sí había aprendido a quedarme fuera del alcance del azote de su furia lacerante. O eso creía. A veces no calculaba bien. En realidad, estoy hecha con los residuos de esa furia.

La mañana siguiente, justo antes de irme a Delhi, me pidió que fuese a verla. Me sonrió y se tocó el hoyuelo.

—Haz una foto.

La hice.

Fue la última foto que le hice. Ahora, cuando la miro, veo que la lente de la cámara captó algo que mi ojo desnudo no vio. El pelo de la señora Roy, abundante y saludable, estaba muerto, quebradizo. Una greca de venas muy sutil, como el mapa de una ciudad oculta, se extendía por debajo de la piel casi transparente. Ya había emprendido su viaje. Las tres porciones de tarta de chocolate eran para el camino.

Dos días después de mi llegada a Delhi, el 1 de septiembre, se puso (le pusieron) ropa limpia, tomó un buen desayuno, volvió a acostarse y murió. Tenía una expresión de paz. Ni una mueca, ni un atisbo, ni rastro de sufrimiento. Fue una muerte perfecta. Milagrosa, dada su historia clínica. Nadie habría sabido que estaba muerta si no hubiera estado tumbada boca arriba. Nunca se acostaba en esa postura, siempre de lado, sobre un montón de almohadas.

Su poderoso y atribulado corazón por fin había dejado de latir.

Era tarde esa noche cuando llegué a Kottayam. La señora Roy estaba en el comedor, tendida en un féretro climatizado, con la tapa de cristal. La acompañaba un pequeño grupo de personas, incluidos algunos fotógrafos de prensa. Al día siguiente los diarios condensarían su vida entera en unas pocas frases.

Siempre insistió en que no quería que la enterrasen en los terrenos del colegio.

—Dirán que mi fantasma los acecha.

—Pero queremos que nos aceches, Kochamma. Acéchanos siempre.

Le enseñé un dibujo de Heathcliff acostado sobre la tumba de Cathy, en una antigua edición ilustrada de *Cumbres borrascosas*.

—Mira... Yo haré lo mismo.

No pareció impresionada. Las dos sabíamos que la discusión era solo teórica. La ley no permitía enterrar a nadie en una propiedad privada. Y no había sitio para ella —divorciada y desafiante de la ley cristiana— en el cementerio de la iglesia. Dijo que quería que la incinerasen. Indicó los dos árboles de jaca que había que talar para encender la hoguera. Que creyera que hacían falta dos árboles gigantescos para consumirla daba cuenta de que su autoestima seguía intacta. Por suerte no hizo falta talar ningún árbol. El muy civilizado Ayuntamiento de Kottayam tenía un crematorio móvil. Era como un ataúd, con chimeneas, que se encendía con unos cilindros de gas. Como el colegio estaba cerrado, pudieron incinerarla en los terrenos. Y pudimos arrojar sus cenizas al río Meenachil.

Yo no estaba contenta. Incinerarla y verter las cenizas en el río no me parecía suficiente. Quería algo más para ella. ¿Qué podía ser ese algo?

Pasamos toda la noche con ella, recordando anécdotas de su vida que nos hicieron reír y llorar. Al amanecer bajamos el féretro por la ladera, en una preciosa carroza fúnebre cubierta de flores, hasta la sala del nuevo edificio escolar de primaria, para que la gente pudiera despedirse de ella. Kunjumol Kochamma, la primera madre que confió la educación de sus hijos a la señora Roy hacía tanto años, cuando el colegio estaba en el Rotary Club, fue una de las primeras en llegar. Se quedó hasta el final. Vinieron muchos otros: familiares, padres, profesores, alumnos, antiguos alumnos, antiguos profesores, alumnos que ahora llevaban a sus hijos al colegio, mujeres a las que la señora Roy había acogido, huérfanos a los que había dado becas, todos los que trabajaban con mi hermano en su oficina de Cochín. También vino mi amiga, la dueña de la tienda de moda femenina A-1, la que estaba al lado de la parada del autobús de Kottayam. Todas estas personas la querían. No me sorprendió verlas allí. Pero a medida que iba avanzando el día ocurrió algo extraordinario. Empezó a llegar gente de todo Kerala. Gente que alguna vez había trabajado para ella, gente con la que se había peleado, gente a la que había despedido, médicos que la habían atendido hacía treinta años, sindicalistas de organizaciones rivales, obreros de la construcción, políticos y comerciantes locales, periodistas que la habían insultado, sacerdotes que habían manifestado sus discrepancias con ella.

Creo que Dido, mi perra alsaciana, también estaba allí, con un agujero de bala en el cráneo. Me preguntó qué habría pensado Dido del mensaje de pésame que envió un antiguo alumno que trabajaba en Hollywood como técnico de efectos especiales: *Para mí fue más que la directora de mi colegio. Fue también una madre... Me dejó tener una colección de animales en el colegio... No conozco un solo colegio que permita algo así.*

Tal vez Dido se hubiera reído, lo mismo que mi hermano, y hubiera dicho: «Es verdad, es verdad».

Ammal entró renqueando, dándose golpes de pecho, lamentándose a viva voz, con los ojos nublados de pena. G. Isaac, la única persona del mundo que llamaba a Mary Roy por su nombre de pila, vino con su mujer, Soosy.

Tulasidharan, el que fuera maestro albañil de Laurie Baker hacía más de cincuenta años, vino desde Trivandrum con una camisa de color rosa chillón y el periódico que anunciaba el fallecimiento debajo del brazo. Tulasidharan había puesto la primera piedra del colegio, junto con Baker y la señora Roy, cuando el terreno todavía era *motta kunnu*, «el monte pelado».

—Aquí no había nada, ¿sabes? —dijo—. Absolutamente nada más que serpientes, lagartos y esqueletos de aves. Creíamos que era un sitio encantado. Nos daba miedo pasar la noche aquí. Ella creó todo esto de la nada. Era una mujer impresionante. Yo la he visto trabajar. He visto lo que ha hecho. Lo que ha creado. Completamente sola.

—Lo sé.

—Tenía dos niños medio salvajes que andaban siempre correteando por ahí. ¿Dónde están?

—Aquí está una. La tiene usted delante.

—Pero ¿usted no es esa escritora? ¿Arundhati Roy?

—Hasta los escritores hemos sido niños.

Había un micro abierto para todo el que quisiera decir algo. Muchos dijeron unas palabras. Joe Ikareth, un antiguo alumno, vino con su guitarra. En su día fue el elegido para interpretar el papel de Judas en el *Jesucristo Superstar* saboteado por el recaudador de Kottayam. Decidió cantar la «Canción de Judas», con la que arranca la ópera, pero sustituyendo el nombre de Jesús por el de Mary. No creo que se parase a pensarlo bien:

¡Mary!
Ya empiezas a creer
lo que dicen de ti.
Ya crees de verdad
en tu divinidad.

Al darse cuenta se calló bruscamente. Con una sonrisa tímida.

Algunos recordaron la valiente batalla de la señora Roy contra la Ley de Sucesión Cristiana de Travancore. Por suerte, G. Isaac estaba casi sordo por completo (había que hablarle directamente al oído bueno) y escuchaba los discursos con una sonrisa beatífica, sin enterarse de nada.

Dijo que quería cantar para ella. Al acercarse al ataúd me preguntó:

—¿Cómo se llama ese whisky que le gusta a Garson Hobart?

—Cardhu.

—Sí, ese.

Garson Hobart, que en realidad se llamaba Biplab Dasgupta, es un decadente aunque genial oficial de inteligencia indio en *El ministerio de la felicidad suprema*.

Puesto en pie, junto al féretro, G. Isaac cantó «El señor es mi pastor». Para su hermanita, Mart. Me dio una pena inmensa. Exactamente un año después, también él moriría. El hombre que enriqueció mi vida con enseñanzas mágicas y estrafalarias. Nunca habrá otra pareja como ellos. Mart & G. Isaac.

(A él lo enterraron en el cementerio de su iglesia. Su boda con una «extranjera», su divorcio, sus tiempos de Humbert Humbertismo no contaban para nada. Porque él era un hombre, y esto es la India, hija mía).

Cuando llegó la hora de llevarla de nuevo a casa, para la incineración, apareció la nueva recaudadora de Kottayam. Un personaje muy distinto de su odioso predecesor. Venía acompañada por la banda de música de la policía de Kottayam. Interpretaron, con sus cornetas algo agujereadas, una canción scout: «Venid, la noche ya llegó».

Esa melodía. Siempre que la escuchaba se me encogía el corazón. La banda de los chicos del internado militar del colegio la tocaba todos los años, cuando llegaba el momento de Batirse en Retirada en el desfile del Día de los Fundadores. Cuando era un chavalín de séptimo que tocaba la corneta, LKC hacía la parte del Eco. Tenía que alejarse, donde nadie lo viera, subirse al trampolín de la piscina, y responder a la melodía con unos segundos de retraso. Desde entonces, cada vez que oigo «Venid, la noche ya llegó», sonrío. Kuttappen, el Eco. El Eco que hoy es un pez gordo de los negocios, con dos nietos y tres guitarras.

La banda de la policía de Kottayam acompañó a la carroza fúnebre cuando esta volvió, despacio, ladera arriba. Antes de encender el crematorio móvil, despidieron a la señora Roy con una salva de veintiún disparos. Habían pasado treinta años desde que la policía irrumpió en el colegio para hacer una redada, buscar la cinta de vídeo del ensayo general de *Jesucristo Superstar* y detener a la señora Roy.

El funeral de mi madre fue una novela que yo nunca habría tenido imaginación suficiente para escribir.

Llevaba toda la mañana pensando qué tipo de monumento hacerle. Se me ocurrió mientras las llamas consumían sus restos mortales hasta reducirlos a cenizas. Le propuse a mi hermano plantar una arboleda en vez de construir un mausoleo. Me ofrecí a diseñarlo. Tenía que ser un entorno vivo, con peces, ranas y plantas. Un lugar al que pudiéramos ir a hablar con ella. A decirle las cosas que quisimos decirle cuando estaba viva, pero no pudimos. Centrarme en el proyecto, tratar de imaginarlo, atenuó mi dolor.

Cuando todos se retiraron, el abogado anunció que tenía la obligación de leer el testamento en presencia de los herederos. Yo ya había renunciado a mi parte correspondiente de todo. Llevando como llevaba una diana en la espalda, desde hacía algún tiempo me preocupaba el colegio de mi madre, y también que nuestro vengativo gobierno pudiera atacar a Pradip y a las niñas para castigarme a mí. Me retiré de la sociedad propietaria de una parte de los terrenos del colegio y le propuse a Pradip que nos divorciáramos con la misma falta de seriedad con que nos habíamos casado, para que él y las niñas (y sus bienes) no tuvieran ningún vínculo legal conmigo. Ha debido de ser el divorcio más bonito de todos los tiempos. En la comparecencia judicial, mientras esperábamos a que nos atendieran, nuestro abogado nos regañó por hacer el tonto y reírnos demasiado (de algún chiste de Pradip). Le preocupaba que el juez pudiera sentirse ofendido. Me habían entregado la sentencia que nos concedía el divorcio el día anterior, a la misma hora en que moría la señora Roy. Por tanto, yo era una mujer libre en caída libre, sin ninguna herencia. De todos modos tenía curiosidad por conocer la voluntad de nuestra voluntariosa madre.

Nos sentamos a la mesa del comedor: el contable del colegio, el abogado, mi hermano, mi cuñada y yo. Había más de un testamento en el sobre. Tuvimos que buscar el último. Resultó estar a la altura de mis expectativas sobre su voluntarismo. Era un documento detallado, claro y bien pensado, digno de una persona que ha pasado la vida obsesionada con los testamentos. Le dejaba algo, por pequeño que fuera, a todo el que había cuidado de ella. Mi hermano y mi cuñada eran ahora los socios mayoritarios de la sociedad propietaria de los terrenos escolares. El propio colegio lo dirigía una sociedad a través de una junta de gobierno. Una vez aclarado todo, mi hermano anunció que tenía algo que decirme.

—No vamos a permitir que te alejes como un aro de humo.

Contesté que no tenía ninguna intención de alejarme.

—Tienes que tener algo aquí. Algo que sea tuyo.

Insistió en segregar la parcela y la casa de la señora Roy del resto del colegio y ponerlo a mi nombre. A pesar de que su mujer, Mary, vivía en aquella casa, y los profesores e invitados se alojaban en ella cuando iban de visita, quería que fuese mía. Mi hermano era hijo de nuestra madre. No quería ser el hombre que lo heredaba todo. En realidad, ninguno de los dos quería heredar nada. Yo era reacia, por distintos motivos. Aunque era preciosa, a mí me asustaban un poco la casa y los recuerdos que tenía de ella. No me veía viviendo allí. Sabía que a mi hermano, obsesionado aún por el pasado, le costaba quedarse a pasar siquiera una noche en esa casa. Anyum se acercó a susurrarme al oído: «Si vamos a construirle un monumento, que sea como nuestra Posada Jannat. Solo nosotras podemos hacerlo. Y mira esta casa, se cae a pedazos. ¿Quién va a repararla? ¿Quién va a quererla?». Tenía razón. Eché un vistazo alrededor de la mesa. Ya había más ruido y más parloteo en la casa que nunca. Me pareció una profanación largo tiempo esperada.

—¿Quieres decir que esta casa ahora es mía?

Todos asintieron.

—Bueno, entonces... *¡Fuera de mi casa!*

Nuestras carcajadas resonaron en la noche. La señora Roy pilló el chiste y sonrió también. Casi la oí decir: «Hoy he sido un poco desagradable. Me he levantado y me he ido, sin más».

Esa primera noche en un mundo sin la señora Roy, me vi girando en el espacio, sin ancla ni coordenadas. Había construido todo mi ser alrededor de ella. Había desarrollado esta forma concreta que tengo para acomodarme a ella. Nunca quise derrotarla, nunca quise ganar. Siempre quise que se marchara como una reina. Y ahora que se había marchado yo no me encontraba sentido a mí misma.

Un amigo de Delhi que no llegó a conocerla me envió un pareado en urdu que me consoló más que nada de lo que nadie más dijo. Me permitió verla feliz, liberada de un cuerpo que había sido para ella una limitación tan severa. La vi paseando una vez más por el recinto escolar, respirando tranquilamente, agachándose para oler las flores, levantando la vista para contar las jacas y los cocos, inspeccionando hasta el último rincón como no había podido hacer en los últimos años.

Aaj ki raat mein ghoomunga khuli sadakon par
Aaj ki raat mujhe khwabon se fursat kuch hai

Esta noche echaré a andar por caminos abiertos.
Esta noche tengo algún tiempo libre, incluso de mis sueños.

Decidimos esparcir parte de las cenizas en el río Meenachil, parte en el mar, y enterrar algunas a los pies de la alta empalizada de bambú, detrás de su casa, donde yo pensaba plantar la Arboleda.

No entiendo por qué echar sus cenizas al mar me obsesiona tanto. Ver cómo se la llevaban las olas fue desgarrador. Al parecer no lo supero. La veo con absoluta claridad a todas horas. Va caminando sobre las aguas. Pero con un andador. Está completamente sola, bajo las estrellas. No hay nadie que lleve su inhalador, tampoco el resto de sus bártulos. Nadie que le ponga los calcetines y se los quite, que encienda el ventilador y lo apague, que encienda la luz y la apague. Nadie que cargue con el tarro de gominolas. Quiero hacerlo yo. Pero no puedo acercarme a ella.

Decidí empezar a remodelar la casa y construir la Arboleda al mismo tiempo. Consulté a varios colegas arquitectos que eran acólitos de Laurie Baker. Creían que la casa se encontraba en tan mal estado que no merecía la pena repararla. Me aconsejaron derribarla y reconstruirla. La idea me resultaba insoportable, prefería dejar que se derrumbara por sí sola. En tal caso, sabría apreciar las ruinas. Pero no estaba dispuesta a echarla abajo. Quería probar suerte e intentar restaurarla. Llamé a Golak para que me apoyara en mis decisiones. Vino a verme, y los dos coincidimos en que restaurarla era lo que había que hacer. Así, muchos años después de abandonar la profesión para la que me había formado, volví a ella. Emprendí el proceso quirúrgico: el equivalente arquitectónico a poner un baipás triple. Tenía la esperanza de que la restauración sirviera no solo para honrar el espíritu de mi madre, sino también para sanar el mío. Quería construir una casa en la que Kuttappen pudiera dormir en paz y tocar la guitarra a todo volumen. Una casa a la que pudieran venir los amigos y quedarse unos días. Una especie de posada en una especie de cementerio.

La instalación del triple baipás nos llevó casi un año entero. Tuvimos que cortar la armadura oxidada del forjado y sustituirlo, tuvimos que reparar las grietas, impermeabilizar todo el tejado, desmontar y sustituir puertas y ventanas, levantar y sustituir todo el suelo, todas las tuberías, toda la instalación eléctrica. Tuvimos que hacer todas estas cosas en una frágil estructura de ladrillo desnudo. La casa acabó siendo como el barco de Teseo: la misma casa, pero con todas sus partes reemplazadas. Laurie Baker nunca habría dado el visto bueno, porque el presupuesto no se ajustaba en nada a los suyos. Pero Anyum sabía que lo que estábamos haciendo era algo más que un proyecto de arquitectura. Era brujería. Y obra de espíritus.

Plantamos la Arboleda a los pies de una altísima empalizada de bambú, que según creo ya existía en los tiempos del *motta kunnu*. Era un bambú muy charlatán, y al parecer tenía montones de cosas que decir, montones de historias que contar. Gemía, crujía, susurraba, silbaba y cantaba sin parar, de día y de noche. Levantamos una plataforma baja, de granito negro sin pulir y del tamaño de una habitación pequeña, sobre cuatro pilares de piedra tosca, uno en cada esquina, para soportar el peso de una celosía de teca. Plantamos trepadoras que acabarían cubriendo la celosía. Rodeamos la estructura con las plantas que a ella le gustaban: bananos, jengibre, pimienta, helechos y orquídeas. En el centro de la plataforma de granito colocamos un antiguo abrevadero de piedra conectado a un motor, para oxigenar el agua en la que vivirían los peces, las ranas y los lirios. Una losa de piedra cuadrada, apoyada detrás, se inclinaba por el lado más largo del abrevadero como una estela funeraria. En la piedra del abrevadero (haciendo un guiño a Toni Morrison) tallamos:

BELOVED

La estela funeraria decía:

Mary Roy,
Maestra Guerrera y Soñadora
07.11.1933 - 01.09.2022
Fundadora de Pallikoodam

Ni a mi hermano ni a mí se nos ocurrió poner las palabras de costumbre: Madre de (Kuttappen y Kuriakose) o Esposa de (el Don Nadie). A ella no le habría gustado. No eran esos los galones que tanto luchó por conseguir.

Una vez restaurada la casa y construido el monumento, el dolor volvió a aplastarme. Tenía la sensación de que el único modo de que no me arrasara era seguir trabajando en el proyecto del monumento, seguir jugando con él eternamente.

—Kuttappen, ¿qué vamos a hacer ahora? ¿Instalamos altavoces en los pilares y ponemos música de Black Sabbath?

—¡No, Kuriakose! Ella se levantaría de un salto. Se levantaría de un salto.

—Quiero que se levante. Quiero que vuelva.

—No. Ya basta. Déjala estar.

Ya somos mayores (como Carlo), pero a veces nos comportamos como niños que viven la infancia que nunca tuvimos.

Aún la veo con mucha claridad. A todas horas. Va caminando sobre las aguas. Entre mares en calma y tempestades, bajo el sol y la lluvia. Camina cuando la marea está alta, camina cuando la marea está baja. Camina cuando me despierto. Y cuando me abandono al sueño. Avanza con pasos cortos, inseguros, pero sigue adelante. Se detiene únicamente para ver pasar los barcos. O para mirar con cara de asco los continentes de basura flotante. Siempre está sola. Está en el mar Rojo. Está en Marruecos. Está en las costas de Escocia. Está en las Galápagos. Sigue observando. Sigue aprendiendo. Sigue practicando malayalam con su poema del mosquito. Sigue tramando su próximo movimiento. No va muy bien vestida. Lleva un *salwar* blanco y una camiseta suave, de color té, muy grande. Y sus botas de baloncesto.

Para tener estabilidad.

De vez en cuando se detiene, como si se mirara en el espejo de su dormitorio. Luego yergue los hombros y sigue adelante. Como hacía siempre.

En cuanto a mí, estoy en la orilla y la miro a través de los prismáticos que he formado con las manos.

El viento arrecia. También yo tengo que erguir los hombros.

Porque

a) A cualquiera le puede pasar cualquier cosa.
b) Es mejor estar preparado.

Adiós, Mart Roy.

Ya nos veremos.

Agradecimientos

A mis geniales editores: Simon Prosser, que adivinó desde el principio lo difícil que sería para mí escribir este libro y sin cuyo apoyo jamás lo habría escrito; a Nan Graham y Kathryn Belden, que lo han llevado a veces por aguas muy picadas; a Sarah-Jane Forder, que lo ha mejorado; y a Manasi Subramaniam, que lo trajo a casa.

A Antoine Gallimard y Luigi Brioschi, por haber publicado hasta la última palabra que he escrito.

A Hans Balmes, que siempre está ahí.

A Lisette Verhagen y Anthony Arnove, queridos amigos además de mis agentes literarios. Sin vosotros me ahogaría.

A Mayank Austin Soofi y a Carlo Buldrini, porque sus corazones son míos, y por las fotos de cubierta de este libro, las que me hicieron de joven y de mayor.

A Aditya Pande, por las horas que pasamos en su estudio de diseño no solo trabajando, y a Kaushik Ramaswami por su conocimiento de todo lo relacionado con el papel y la impresión.

A Ashok Kumar y a Krishna, por mantenerme a flote.

A Begum Filthy Jaan y Maati K Lal, por su amor y su energía.

Por último, a todos mis seres queridos que no aparecen en este libro, pero sin quienes mi vida sería muy triste: Aijaz Hussain, Aradhana Seth, Deepa Verma, Jawed Naqvi, Jiten Yadav, Naomi Klein, Nikhil De, Parvaiz Bukhari, Prashant Bhushan, Rebecca John, Saba Naqvi, Shah Alam Khan, Sharmila Mitra, Shripad Dharmadhikari, Suman Parihar, Sushrut Jadhav, Tarun Bhartiya, Upsana Garnaik y V.

Y por último, por último, a Pia y a Mithva. Que han volado. Libres.

Esta obra se terminó de imprimir
en el mes de octubre de 2025,
en los talleres de Diversidad Gráfica S.A. de C.V.
Ciudad de México